新装版

僧侶と哲学者

LE MOINE ET LE PHILOSOPHE

チベット仏教をめぐる対話

ジャン=フランソワ・ルヴェル＋マチウ・リカール
菊地昌実・高砂伸邦・高橋百代訳

Jean-François Revel
Matthieu Ricard

新評論

Jean-François Revel and Matthieu Ricard
LE MOINE ET LE PHILOSOPHE

This book is published in Japan
by arrangement with NiL éditions, Paris,
through le Bureau des Copyrights Français, Tokyo.

日本語版への序文

このたび、私たちの対話の日本語版がおおやけになることを、私はとりわけうれしく思います。というのも、日本そのものが東洋と西洋の対話であるからです。

他のどこよりも日本において、伝統と革新、精神的価値と物質主義、内面の変革と世界への働きかけのあいだの明らかな矛盾が、人々の心に疑問を投げかけているのに、これに答える助けになる手がかりはほとんどありません。本質的な問いはいつも同じです。「どうすれば、私たちの人生に意味を与えられるのか?」。この問いに答えを見つけられれば、私たちは刻々と過ぎゆく時の豊かさを充分に味わうことができるし、見つけられなければ、最終的失敗の確認としての自殺に追い込まれることもあります。

現代の教育は、何よりもできるだけ多くの知識を蓄積し、私たちの知性を鍛え、私たちの効率を高めることをめざしていますが、私たちをより良い人間にすることはほとんど考えていません。この「無益な知」のおびただしい量を眺めて、若者はただあわてるしかなく、それから、そんなにもたくさん努力しなければならないことに、がっかりするばかりです。しかも、そこにはいちばん大事なものが欠けていることを、若者はしっかり見抜いているのです。自己の認識と、幸せと苦しみの基本的メカニズム、利他主義と自己中心主義の認識です。

以上が、政治評論家でもあるひとりの哲学者と、しばし自然科学の徒であったひとりの仏教僧侶との討論の中心にあった問題の本質です。

一九九七年四月、私が通訳としてダライ・ラマ猊下に随行してフランスを旅行中、私たちは佐多保彦氏〔株式会社東機貿 社長〕にシャイイ〔ブルゴーニュ〕の彼の土地に招かれました。この出会いと、この折の活発な議論から、本書『僧侶と哲学者』の日本語版を出したいという願いが生まれました。そういうわけで、彼にたいする感謝の念と、この企画の実現になみなみならぬ熱意を示し、また、卓越した手腕を発揮された出版社 新評論と、訳者代表の菊地昌実氏に心からの謝意を表したいと思います。

一九九八年九月

ネパール　シェチェン僧院にて

マチウ・リカール

新装版　僧侶と哲学者／目次

新装版　僧侶と哲学者——チベット仏教をめぐる対話

本書邦訳出版にあたっては(株)東機貿より
翻訳出版助成を受けた。

はじめに

本書の企画はどのようにして生まれたのか？　私たちはどうしてこの本を書く必要を感じたのか？　また、何人かのすぐれた人たちがどうして、政治でよく言う友好的な圧力を私たちにかけて、これを書かせる必要を感じたのか？　この序文が私ひとりの名になっているのは、本の体裁だけのことだ。二人の人間に共通の関心の対象でありながら、それぞれ異なる動機にもとづいているテーマを、重苦しく煩雑な婉曲表現など使わずに一言で言いたいのだが、これはなかなかむずかしい。これから展開される対話は、まさしく、この複雑で二重の知的現実を取りだし、これにすこしずつ明確な形を与えることを目標にしている。いま序を記しているのは私だが、マチウとの共著である。私たちはあらかじめこれについて語り合い、彼はこれを読みなおし、自分の見方に従って修正と補足をした。

対話のなかで存分に語られる内容を先回りして、つまらない繰り返しになる愚を避け、二つの精神的、個人的な歴史が出会って、知的刺激の火花が散ったいきさつをここに要約したい。息子のマチウ・リカールは一九四六年生まれ、ジャンソン・ド・サイー高校を卒業したあと、分子生物学の分野に進み、すぐれた業績を挙げた。一九七二年、国家博士号を取得した。博士論文の審査委員長は、著名なノーベル生物学賞受賞者フランソワ・ジャコブで、彼の指導のもとで研究をおこない、数年間、パストゥール研究所に勤務した。その後、彼は師と私に科学研究の道を捨てる意思を伝えたので、二人ともひどいショックを受けた。アジアに移住し、チベット仏教の高僧の教えに従いたい、という。人生の全面転換で、仏教の僧侶になる道を選んだのだ。

私自身は、文学・哲学を主な専攻とする大学教師の道を進んできた。何年か哲学を教えたあと、一九六三年に大学を離れ、著作と編集という新しい職業活動に専念した。それでも、哲学を放棄したわけではなく、私の著作の何冊かは哲学を対象としている。(1) したがって、多くの哲学者とは異なり、科学の発展につねに大きな関心を払ってきた。だから、息子がきわめて高い水準の研究者であることに満足もしたし、これ以上ない前途洋々のスタートを切った活動を彼が突然やめたことに失望もした。おまけに、非宗教で、無神論者という私自身の立場では、仏教をそれほど真剣に取り上げる気にはなれなかった。もちろん、仏教を無視していたのではない。この宗教は精神的教義としてはきわめて洗練されたものであり、それゆえに、西欧の気むずかしい哲学者の一部から高く評価されてもいた。

そういうわけだから、一時の不満はあったにしても、マチウとの「仲がまずく」なったことも、彼にたいして冷たくなったことさえ、一度もない。あえてこうした事実を述べるのは、一九九六年、マチウが自分の信仰上の師、ディンゴ・キェンツェについて書いた本が出版されたさい、(2) また彼がお供したダライ・ラマのフランス訪問のさい、仏教とマチウを特集したテレビ番組や新聞記事が組まれたのだが、いずれも、私たちがこの二十年来会っていないとか、この本の企画は二人の和解とは言わないまでも、再会のしるしであるとか、さんざん繰り返したからだ。これは想像力の産物であって、事実にもとづく報道ではない。私たちは、距離と旅費の許すかぎり、会っている。一九七三年、私はインドのダージリンに行った。その頃、彼はそこで信仰の師のもとにいた。それから、ブータンにも、ネパールにも……その他にも。私たちの頭上にたなびいた雲といえば、アジアのモンスーンの雲だけだった。時は過ぎ、マチウのほうも、かなり定期的にヨーロッパにくるようになった。年々、西欧への仏教布教の派遣団が頻繁になり、彼もその一員として加わるようになったのだ。ダライ・ラマの同伴者・通訳という彼の役割が、とくにダライ・ラマのノーベル平和賞受賞後、いっそうその機会を多くした。

この西欧における仏教の普及こそ、私たちに「仏教と西欧」にかんする対話を思いつかせるきっかけとなる予想外の現象だった。そもそも、その題でこの対話を本にするつもりだったが、編集者のニコル・ラテスがずっといい題を見つけてくれた。『僧侶と哲学者』である。

仏教とは正確にはどういうものなのか？　これが、とりわけマチウが答える責任を負った全体的な問いである。なぜ仏教は今日、西欧でこれほど多くの信者を集め、これほど強い好奇心を呼ぶのか？　この精神的広がりを説明する仮説を出すのが主に私の仕事だった。こうした傾向は、最近の西欧の政治システムと同様、西欧の宗教と哲学の動向、失望を与えざるをえない動向から生じているのか？　私たちの対話の中身に特殊な価値を与えているのは、これが西欧の哲学者と東洋の賢者とではなく、西欧の哲学者と、東洋の修行をつんだ西欧出身の僧侶、しかも、最初は科学者であり、自分の力で、また自分の内部で、二つの文化の比較を最高の水準でおこなうことのできる僧侶とのあいだで交わされている、という事実であるのは明らかだろう。実際、マチウは彼の科学的厳密さをチベットのことばと伝統の研究に適用し、チベット仏教の古今の聖典を二十年にわたって調査し、編集し、翻訳した。

もっとも、残存しているかぎりのテクストだけである。というのも、いまでは知らぬ人もいないが、中国の共産主義者たちは聖典を収めた図書館をまるごと破壊したからだ。図書館を守ってきた僧院が六千ほども打ち壊されたときのことだ。これらの殺戮と破壊は、一九五一年の中国のチベット侵略、一九五九年の併合とともに始まり、一九五九年のチベットの民衆蜂起とその圧殺のあとに続いた弾圧、さらに、文化大革命のあいだに一段と激しさを加えた。一九五九年、ダライ・ラマと十万を超えるチベット人は祖国を逃れ、インド、あるいはヒマラヤの諸王国に亡命し、その後、ほぼ世界中に分散した。共産党の植民地主義は、自分たちのイデオロギー以外のいっさいのイデオロギーを許さず、知的、精神的、芸術的自由をまったくみとめなかった。チベットの豊かな自然を恥知らずにも略奪するだけでなく、チベットの文明を、その言語まで破壊することに、異様な執念を見せた。中国によるチベット民族とその文化の絶滅政策は、時間とともに緩和されるどころか、毛〔沢東〕の後継者たちがもたらしたと言われる「自由化」なるものとは裏腹に、一九八〇年代に勢いを盛り返した。それでも、次のことはみとめよう。つねに大量の処刑と拷問がおこなわれていたが、一九八〇年以降は、六〇年代から七〇年代初めに起こったような皆殺しはなかった。あの十数年間で、百万人のチベット人、つまり人口の五分の一が消滅したのだ。しかしながら、文明の破壊は続いた。自由化は経済の分野に限られた。プラグマティズムと物質的向上を考えてのことだった。この枠の外では、中国人にとってさえ、自由は存在しなかった。そして、毛の後継者たちはチベットにスターリンの植民地主義の古い手法をそのまま適用した。つまり、よその土地に自民族を入植させ、先住民族より多数を占めるようにすることだった。

チベット民族の受難にたいする私の憤りが仏教への関心を強めるほうに働いたことは、否定しがたい。この感情的な理由に、もうひとつの、さらに明白な理由、息子が帰依したという理由が加わる。私はこの選択の理由とその結果をもっとよく知りたかった。中国の政策にかんしては、私は一九八三年、著書『民主政治はどのようにして滅びるのか』(3)のなかに、大部分マチウからの情報を基にして、ほぼ三十年ものあいだ、世界の世論が動くこともなく、いやそもそも知らされないままに続いたチベット人の大虐殺を詳細に記した。この孤立した小民族、隣の大国にとってなんの脅威にもならない平和な遊牧民、押しつけがましい布教活動とは無縁の、純粋な信仰心に満ちた民族が、スターリン・毛沢東のマルクス主義による絶滅計画の対象にされたことは、全体主義の論理にほぼ一色に染め上げられた今世紀の象徴だと、私には思われた。

チベットにかんする情報は長いこと、手に入りにくかったが、ないわけではなかった。たとえば、一九五九年、クロード・ランズマン、のちに現代史に残る傑作映画『ショアー』を作った監督が、当時のフランスの最高の高級女性雑誌『エル』に、「ダライ・ラマの秘められた人生」[4]と題する長い記事を書いていた。この年は、ダライ・ラマが隷属と、さらには死から逃れるため、亡命せざるをえなかった年である。しかし、チベット問題は、その後、十五ないし二十年にわたって、西欧側の自己検閲によって埋もれてきた。西欧は毛沢東崇拝におぼれて、いかなる共産主義中国批判にも耳を貸そうとしなかったのだ。

中国共産党の蛮行と犯罪をこうして思い起こすのは、『僧侶と哲学者』の対話の主題からそれることにはならない。ダライ・ラマと他の多くのラマ僧、精神的指導者、リンポチェ〔チベット仏教で最高位の僧〕の外国滞在が長引き、それがたまたま仏教の西欧への布教に貢献したし、また、そのおかげで、地理的に見て、西欧人は教義のもっとも正統な教えに近づく機会を与えられたからだ。しかもそれは、本を介しての、間接的な、理論的な教えではなく、卓越した守り手から直接与えられる、源からわき出る教えなのだ。中国共産主義がもたらした試練は、また、ダライ・ラマの政治的手腕を発揮させるという結果も引きだした。彼が同胞の隷属状態を終わらせるべく中国に提案するのは、いつも現実主義の、穏健で、非暴力的な解決策ばかりだ。そのうえ、この解決策はチベットの民主化をめざしている。これは西欧人の気に入るだろうが、占領者のお気には召さないはずだ。彼は、西欧の民主政治の指導者たちが、北京の怒りっぽい官僚たちを前にして、こわごわと、卑屈でぎこちない態度でいるのを知っているから、巧みな微笑外交でこうした政治家たちのあいだを回ってきた。西欧は、仏教を昔からの通念で、受動性と無為の知恵、都市と社会の運営には無関心で、自我に閉じこもる怠惰と定義する「ニルヴァーナ〔涅槃〕」の知恵として考えてきた。いまや、まったくそういうものではないことがわかっている。大部分の西欧哲学にならって、仏教もまた、人間的、社会的、政治的次元をもっている。

以上が、マチウと私に、両者それぞれの疑問とたがいの好奇心を突き合わせ、両者の違いを消し去ることなく、双方の一致点を明らかにしようと、あるときついに決断させた状況であり、動機である。またこれが、一九九六年の五月、カトマンズを見下ろす山のてっぺんの人里離れた地、ヒマラヤのハチバンで、本書に見られる対話が進められた理由と経緯である。

ジャン＝フランソワ・ルヴェル

第1章　科学研究から精神の探究へ

J・F〔ジャン＝フランソワ・ルヴェル〕　まず最初に、この本を作ろうと思い立ったのは君でも私でもないということを強調しておかなければなるまい。君の経歴や私たち親子のことをよく知っている出版社の人たちが、二人の考えを突き合わせればおもしろいことになるのではないかと思いついて持ちかけたのだ。だから正確にしておこうと思う。そもそも君は生物学の分野ですぐれた高度な科学研究をしてきた。フランソワ・ジャコブの弟子のひとりとして何年もパストゥール研究所で研究を続け、パリ大学理学部の博士論文審査ではフランソワ・ジャコブを筆頭に、著名な生物学者の審査員たちから評価を受けて、博士号を取得した。これから始める私たちの対話が読者の興味を引くとすれば、それは西欧のもっとも高度な科学文化を受け入れてきた君という人物が、そのあと、あるいはそれと同時に、仏教という、もともと東洋のものである哲学、というか宗教に向かっていったからだ。はっきりさせておきたいが、君が仏教に向かったのは、そこに自分の生活に足りないものを求めるためや、西欧の評価の基準では順調に延びていくはずの経歴に精神的なものをつけ足すためではなかった。そうではなく、これまでやってきたことをそっくり投げだして、仏教の修行に完全にいそしむためだった。したがって、私の最初の疑問は、「いつ、またどうしてこのような決意が君のなかで芽生えはじめたのか」ということだ。

M〔マチウ・リカール〕　私が科学研究をそれまでやってきたのは、新しいことを発見したいという情熱からでした。そのあとの方針転換は、科学研究を拒否したというようなことではまったくありません。科学研究は多くの点で情熱をかき立てるものですが、人生の根本的な問題を解決できるものではないと見定めた結果として、そうなったのです。要するに、科学がどれほど興味深いものであっても、私の人生に意味を与えるには足りなかったのです。これまで自分がやってきたことは、果てしなく細かく分散していくような研究に思え、そうしたものにもう私の一生を打ち込むことができなくなってしまいました。

同時に、精神生活、「観想的科学」にどんどん興味がわき、こうした変化が生まれたのです。初めはこのような関心が頭のなかではっきりとした形をなしていたわけではありません。宗教色のまったくない教育を受けましたし、キリスト教の教会に通ったこともありませんから。でも教会のなかに入ったり、神父に会ったりすると、一種の畏敬の念を感じたものです。しかし宗教そのものについてはまったく知りませんでした。

それから若い頃、いろんな伝統的信仰についての本を読みあさりました。キリスト教団やイスラム教についてのもの、また八世紀ごろ現れたイスラム教内の神秘主義運動スーフィズムについてのものなどです。皮肉なことに、仏教についてはほとんど読みませんでした。一九六〇年代はちゃんとした仏教に関する翻訳がほとんどなかったからです。すでにあったいくつかの論文や翻訳が、ゆがんだ、まずい形で影響し合い、それが前世紀の西欧における仏教の像を作っていたのです。世界に対して無関心な、ニヒリズムの哲学としての仏教です。また航海士だったJ・Y・ル・トゥムラン叔父のおかげで、フランス人の形而上学学者ルネ・ゲノン〔一八八六―一九五一〕の著書にも出会いました。これらはすべて信仰の世界について知的好奇心をいたくそそりはしましたが、この好奇心が何か具体的なものに結びついたわけではありません。それらはすべて私にとっては知的なものにすぎませんでした。

J・F　どんな意味で知的なんだろう？

M　豊かで意味のあふれる本を読んで味わう深い満足、精神の解放感はありましたが、私の場合、何も内面的な変化はもたらされませんでした。

J・F　何歳のとき読んだのかね？

M　うーん……十五歳くらいでしょうか。ラマナ・マハルシとの対談集もすでに読んでいました。身体と精神がひとつに融合する境地、不二一如の悟りを開いたと言われるインドの賢者です。でも私が仏教に興味をもちはじめたのは……一九六六年のことでした。

J・F　君が二十歳の頃だね。

M　パストゥール研究所に入るちょうど前で、私はまだ理学部の学生でした。そのころちょうど友人のアルノー・デジャルダンが編集中の映画を見たのです。中国の侵攻から逃れて、カシミールからブータンに広がるヒマラヤの南側の中腹に亡命していたチベットの高僧たちに関するものでした。アルノーはそこへ二回行って数カ月過ごしました。有能な通訳を兼ねる助言者とずっといっしょで、高僧たちと親しくなって映画を撮影したのです。これらの映画はとても感動的でした。同じころ別の友人、医者のフレデリック・ルボワイエもダージリンからもどってきたばかりでした。彼もこのような賢者の何人かに会ってきたのです。私は期末試験を終えたばかりで、六カ月の夏休みがあったし、研究に没頭する前でしたから、大旅行をしようと思っていました。その当時はヒッピーの時代で、連中はシトロエンの2CV《ドゥー・シュヴォ》に乗ったり、ヒッチハイクをしたりして、トルコ、イラン、アフガニスタン、パキスタンを経由してインドへ向かったものです。私は武道にも憧れていて、日本へ行ってみたいと思っていました。けれどアルノーやルボワイエたちがもち帰った風景写真を見たり、彼らの体験談を聞いているうちに、行くとしたらヒマラヤだなと思ったのです。

J・F　じゃあ、アルノー・デジャルダンの映画について聞かせてくれないか。

M　いくつかあるのですが、たとえば『チベット人のことばと聖地ヒマラヤ』、(これには『聖なる子らとヨーガ行者の湖』も含まれていて) 全部で四時間の映画です。フィルムのなかにはチベットからやってきたばかりの高僧たちがたっぷりと映っていて……彼らの外貌や話し方、教え方などがわかるのです。それこそありのままの記録で、じつに興味深いものでした。

J・F　それ、テレビでやったのだろうか?

M　一九六六年から何度も放映していましたよ。最近ビデオ(1)にもなりました。本当にすぐれたドキュメンタリーです。

J・F　そうした高僧たちが国を逃れたのは、中国がまたチベットを弾圧しはじめた文化大革命のころだろうか?

M　実際には逃げられる人はずっと前、一九五〇年代には逃げだしていました。紛争のあと、チベットは一九一五年から一九四五年のあいだ事実上中国と国交を断絶していました。チベットにも政府があって、いろんな国と外交関係を保っていたのです。中国がチベットに侵入しはじめたのはそれからです。中国の高官たちが国を訪問するようになりました。チベットの国民や文化への共感を口にし、僧院にお供えを捧げようとまでしました。チベットの近代化の援助などももちかけました。ところが一九四九年になってからはチベットの東、カム地方から軍事侵攻をしてきたのです。侵略は容赦なく、年を経るにつれ、彼らはチベット中央を征服し、権力を奪いとってダライ・ラマを捕らえようとしていることがはっきりしてきました。だからダライ・ラマは一九五九年にインドへ逃れたのです。その直後、国境が閉鎖され、情け容赦のない弾圧が始まりました。男も女も子供も、監獄や強制収容所に放り込まれました。侵略が始まると、処刑や拷問で殺されたり、また収容所や監獄に広がった飢餓などで百万人以上もの人たちが亡くなりました。五人に一人の割合で住民が死んだのです。巨大な共同墓地には次から次へと死体が投げ込まれました。文化大革命の前でさえ、すでに六千もの僧院が破壊されました。図書館は焼かれ、彫像は打ち砕かれ、フレスコ画は壊されました。

J・F　なに、六千もだって！

M　調査によると、六千百五十の僧院です。チベットの文化の中心だった僧院がですよ。ゲーリング〔ナチスの親衛隊長〕が、「文化ということばを聞いただけで、ピストルをかまえてしまう」と叫んでいたのを思いだします。こんなことは人類史上かつてないことです。チベットの人口の二〇パーセントまでが僧院に属していたのですから――僧侶に尼僧、洞窟に住む隠者、僧院で教える学者僧などです。チベットでは信仰の修行は文句なしに生活の中心です。在家の人でさえ、日常の営みは必要不可欠なものとはいえ、精神生活に比べれば二次的なものと考えています。このように文化全体が精神生活を中心としているのです。だからこそ、こうした僧院や学問センター、隠遁所などを一掃すればチベット文化を根こそぎできると思ったのです。しかしチベット人の精神の力を消滅させることはできなかった。中国人はやさしく微笑みかけたり、金を握らせたり、宣伝活動をやったり、また拷問や大虐殺をやったり、ありとあらゆる手段でチベット人の精神を変えようとしました。けれど何ひとつ変わらなかった。文化を救い、独立を取りもどそうとするチベット人の希望はそっくりそのまま残っているのです。

J・F　君の問題にもどろう……アルノー・デジャルダンの映画だ。君は個人的にすごく感銘を受けたと言ったね。その印象をもっと詳しく話してくれないか？

M　私はまさに、自分たちが仏教の教えとして説いているとおりの存在になりきった人々を目のあたりにしたような気がしました……彼らが漂わせている雰囲気には目をみはりました。どうしてなのかはきっりしなかったのですが、もっとも感動的だったのは、彼らが聖人の理想、完璧な人間、賢者といった、西欧ではもう見かけられない類の人間にぴったり一致したことです。それは私がアッシジの聖フランチェスコ〔一一八二?―一二二六〕や、古代の偉大な賢者から受けたイメージでした。私にとってはもう死語となっていたものです。ソクラテスに会いに行ったり、プラトンの教えを聞いたり、アッシジの聖フランチェスコの足下にひざまずいたりすることはできないのですから。まるで知恵の現し身とも言うべき存在が忽然《こつねん》と現れたようなものです。「もし人間の身でありながら完璧な状態に達することができるとしたら、これしかないだろう」と思いました。

J・F　君のそうした定義についてはっきり言えばね、古代ギリシャ・ローマ哲学の特徴として理論と実践の完全な一致を強調するのは、もうほとんど決まり文句と言ってもいいものだ。古代の哲学者にとって、哲学は単に知識や理論を教えたり、世界や人生について解釈することだけではない。それはひとつの生き方だった。哲学者も弟子たちも、少なくともその哲学を自分の言葉で理論化するかぎりは、それを生活のなかで実現していたのだ。チベットの人たちを見て君を最初に感動させたのは、西洋哲学の起源にもつながる哲学のあり方なんだ。だからこそローマ帝国末期、とりわけ、ルナン〔一八二三―一八九二。フランスの宗教史家・作家〕が「哲学者の時代」と呼んでいるマルクス・アウレリウス〔一二一―一八〇。古代ローマ皇帝〕の時代までは、哲学者というのは多くの重要人物のそばにあって、相談相手、精神的指導者、案内役、心の支え、模範的な友人の役割を果たしていたんだ。これは西洋にも存在したひとつの姿勢で、教えるだけに甘んじず、自分の生き方そのものを通して、その教えを体現して見せたのだ。そうは言っても、実際にそれが期待どおり完全に実現されていたのかと言えば、それは別問題だ……。こうした哲学観は多くの場合、宗教的側面とも結びついていた。古代哲学は、個人の救済という形でもあったから、おおむねこうした立場を含んでいた。エピクロス派の哲学者にこうした面が見られる（現代の用法では「エピクロス派」という言葉は精神的側面には無関心ということを思い起こさせるけれど）。つまり、教義を作り上げると同時に、その教義を体現するという二重の必要性があった。したがって、古代哲学の段階では、東洋と比べて根本的な違いはないんだ。

M　チベットの高僧は教義を作り上げるのではなく、二千年以上もの伝統に対し、忠実で、完全な守り手になろうと努めている。その点を除いてはそのとおりです。それでも、私にとっては生きた伝統がいまもなお存在していて、まるで美しいものが並んでいる陳列台のように差しだされ、それに近づくことができるんだということを知ってほっとしたものです。書物を読んで知的な旅をしたあと、いよいよ本当の旅の計画を立てることができました。

J・F　すまないが……美しいものってどんなもの？　君がそのときその教義から得たものはなんなの？　ある教義をみずから体現するだけでは充分ではないよね。さらにその教義にはなんらかの価値がなくてはいけない！

M　当時、私は仏教のことは何もわかりませんでした。でも、たとえ映画を通してでも、このような賢者をただ見たということだけで、深い霊感を与えてくれる完璧なものを予感したのです。それまでの経験とは対照的に、それは希望の源でした。私が育った環境では、あなたのおかげでいろんな哲学者や、思想家、それに演劇人に会えましたし、私の母親、画家のヤンヌ・ル・トゥムランのおかげでアンドレ・ブルトン〔一八九六―一九六六。フランスの詩人。シュルレアリスム運動創設者〕やモーリス・ベジャール〔一九二八年生まれ。フランスの舞踊家〕、ピエール・スラージュ〔一九一九年生まれ。フランスの画家〕などのような芸術家や詩人たちとも会えました……。それに叔父のジャック＝イヴ・ル・トゥムラン〔一九二〇年生まれ。フランスの航海士・文筆家〕を介しては多くの有名な探検家にも会いました。またフランソワ・ジャコブを通じて、パストゥール研究所で講義をしていた著名な学者とも知り合いました。つまり多くの点で魅力的な人たちと交際するようになったのです。けれども彼らがそれぞれの分野で発揮していた天与の才にはかならずしも、なんというか……人間としての完成度は伴っていませんでした。彼らには才能があり、知的なまた芸術的な能力がありましたが、だからといって、それで立派な人間だったわけではありません。偉大な詩人がペテン師だったり、偉大な学者がみじめな思いを抱いていたり、偉大な芸術家が高慢ちきだったりして、良し悪しはともかく、その取り合わせはじつにさまざまでした。

J・F　そういえば当時、君は音楽や天文学、写真や鳥類学にも夢中だったね。二十二歳のときには、鳥の渡りについての本を書いたし、音楽にはずっと、かなりの入れこみようだった。(2)

M　そうですね……イーゴル・ストラヴィンスキーや、他の有名な音楽家にも会いました。西欧で称賛されている多くの人たちと接し、自分なりの考えをもったり、自らに問いかけたりする機会にも恵まれていました。「ぼくが望んでいるのはこれなんだろうか?」「ぼくは彼らのようになりたいのだろうか?」と自問することにもなりました。でもあい変わらずもの足りなく思ってしまった。憧れているにもかかわらず、こうした人たちがそれぞれ個々の分野で示している天賦の才には、どうしても利他主義とか善意、誠意といったごくふつうの人間性の完成度がそなわっていないと思ってしまう。ところがあの映像や写真などは何かそれ以上のものがあった。こうして私はチベットの高僧のほうへぐんぐん引きつけられていきました。彼らのありようそのものが、彼ら自身の説法を体現しているように思えました。そこで私は発見の旅に出たのです……。

別の友人、クリスチャン・ブリュイヤも同じような体験をしました。当時、彼は高等師範学校《エコールノルマル》の受験の準備中だったのですが、ラジオ放送の最後でアルノー・デジャルダンが要旨次のように語っているのを聴いたのです。「最後の偉大な賢者、精神性〔霊性〕の体現者は、いまやインドのヒマラヤに亡命しているチベットの高僧たちだけだと思う」。まさにこれを聴いた瞬間、彼もまた旅立つ決心をしました。

それで私は、格安チケットで飛行機に乗り、インドに旅立ちました。私はなんと英会話ができなかったんですよ！　あなたは、私が学ばねばならないのはドイツ語、ギリシャ語、ラテン語などで、英語よりももっとむずかしい言語だ、英語は自然とわかるようになるとよく言ってましたよね。実際そのとおりでしたが……。でもそのあいだに、ドイツ語も他のことばも忘れてしまいました！　ポケットに入る小さな辞書をもってデリーに着いたのですが、とにかくさんざん苦労して道をたずね、ダージリン行きの鉄道の切符を買い、ようやくヒマラヤの山々の美しい頂の前にたどり着きました。私はイエズス会の神父の住所をもっていました。この神父に医者のルボワイエは、チベットの高僧、カンギュル・リンポチェの生活の援助にと金を託しておいたのです。リンポチェは数年前にインドに逃れ着いてから、木造の小さな家で家族とともに無一文の暮らしをしていました。チベットからもちだせたのは書物だけです。神父はこの高僧の息子に、私の着いた翌日に会うことになっていました。月々のわずかな援助を受けとるための使いとして、この息子がやってくることになっていたのです。その息子が私をカンギュル・リンポチェのもとに連れて行ってくれたのです。三週間のあいだ、私は高僧の前でただじっとしていました……。とても感動的でした。あふれるばかりの善意に満ちた七十歳の老人で、窓を背にして座り、その背後には、広がる雲海を貫いて海抜八千メートルのカンチェンジュンガが荘厳な姿でそびえ立っていました……。一日中、私はリンポチェの前に座って過ごしました。いわゆる「瞑想」をしているような気分でした。つまり、彼のいる所でただひたすら気持ちを集中していたのです。教えを受けたのはわずか数語で他は何もありません。彼の息子は英語ができましたが、私のほうはほとんど駄目です。リポンチェという人そのもの、存在そのものが私に感銘を与えたのです……。深さ、力強さ、清らかさ、愛がリポンチェの姿からわきだし、私の精神を解き放ちました。

　私はそうして旅を続け、カシミールへ行きました。インドで病気になってしまいました。腸チフスです。それで帰ることになりました……。でも、いろいろな国を見ないで帰ってしまうなんてあまりにももったいないと思いはじめ、経由地のダマスカスで飛行機を降り、そこから汽車に乗って旅を続けたのです。私はスーフィ教の聖者、イブン・アラビー〔一一六五―一二四一〕の墓参りもしましたし、シリアの騎士団の城塞や、イスタンブールの回教寺院も訪れました。そしてヒッチハイクでトゥールニュ〔フランス中東部マコン北方の町。ロマネスク様式のサン＝フィリベール教会がある〕の大修道院にたどり着き、旅を終えたのです。修道院の人けのない静かな内庭の回廊のさわやかな空気に包まれ、私は瞑想しました。一歩外に出ると八月のヴァカンス帰りの人たちで道路は渋滞していました。それでそこからは疲れきって、汽車に乗ってパリにもどってきたのです。身体はへとへとになっているのに、精神的には大きな発見をした思いでした。師との出会いの重要性がわかったのはインドから帰ったあとになってからです。――そのとき、私はパストゥール研究所に入って一年目でしたが、師の人間としての立派な人格が、たえず心によみがえってきました。まだうまく言い表せなくとも、そこにこそ私に霊感を吹き込み、また人生に意味を与えてくれる実在の世界があるとはっきり意識したのです。

J・F　したがって、その重大な変化は、――先走って「改宗」ということばは使わないことにしよう――仏教の経典そのもの、教義上の、あるいは哲学的な知識を深めることから生じたのではなく、基本的には、まずもって個人的な接触によって生じたと言えるんだね。

M　そのとおりです。学習はあとからやってきました。

J・F　当時、多くのヨーロッパ、アメリカからの若者がインドを歩き回っていたのかね？

M　一九六八年の五月〔大規模な学生運動が起こり、五月革命と呼ばれた〕より一年前のことです。若者たちは何か違ったものを追い求めていました。マリファナを吸ったりしてね……。精神の探究を求めてヒンドゥー教のアーシュラマ〔聖者の指導のもとに修行者が共同生活する道場〕を訪れる者もいましたし、ヒマラヤを探索する者もいました。みんなが右往左往して求めていました。しきりに意見や情報の交換をしながらね、「あそこでこんな立派な人に会った」とか……、「シッキム〔インド北東部、ネパールとブータンにはさまれたヒマラヤ山脈東部の州〕ではこんな素晴らしい景色を見た」とか……、「ベナレス〔バラナシ。ガンジス川に臨むヒンドゥー教の一大聖地〕にはこんな音楽の先生がいた」とか、「インドの南部にはこのようなヨーガの先生がいる」とか。物事を問いなおし、探究する時代だったんです――書物のうえだけでなく実際にね。

J・F　新たな精神性〔霊性〕を求めて旅立つ西欧の若者のなかで、ダージリンへ行った者はかなりいたのだろうか？

M　当時はほんのわずかで、六〇年代、七〇年代はおそらく数十名ほどでしょう。それから時がたつにつれてチベットの高僧たちや彼らの教えにたいして関心が高まっていきました。フランスやアメリカなど、チベットの高僧が初めて西欧の国々を旅したのは一九七一年ですから。しだいに何百人か、やがては何千人もの西欧人が彼らとともに学ぶようになりました。多くの西欧人がチベットの高僧らのもとを訪れ、ヒマラヤで数年間過ごすようになり、また定期的に彼らに会いにくるようになりました。

あなたの先ほどの質問にもどりますと、私の関心だって、仏教の研究に根ざしていたわけではありません。最初の旅も、その後の二度目、三度目の旅もそうではありませんでした。私がインドへもどったのは、私の師にまた会うためだったのです。もちろん師から本質的な精神的教えは受けましたが、仏教についての知識を受けたことはありません。師はこう語りました。「仏教には興味深いことがあまたある。しかし純粋に理論的な経典だけの研究に迷い込むのは避けねばならない。精神的修行を忘れる危険性があるからね。修行は仏教の核心であり、内面的変革全体の中心なのだから」。そこで私は、師を前にして、師と弟子の関係の基本を直観的に学びとりました。弟子の精神と師の精神が調和のとれた状態、師の「認識」の精神と私たちの煩悩が混じり合う、いわゆる「以心伝心」と呼ばれる状態です。この「精神的融合」を通じて煩悩から悟りへといたることが大切なのです。こうした純粋に瞑想の過程のなかにチベット仏教の修行のひとつの鍵があるのです。

J・F　それじゃあ、君が認識と呼んでいるのは……宗教的教義へのイニシエーションなんだね。

M　いえ、そうではありません。内面的変革の結果です。仏教における認識とは、現象世界の本来のあり方や精神の本質を照らしだすことなのです。私たちは何者なのか?とか、世界とは何か?とか、つまり、何よりも概念を超えて絶対真理をじかに見ることです。これは認識のもっとも根本的な相と言えます。

J・F　それこそまさに哲学の問題そのものじゃないか?

M　そのとおりです!

J・F　科学が生みだされる前の哲学の問題だ、つまり哲学がすべてを認識すると主張していたころの問題だ。というのは、十七世紀に近代物理学が生まれるまでの古代哲学は、物質的世界の認識、生命世界の認識、道徳や人間そのものについての認識、超越世界や神性の認識、これらすべてを包括していたからだ。その神性が、アリストテレスにおけるように個人的なものであっても、またストア学派の哲学者やスピノザのように《自然》そのものであっても、変わりはない。近代科学の誕生以来、全実在を包括するこうした全体的な理論は、もうとうてい無理であると思われるようになった。これはまたあとで話題にしよう。

一方、「認識」ということばには、もうひとつ別の側面がある。私がソクラテス的精神と呼ぶものだ。ソクラテスにとって知恵は、学問《シアンス》〔学ぶこと〕の結果として得られるものだった。彼にとっては本能的な知恵も倫理もない。すべては認識から生まれる。知恵も倫理も、それが生じるのは学問からだ。古代哲学というのは、知恵や幸福のある形態に到達する道、いわゆる「至高善」への道、——つまり、他者にたいする徳と自分にとっての幸福を一体化することによって、ある種の完全な均衡状態に達する道は科学的認識によって開かれるという、そういう哲学だった。ただし、古代哲学者が科学的認識とみなしたものによって、という意味でだが。君が出会って見つけた仏教も、おおよそそんなふうな特徴をもっていたのではないかね？　君の師が、認識は事物の究極の本性を知ることであると言ったとき、その認識というのは、あえて言うならば、なんて壮大なプログラムなんだろう！　なぜなら、それは同時に外的世界についても、君自身についても、また場合によっては超自然的なものについても、ありとあらゆる現象の認識を含むものだからね。

M　仏教はもちろん医学や言語、文法、詩、天文学（とりわけ日食、月食）・占星術的計算、そして技術的仕事や芸術など、伝統的学問を含んでいます。植物や鉱物に基礎を置くチベット医学は習得に何年もかかりますし、チベットの外科医は金《きん》のメスを使って白内障の手術をすることさえできたと言われています。もっとも、こうした手術はもう忘れられてしまいましたが。しかし、「中心となる」学問は自己と現実との認識です。本質的な問題は、「現象世界の本質、考えることの本質はどのようなものであるか？」、実践面では、「幸福や苦しみの鍵は何か、苦しみはどこから生じるのか、無知とは何か、精神的完成〔成道《じょうどう》〕とは何か、解脱とは何か？」といったことが問題です。認識と呼びうるのはこの種の発見のことなのです。

Ｊ・Ｆ　そういう認識に向かわせるようになる最初のきっかけは、苦しみから逃れることなのだろうか？

Ｍ　苦しみは無知の結果から生じるものなのです。だから解消しなければならないのは無知なのです。無知は本質的には「自我」にたいする、また現象のうわべの確実さにたいする執着です。目の前で苦しんでいる人を助けることはひとつの義務ですが、それだけでは充分ではありません。その苦しみの原因そのものをなんとか除いてやらなければなりません。繰り返しますが、こうしたことは私のなかではっきりしていませんでした。私はこう思ったものです。「火のないところに煙は立たぬ、師の風貌、話し方、ふるまい方、あり方など見ていると、ここにこそ私が深めたいと願う本質的なものがあると心の底から思う。そしてここにこそ霊感や確信の源、また私もつかりたいと願う完璧な状態があるのではないか」と。旅を繰り返すにつれ、――そこに落ち着くまで、インドへは五、六回行ったのですが――、師のそばにいるときはヨーロッパでの私の生活であるパストゥール研究所のことをすぐ忘れてしまう、ところがパストゥール研究所にいるときは、心はもうヒマラヤのほうに飛んでいってしまっている、というようなことを自覚しました。それで決心したのですが、そのことを私は一度も後悔していません。自分がいたいと望む所にいようという決意でした！

そのころ私は博士論文を書き終えていて、ジャコブ教授は新しいテーマについて研究させるため、私をアメリカへ派遣するつもりでいました。当時の多くの研究者にならって、先生もバクテリア研究から動物細胞の研究に移っていました。細胞生物学を大幅に発展させた、より大きな研究領域でしたからね。私は一段落ついたと思いました。

五年費やした研究について書いたものもすでに発表していましたしね。教育のための家族の後押しとか、自分の研究室へ迎え入れてくれたジャコブ先生の骨折りとか、あらゆる方面で人が私にしてくれた援助を無駄にはしませんでした……。とにかく私の研究の分岐点だったのです……。何ひとつ損なわないで、また博士論文を書き上げるまで私を助けてくれた人たちを落胆させることもなく、別の道を選ぶことができました。心になんのとがも感じることなく、自分の個人的な心の願いを実現することができたのです。それに私の師、カンギュル・リンポチェも、やりかけている研究は最後までやりとげるようにとつねづね言ってくれました。だから、急《せ》くこともなく、ヒマラヤに落ち着くまで一九六七年から一九七二年まで、五年間待ちました。決心したのはこのころで、ジャコブ先生にもあなたにも、アメリカではなくヒマラヤに行きたいむねを知らせたのです。まさしくそれこそ私がやりたいことだということが、よくわかっていましたし、五十歳になってからその道を選ばなかったことを後悔するよりは、若いうちにしたほうが良いと思いました。

J・F　でも二つのことを両立しうるとは思えなかったの？

M　科学と精神生活は根本的にはまったくあい入れないものではありません。私にとってはひとつのほうがもうひとつより重要だったのです。実際には二つの椅子のあいだに腰かけてじっとしてはいられませんし、両端のとがった針で縫い物はできません。時間を割り振って二足のわらじを履く気はもうありませんでした。自分にとってもっとも本質的だと思えることにすべての時間をかけたかったのです。あとになってからわかりましたが、私の受けてきた科学教育、とりわけ厳密さへの配慮は、仏教の形而上学と実践に取り組むうえでぴったりあてはまりました。そのうえ、私にとって瞑想生活は、方法の点でも、結果の点でも、本物の精神科学なのです。それは本当に自分を変えることであって、ただぼんやり夢を見て、口をポカンと開けて過ごすことではありません。二十五年ずっとやってきて、私が理解しているような科学的精神から、つまり真理の探究から見て、ぐらついたように思ったことは一度もありませんでした。

J・F　そうか……。仏教の哲学や歴史、経典などについての研究に、君が以前に守っていた厳密さを適用したことはよくわかる。だけど分子生物学の研究はここ三十年のあいだ、科学史上もっとも重要な発見をしてきた分野だったね。君はそこにはいなかった。それに加わることもできただろうに。

M　生物学は私がいなくてもどうってことはありません。地球上に研究者はいくらでもいます。本当の問題は、私の人生に優先順位を確立することでした。それまで私は、人間の生の潜在能力を最大限に利用せず、自分の命をなし崩しに減らしているような気がしていました。私にとって、化学がもたらした膨大な知識は「二次的な必要にたいする大いなる貢献」と化していたのです。

J・F　君がそのあとしたことによって、君は紀元前を何世紀もさかのぼる教養を深めることができた。でも、それは分子生物学に参与していれば手にしていたかもしれない新しい知識を君にもたらすことはなかった。人生に成功するには是が非でも新発見を果たさねばならないと言っているんじゃないんだ。君が到達した段階で、君の論文は到達点であると同時に、より重要な研究にとっての出発点だったし、分子生物学における最近の発見が証明しているような、人類の歴史上もっとも驚異的な、知的冒険、科学的冒険に参加するために必要とされるものを君はすべて手にしていたんだよ。

M　待ってください。仏教について言えば、古臭いすたれた教養の埃を払うのが重要なことではありませんでした。精神的探究は、それが正真正銘の内面的変革となって現れたときには、何にもまして生き生きした、たえず新しくよみがえる探究なのです。仏教のような形而上学的な伝統は、存在のもっとも根本的な問題を対象としているからこそ、「古びる」ということがありません。歴史の流れとともに、自然に古くなり、たえず別ものに取って代わられるのは、たいてい科学理論のほうです。

J・F　それはそうだが、それなりの理由があって他のものに取って代わられるんだ。認識が進歩したり、観察によって新事実がわかったり、実験によって仮説がふるいにかけられたりしてね。

M　たしかに、生物学や物理学の理論は、生命の起源や宇宙の形成について目ざましい知識をもたらしました。でも、これらの知識で幸福や苦しみの基本的なメカニズムが解明されうるでしょうか？　定めた目標を見失ってはいけないのです。地球の形や正確な大きさを知ることはだれの目にも明らかな進歩です。しかし、地球が丸かろうが、平たかろうが、人生の意味にたいした変わりはありません。どれほど医学が進歩しても、たえまなく現れ、死とともに頂点に達する苦しみは一時的にしか和らげることはできません。紛争や戦争は止めることはできますが、人々の心が変わらないかぎり、また他で再発します。それにたいして、健康、権力、成功、金銭、肉体的快楽、こうしたものに頼らない内的な平和、つまり外的な平和の源になるような内的平和を発見する方法はないのでしょうか？

J・F　君の言うことはよくわかるよ、でもどういうことで二つの方法があい入れないのかがわからない。生物学、科学、この場合は分子生物学だが、こうした科学はさまざまな病いに解決をもたらし、人間の苦しみを軽減することに貢献してきたよ。また、生命の根源的なメカニズムを発見しようとする知的満足は私利私欲のないものだろう。君の心を占めていた関心事であるこの二つの側面を組み合わせてみようとは思わなかったの？

M　仏教は科学に対立するものではありません。仏教は、科学を認識のひとつの現れ、重要ではあるけれど、部分的な形であると考えます。だから、自分の生活を分割してまで科学に同じだけの努力を払う気にはならなかったのです。私はいくぶん籠の鳥という気分で、ひたすら「自由が欲しい！」としか思わなかったのです。

J・F　いまの科学の流れがどうなっているのか知っているかい？

M　生物学のさまざまな発見はずっと見逃さないようにしています。バクテリアの染色体の遺伝子図については五年間研究に打ち込んできたわけですが、いまそれを続けていないだけに、よけいに関心をもって見ています。

ざっと見ても、ここ二、三十年のあいだに何千人もの研究者がなしてきた業績はたしかに素晴らしい、でも個々の研究者の生活というのは、たいていが、こうした研究のごく限られたひとつの側面、つまり、寄せ集めれば物理学または生物学的現象のひとつの像がはっきりしてくるパズルの構成要素のひとつについて、何年もかけてずっと研究することなんです。たいへんな努力をしたのに、ごくわずかな成果しか挙げられないといったときなど、ふつうの研究者はフラストレーションを感じることもよくあります。もちろんひとりの研究者が、たとえばＤＮＡの構造というような大発見をすることもありますが……。

Ｊ・Ｆ　遺伝子の二重らせん構造とか……。

Ｍ　そう、努力が大いに報われたケースです。でもそれは例外的なことで、私は科学研究にたいする興味と、精神の探究にたいする興味とを比べる気にはなれませんでした。精神の探究のほうはつねに満足と喜びをもたらしてくれて、――的に向かってまっしぐらに飛び立つ矢になったような気がするのです。一瞬一瞬が貴重で、しかもその時間の最高の使い方をしているように思えるのです。

Ｊ・Ｆ　それから君はどうしたの？

Ｍ　私は七年間ダージリンから動きませんでした。師カンギュル・リンポチェが亡くなる一九七五年までは師のそばについて生活し、それから僧院の上にある小さな隠遁所で修行を続けました。私の二番目の師となるディンゴ・キェンツェ・リンポチェに出会ったのはそのときです、カンギュル・リンポチェの葬儀の采配を揮っていた高僧です。私はまた、五十巻からなる非常に珍しいチベットの経典の写本を復刻印刷するために、デリーでも一年間を過ごしました。私の友人たちがフランスのドルドーニュで三年間の伝統的な隠遁修行を始めようとしていたときのことです。私も帰国して彼らに加わるべきかたずねると、師キェンツェはこう言いました。「私が生きているあいだは、そばにいて勉強しなさい」と。こうして私は師の教えを聞きながら、師に仕え、旅のお供をしたりして十二年間いっしょに生活しました。そして一九七九年に僧侶になったのです。師とともに過ごした年月は最高の隠遁修行であり、またとない教えを受けることができた、忘れられぬ歳月です。このあいだに私は何ものも、何びとも私から奪いとることのできない内的確信を得たのです。

J・F　君はブータンでも暮らしたことがあるね、でもチベットには行ったことがあるの?

M　ブータンは山岳王国で、仏教が八世紀に入ってきてから以降は、数々の侵攻を免れてきました。だから、ここではなんの障害もなく仏教文化が開花し、その価値観は深く住民の心に根づいています。キェンツェ・リンポチェは中国占領下のチベットを逃れたあと、ブータンで仏教の最高位の高僧となり、国王から最下層の農民にいたるまですべての人民から崇拝されました。ですから、私にとって、この国に住むということは望んでも得られない経験でした。また、キェンツェ・リンポチェのお供をして三度もチベットを訪問する幸運にも恵まれました。師の僧院は廃墟しか残ってはいませんでしたが、十五年、二十年と獄中で過ごし、生き延びてきた人々にとっては、亡命から三十年たってからのキェンツェ・リンポチェの帰還は長い暗黒の夜の果てに昇る太陽のようだったのです。チベットはいまなお悲劇に見舞われ続けていますが、瞑想生活にはこの上なく適した素晴らしい国のままです(3)。

ここでちょっと、質問の方向を逆に向けようと思うのですが。私はあなたの質問にたいしてこれまで私がしてきたことを語り、説明してきました。またあとで、続きをさせられるでしょう。ところで、あなたのほうはこれまでどのような道を歩んでこられたのでしょうか?　どうしてあなたはこの対話を望んだのですか?

J・F　君がたどってきたような歩みにたいして好奇心をもつのは、ごく自然なことだよ。それ以前の君の生活や、研究や、文化的な所属が予想させたはずの道とは、深い断絶があるからね。私の歩みは、比べればずっと古典的だよ。とはいっても、私自身の属する文化の内部では、また私が最初に受けてきた教育との関係で言えば、私もやはり自分の世代の主流とはつねに断絶し、周囲の旧套墨守の思想には反抗しつづけてきた。それでもとにかく、繰り返して言うと、私は自分の文化の枠内にずっととどまっていた。

Ｍ　でも、どうして別の文化を代表することになった私と話し合いたいと思ったのですか？

Ｊ・Ｆ　まず、それは別の文化ではあるが、同時に同一の文化でもあるからなんだ。たとえ専門家のサークル以外ではそれほど西欧では研究されていないと嘆いたところで、極東の哲学は世界的共同遺産だ。ところで私が十九歳で大学の勉強を始めたとき、それまで文学や歴史が好きだったのに、なぜ私は哲学のほうへ進んだかという動機を考えてみると、それは、哲学が私にとって他のすべての学問、文学も歴史も科学さえも包括する知識の鍵をもたらしてくれるように思えたからなんだ。知恵でもあるような認識の鍵、つまり倫理と一体となった生きる術をね。

Ｍ　西洋哲学はその鍵をもたらさなかったのでしょうか？

Ｊ・Ｆ　そう言ってしまうと、ちょっと違う。むしろ、西洋哲学はその使命を故意に裏切ってきたように思う。とりわけ十九世紀の初めからはね。そういうふうに自然に考えるようになったのは、「再解釈版」であるにもかかわらず、あたかも神聖不可侵の決定版として絶対服従を要求する主流とは距離をおき、何年もかけて繰り返し原典にあたった末のことだ。そうして最終的な気持ちをまとめて、最初の本を書き、『なぜ哲学者なのか？』が一九五七年に世に出た。よく売れた、というか、とにかくその反響には私自身が驚いた。たしかに評価は好意的なものばかりではなく、むしろその反対で、哲学界の連中からはけんけんごうごうの非難をあびることになったよ。でも、論争がとどまるところを知らないほど広がったので、私はそれを整理し、反論者に答えることにした。それが一九六二年に出た『信心家の陰謀』で、これは『なぜ哲学者なのか？』の続編だった。

Ｍ　けれども、それからはとくに政治評論家として知られるようになりましたね。この変貌はどう説明するのですか？

Ｊ・Ｆ　変貌ではなかった。政治について考えることはつねに哲学の一部門だからね。ここでは私は自分の全生涯を語らないよ、とにかく自伝を出版したばかりだから(4)。政治理論はいつだって哲学の一部だった、それだけではない、十八世紀以降、とくに十九世紀からはさらに倫理の大黒柱にもなった。啓蒙時代の中心理念や、のちのマルクス・レーニンの「科学的」社会主義思想の中心理念は、幸福と正義の結合はもはや個人が英知を求めることではなく、社会全体を再構築することによって実現するというものだった。そして新しい社会を作るためには、まずもって古い社会を完全に壊さねばならなかった。革命の概念が近代的な意味をもつのは十八世紀の末だ。そのときから個人的な救済は集団的な救済に従属するようになった。この重要なテーマは、この対談で私たちが次に展開していくことになると思うよ。さしあたりは、私は一九六五年と一九七〇年頃に、二十世紀に猛威を振るった全体主義の元凶であるこの幻想の防ぎようのない崩壊を確認したように思う、とだけ言っておこう。こうしたことを言うために、私は一九七〇年に最初の政治全般にかかわる作品を書いた（それ以前にはフランスに関連するものは二、三冊出してはいたけどね）。これが『マルクスでもなく、イエスでもなく』（アメリカ版は『マルクスもイエスもなしに』）なのだ。この本のタイトルは二重の拒否を含んでいる。政治的全体主義の拒否と、宗教的全体主義の拒否だ。この本の反響はすごかった。二十世紀の真の革命は自由主義革命であって、いまではもうすでに死滅した社会主義革命ではないと主張したからだ。世界中で大いに受けたよ。アメリカでは一年間のあいだベストセラーのリストに上がっていた（社会主義やファシズムの「閉ざされた社会」に対して、アメリカのような「開かれた社会」を擁護していたからね）。これは、十五以上の言語に翻訳された。私はマダガスカル語版さえもっているよ！

M　その本の影響で政治評論家というか——大新聞の政治編集委員の役割を担うようになって、いわゆる哲学そのものから遠ざかったのじゃないのですか？

J・F　遠ざかったわけではない。『マルクスでもなく、イエスでもなく』のように、それ以後の私の主な本は、人間性そのものに根ざした、いつの時代にも共通した問いかけをしているんだ。現代の例を引き合いに出したとしても、それだけを問題にしているのではない。だから『全体主義の誘惑』（一九七六年）では次のような問いかけが中心的な動機になっている。人間には政治的、知的な隷属にたいする秘かな憧れがあるのだろうか？　この憧れは自由の追求という姿を装っているだけにいっそうゆがんでいる。別の例を挙げてみると、『無用の知識』（一九八八年）では、次のような謎を出発点としている。どうして人間は、今日に限らずいつの時代も、せっかく自分たちを破局から守ってくれる情報、自分の手にしている情報をわざわざ無視するのか？　どうして人間はわざわざ挫折や苦しみや死に向かって突き進んでいくのだろうか？　私の思い違いでなければ、それこそ哲学的な問題じゃないか。しかし、私の全作品について君に講義するのはやめておこう。

Ｍ　それらの本は、『マルクスでもなく、イエスでもなく』と同じように世界中に読者を得たのでしょうか？

Ｊ・Ｆ　国によって違いはあったが、ほとんど同じような読者層だったね。『無用の知識』はアメリカではそれほど評判にはならなかったが、もちろんフランスだけではなくて、スペイン、イタリア、ポルトガル、ラテンアメリカなどのラテン系の国々や、一九八九年以降の旧共産圏の国々でベストセラーになった。ひとたび鉄のカーテンが取り払われると、本や思想が自由に行き交うようになったからね。しかし本当に驚くべきなのは、そのことじゃなくて、次のような不思議な現象だよ。つまり、多くの読者を得たからといって、本当に理解されたわけではないし、たとえ私のように、本以外にも国内、国外の大新聞の論壇に場があって、さらに広い層に自分の意見を述べる機会に恵まれている者でも、実際に影響を与えるようにはならない、という不思議。

Ｍ　その不思議はどのように説明することができるのでしょうか？

Ｊ・Ｆ　それをあますことなく説明できたら、この不思議が生じてきた精神の病いを治すことができるよ。だからこそ、個人が洞察力とか知恵とかを獲得することをめざす、いわゆる「第一の」哲学、つまり私たちの対話の中心的なテーマに、また話がもどることになるわけさ。

第2章　宗教なのか、哲学なのか？

J・F　私は西洋科学の研究者としての君の立場との対比において、これまで君が歩んできた道について問いかけてきた。今度は君の選択は他の宗教や他の精神的教養にたいしてどのように位置づけられているのか知りたいと思う。というのは、君が仏教に向かっていったのは西欧の何かの宗教に失望したというわけじゃない。本質的には、君は脱宗教的な文化の出身だった。君の両親は二人ともカトリックの家族の出だが、教会には行っていなかった。だから、およそ信心には取りたてて向いているとは言えないような科学的な環境のなかで、君は宗教色のない、合理主義的な教育を受けてきた。西欧には自分たちの伝統的な信仰に失望して、イスラム教とか仏教といった他の宗教に向かっていく人たちがけっこういる。君はといえば、宗教的にはいわば無関心、無重力状態から仏教に移っていった。いま、宗教的と言ったけれども……ここでまさに仏教の解釈にかかわるひとつの大問題にぶつかるね。つまり、仏教は宗教か、哲学かということだ。これについては、いまだに議論がたえない。君が語ってくれた賢者との最初の触れ合いだが、二人のあいだでは何語も通じなかったのだから、ことばも交わさないで、賢者は君に大変な印象を与えたわけだ。この最初の体験を聞いていて、私は若いギリシャ人のことを思いだした。彼はある賢者の人となりに接したとたん、哲学のイロハも習っていないのに、模範としての人格に感銘を受けたというのだ。この最初の体験を考慮すると、それは宗教的な意味での回心なのか、哲学的な一種の天啓なのかと考えてしまうんだ。

Ｍ　まずあなたの最初の問いにもどると、白紙状態の精神で仏教に出会ったということは私にとってはとても幸運だったと思うのです。仏教にたいして関心を抱いたからといって内的な葛藤は何も起きなかったし、他の宗教や信仰を「放棄」するといった気持ちもなかったわけですからね。私は自由なものの考え方をする環境で育ちましたが、さまざまな宗教にたいして一度も否定的な態度をとることなく、偉大な精神的伝統、ヒンドゥー教、イスラム教、キリスト教世界などにどんどん関心を深めていきました。――ただし個人としてかかわることもなかったし、実践もしませんでした。だから本気で精神の探究への道に入るよう促したのは偉大な精神的指導者カンギュル・リンポチェとの出会いだったのです。彼は賢者であり、完璧な人間の模範であって、私はまだそのすべてをとらえきれてはいなかったけれども、完成の域に達しているように思えました。このような出会いを描写するのはとてもむずかしいです。――あるチベット人は、「口のきけない人が蜂蜜の味を描写するのと同じくらいむずかしい」と言っていました。こうした出会いの価値がわかるのは、抽象的な思弁によるのではなく、直接の体験とか、確証によってなのです。――それは私の目でなされた確証であり、何千のことばよりもまさっているのです。

次にどうやって私はすこしずつ仏教を発見し、とらえていったのか話しましょう。仏教は宗教なのだろうか、知恵なのだろうか、形而上学なのだろうか？　こうした問いはダライ・ラマがしょっちゅう受ける質問です。彼はユーモアを交えてよくこう答えます。「かわいそうな仏教よ！　宗教家からは無神論の哲学とか精神の科学だといって追い払われ、哲学者からは他の宗教といっしょくたにされる、だから仏教には安住の地などどこにもないんだよ。ただし、」とダライ・ラマは続けています。「ここにこそ、宗教と哲学の橋渡しができる仏教の利点がある」。

本質的には仏教は、人生のあらゆるとき、あらゆる状況に生かしうる知恵の源としての形而上学的伝統であると言えます。

宗教というものを、その教義の真理をみずから再発見することもなしに、ひたすら盲目的な信仰によって受け入れなければならない、ある特定の教義への帰依と解するならば、仏教は宗教ではありません。宗教ということばの語源のひとつである「結びつけるもの」という意味を考えるなら、仏教はもっとも高度な形而上学的な真理に結びついているのは確かです。信仰を内的真理の発見から生じた揺るがぬ内奥の信念と解するならば、仏教は信仰を排除するものではありません。信仰はこうした内面的変革を前にしたときに生じる驚嘆です。他方、仏教は有神論的伝統ではないという事実から、たとえば、多くのキリスト教徒は、仏教は通常の意味でのいわゆる「宗教」だとは考えないようになりました。ともかく仏教は「教義」ではありません。仏陀はつねにこう言っていたからです。「私の教えをよく吟味し、深く考えなさい。しかし、私への畏敬の念だけで教えを受け入れてはならない」と。精神的完成への諸段階をたどりながら、仏陀の教えに真理を発見しなければならないのです。金塊を調べるように教えを確かめなければならないと仏陀は語りました。純金かどうかを知るためには平たい石の上で金をこすり、たたき、火にかけ、溶かします。仏陀の教えは《悟り》への道、精神と現象世界の本質についての究極的認識への道の旅日記のようなものです。

なぜ仏陀は崇拝されたのか？ということですが、神や聖人のように崇拝されたのではありません。《悟り》を体現した究極の賢者として崇拝されたのです。サンスクリット語で「ブッダ」は「目覚めた者」、真理と同化した者という意味です。チベット語では「サンゲ」と言います。これは二つの音節からなり、「サン」は、彼は認識をおおうものすべてを「晴らした」、無知の夜から「目覚めた」という意味で、「ゲ」は、発展させるべきものをすべて「発展」させた、つまり精神性と人間性をすべてきわめたという意味です。

Ｊ・Ｆ　君は仏陀の教えについて語っているが、実際にはどんな教えなんだろう？　仏陀自身が書き残したものはないのだろうから……。

Ｍ　じつは、仏教の基本的な教えについては他の宗教的伝統におけるより、多くのものが残っているのです。仏陀自身は書き残しはしませんでしたが、説教集や仏陀の『ことば』は残っていて、チベットの経典では百三巻になります。

Ｊ・Ｆ　でもそれは本当に仏陀の教えなのだろうか？

Ｍ　仏陀の入滅後、しばらくして宗教会議が開かれ、五百人の側近の弟子――とりわけ人生の大半を仏陀のそばで過ごした者――が集まり、教えを集大成しました。仏陀の説教や語ったことば――スートラ〔経典〕――を高僧が読み、それを聞きながら必要に応じて修正していきました。東洋では知識の伝達のさいには、口伝がもっとも重要な役割を果たしてきたことを思い起こさねばなりません。それは今日もなお続いています。それに、東洋人は驚くほどの暗記力があります。作り話じゃないんです。私自身、チベット人の師や学僧が何百ページもある経典をそらんじて読むのを数えきれないくらい聞いてきました。ときどき読むのをやめて解説を加えますが、いつも驚嘆すべき忠実さで読んでいくのです。私はといえば、紙の上に書かれた経典を見ながらついていくのですよ。スートラはこんな形式で始まります。「私はこのように聞いた。あるとき仏陀はある所で……」。仏陀が三十歳から八十一歳の入滅まで説法し、仏教の指導者たちが今日やっているように、同じ主題を何回も繰り返し説いたとすると、仏陀のそばで三十年、四十年と過ごした側近の弟子たちが、たとえ一字一句正確でなくとも、教えに忠実な解釈を保っていたということは充分納得のいくことです。私たち弟子のなかでも、チベットの高僧のもとで二十数年過ごした者は、特別な知的能力の持主ではなくとも、ほぼ忠実に教えの本質を述べることができます。仏陀の入滅後、数世紀のあいだに、卓越した賢者やインドの学者僧が二百十三巻の釈義や注解書を書き、仏陀のことばにつけ加えました。その後、チベットでも無数の書物が書かれ、それらはサンスクリット文学や中国文学に次いで、東洋でもっとも豊かなチベット古典文学になっています。

J・F　仏教にかんしてもっとも豊かだということ？

M　それだけではありません。たしかにチベットの文献資料は、仏教の教えと、医学、文法、言語学、天文学など、そこに接ぎ木するように加えられた伝統的な学問を扱ったものばかりです……。だからといって、質量ともに東洋の第三番目の文学であることに変わりはありません。つい最近までチベットに「小説」はまったくありませんでした……。現実と取り組んで、やることがいっぱいあったのです！

J・F　そうだね……でも、仏教研究に歴史的方法の基準をもち込むと、仏陀の後継者の想像力ばかりが幅をきかせているように見える。(1) 母親の右脇腹から生まれたとか、出産十カ月前にはもう腹のなかですっかり完全に形ができ上がっていたとかいった誕生の奇跡にまつわる聖人伝が作られているのだから。たいていの聖人伝がそうだが、東洋の空想にはかなりのおひれがついて、仏陀の教えについて正真正銘の歴史的実体を把握するのはむずかしいのではないだろうか。きっと君は、ソクラテスの場合だって私たちは間接的にしかその思想を知らないのだから、事情は同じようなものだと言うだろうがね。弟子の話では、ソクラテスが言ったことなのか、プラトンやクセノフォンがつけ加えたことなのか、よくわからないからね。でも、彼らこそソクラテスの同時代人だったのだ。それにアリストファネスの証言がある。彼はソクラテスを敵視していたから、おもしろい牽制役を果たしている。仏陀の場合は、インド人の想像力に特有の奇跡好みの感覚のせいで、正真正銘の仏陀の教説をはっきり見定めにくくしているように思えるのだが。

M　まず、先ほども言ったように、仏陀の教えの内容は同時代人によって書き上げられました。そのうえ、あなたの言う奇跡は、教えの本体を損ねるものではありません。それは、何世紀ものあいだに書かれた仏陀の聖人伝なのです。実際のところ、教えは哲学的または形而上学的な主題を扱ったもので、つまり、存在の本質、無知〔無明〕、苦の原因、自立した実体としての自我や現象の非‐存在、因果律〔縁起〕などにわたっています。このようなテーマが、奇跡でもって美化されるなんてありえないでしょう。

J・F　じゃあ、哲学なのか、宗教なのか？という問題にもどろう。それとも、哲学であり、なおかつ宗教なのか？　私が驚くのは、仏教がたいてい西欧では好意的なイメージでとらえられているということだ。これはいまに限ったことではない。いまは、チベット民族の苦しみへの同情が共感を呼び、また、全世界にみとめられたダライ・ラマのひととなりは、仏教に無縁の国の人たちさえも引きつけ、愛着と、さらには崇拝の念を呼び起こす。だが、そればかりではない。こうした最近の政治的要因から離れても、西欧での仏教にたいする畏敬の念は、昨日、今日に始まったことではないんだ。仏教のなかにつねに純化された教義をみとめるからこそ、西欧の批判精神や合理主義は、自分たちに倫理的、精神的な深みをもたらしてくれるものとして仏教を受け入れてきたのだ。それは知恵の深み、さらにはそれ以上のものでさえある。そしてそれは、いわゆる「啓蒙哲学」や合理主義の時代以来、西欧で培われてきた基準とも、近代科学精神とも、あい入れないわけではない。ところでアジアに行くと、こうした現実離れした純粋なものの見方は、厳しい試練に立たされる。私のような者は、仏教の実践面でのかなりの側面に、迷信としか定義のしようがないものをみとめると、驚きや衝撃さえ感じてしまう。干した洗濯物さながらの祈りを書き込んだ布切れだろう、経典筒〔マニ車〕だろう、それに転生信仰だ。

M　「生まれかわる魂のない転生」の概念を明らかにする前に、あなたの問いに順を追って答えましょう。まずあなたは、西欧では、仏教は知的には充分納得できる一種の形而上学として受け取られているとおっしゃいました。その主な理由は、仏教は生きているすべての者にとっての根本的な関心に答えられるからだと思います。それに、仏教の教えの中核は、エキゾチズムに色づけされてもいないし、あなたを驚かせたような類の文化的要因に左右されるものでもないからです。仏教は幸せと苦しみのメカニズムを分析し、解体するのです。苦しみはどこから生じるのか、その原因はなんなのか、それをいやすにはどうすればよいのか？　分析と観想を同時におこなうことによって、仏教はすこしずつ苦しみの深い原因をさかのぼっていきます。これこそ、仏教徒であるなしにかかわらず、すべての人類にとって興味のある探究です。

J・F　君が苦しみと呼ぶものを定義してくれないかな。

M　苦しみは深い不満の状態です。肉体的な苦痛に結びつけられますが、何よりもまず、これは精神の体験です。同じことでも楽しかったり、つまらなかったり、各人各様の感じ方があるのは明らかです。苦しみは、私たちが後生大事にしている「自我」が脅かされたり、また思うものが得られなかったりすると生じます。もっとも激しい肉体的な苦しみも、精神のもちようで変わってきます。さらに人生のありふれた目的——権力、富、肉体的快楽、名声——といったものは一時的な満足を与えてくれますが、永続的な満足の源泉とはならず、いずれかならず不満へと変わっていくものです。それらは持続的な充実感や、外的状況に左右されない内面の平和といったものをけっしてもたらしてはくれません。世俗的な目的を生涯追いつづけてみても、それで真の幸福をつかめるかどうかといったら、涸川《かれがわ》に投網する漁師ほどのチャンスしかありません。

J・F　まったくそのとおりのことばで、エピクロス派もストア学派も言っているね。

M　こうした不満な状態は、さまざまな制約を受けた世界の特徴で、本来つかの間の満足しかもたらしてくれません。仏教用語で言うと、再生の「サイクル」、サンサーラ〔輪廻〕としての世界には苦しみがしみ込んでいます。けれどこれは、けっしてペシミストの世界観ではありません。単なる事実確認です。というのは、次の段階は、こうした苦しみからのいやしを追求するのですから。そのためにはその原因を知らねばなりません。仏教は何よりもまず、苦しみは、欲望をはじめ、執着、憎悪、傲慢、嫉妬、無思慮など、「否定的」とか「曇りをもたらす」とか言われるすべての精神的要因から生じ、それらが心を動揺させ、不安で混乱した状態に陥れるとしています。これらの否定的な感情は、私たちが後生大事にしている「自我」の観念から生まれてきます。しかし、こうした自我への執着はひとつの事実としてはあるけれども、この執着の対象である「自我」にはいかなる実在性もありません。自律的かつ恒久的な実体としてはどこにも、またどのような形でも存在しません。ひとりの人間——肉体と精神——を作り上げているどの部分にも、それらの部分の外にも、またそれらの部分の集合体のなかにも、どこにも存在しないのです。もし自我がこうした部分の集合体に対応すると主張するなら、自我というものは、相互に依存し合う諸要素の一時的な集合体に、知性が張りつけた単なるレッテルにすぎないとみとめることになってしまいます。実際には自我は、このようなどんな要素にも存在しませんし、これらの要素がばらばらになれば、たちまち自我の概念そのものが消え失せてしまいます。人を欺く自我の仮面を暴かずにいることが、無知というものです。つまり、ものごとの真の姿をありのままにみとめることができないという一時的な無力状態なのです。だから、苦しみの究極の原因は、それこそこの無知なのです。自我についての誤った理解や、現象を確実なものと思い込む誤った理解を拭い去り、この「自我」というものにはそれ自体の存在などないのだということがわかれば、どうして私たちは、自分の望むものが得られないとか、望んでもいないことに耐えなければならないとか言って、怯えることがあるのでしょう？

J・F　仏教のその分析の部分は、西洋哲学の多くと共通しているところだね、つまり、古代哲学の知恵とだ。フランスでは、それを発展させた形がモンテーニュに見られるし、パスカルもキリスト教擁護の意図をもって展開している。

M　仏教の公教的側面が見せるこの根本的な素朴さのゆえに、西欧世界は、仏教の教えに親近感を感じ、一挙にそのなかに入っていくことができるのかもしれません。

J・F　私は、一部の西欧の哲学者が仏教に魅せられたのは、落ち着いた心の状態に到達するという理念のせいではないのかという気がする。否定的な意味合いの「無感動《アパテイア》」ということばは使いたくないけれど、ある心理学の学派などが学者用語で呼んでいるアタラクシアがこれにあたる。アタラクシアというのは、動揺しない状態、――ストア学派によると――賢者が到達せねばならない平静不動の状態、すなわち、日常の現実に生じる予測不能の良い結果にも、悪い結果にも振り回されないということだ。

M　心の落ち着きと無感動を混同しないことが肝心です。安定した精神的修行のひとつは、有利であろうと不利であろうと、外的な状況に動かされないということです。修行者の精神は、風に微動だにしない山にたとえられます。苦境にも苛まれず、成功にも高ぶらない精神です。けれどもこの内的な精神の平静は、無感動でも無関心でもありません。それは本当の内的歓喜と、不屈の利他主義となって表れるような心の広さを伴うものです。

J・F　それはあらゆる知恵に共通する要素だね。ストア学派の賢者を彷彿とさせる話だ。それに、仏教が西欧でそれなりの権威を獲得したのが、まさに科学隆盛の時代だったというのは驚くにあたらない。本来、哲学というのは、哲学者の言うことに耳を傾け、その本を読む者に知恵の秘訣をもたらしてくれるのが理想だったのに、その理想を捨ててしまった。しかし、仏教はあらゆる知恵に共通のこの秘密の宝物のかなたへ、ちょっとばかり踏み越えてみるよう誘惑しているかに見える……。一種の無限定な世界への自我の融合というところかな。

M　それは無定形、無限定の世界のなかに消え失せることとはまったく違います。この「自我」というものにはいかなる固有の実体もないのに、それが諸悪の根源になっているということをはっきり認識することが重要なのです。ここで、仏教は、この自我への執着から離れることで得られる内的平和に到達するための豊かな種々の手段を与えてくれます。頭のなかで起こるさまざまな出来事について詳しく述べるだけでなく、それを変化させ、解放するのです。その手段について話す前に、エゴについて、つまり、無知の基本的な表れでもあれば、心をかき乱す感情〔妄念〕の原因でもある自我への執着についてすこし触れておきたいと思います。実際、仏教はエゴの概念について、人がどのように自分を一個の「人格」として知覚するか、どのように外的な諸現象を堅固な「実体」として知覚するかについて、かなり微細に分析しています。あらゆる妄念の根源は、私たちが自分の人格について抱く知覚にあります。つまり、私たちは「自我」というものを思考の流れのなかであれ、身体のなかであれ、それ自体として自律的に存在する実体としてとらえています。けれども、この自我が本当に存在するとしたら、それはどこにあるのでしょうか？　身体のなかに？　心のなかに？　脳のなかに？　それとも身体全体に広がっているのでしょうか？

J・F　「自我」が身体のどの部分にも存在していないということを理解するのは簡単でしょう。

M　西欧の哲学者が、魂は身体のどこにあるのか考えていた時代にもどったような印象だね。デカルトは魂を松果腺、つまり下垂体に位置づけた。こうした問題は子供じみてやしないかな？　自我の意識は存在するが、だからといって、身体のどこか特定の場所になきゃいけないというわけではないよ。

M　だからこそ次に、自我は精神のなか、つまり私たちの意識の流れのなかにあるのか否かと問うてみる段階になるのです。この意識の流れは、現在、過去、未来の思考に分解できます。でも自我は、これらの時の総計にはなりえない。なぜならこの時の総計というのが、個々の時のいずれにも存在することはないのですから。過去の思考は滅したもので、いまはもう存在しません。どうして自我が記憶にすぎないものに所属できるでしょうか？　未来はまだ生じていない、したがって、自我はまだ存在してもいない未来にもあるはずがありません。残るのは現在です。存在するためには、この自我という実体がはっきりした特徴をもたねばなりません。しかし色もなければ、形もなく、位置もない。自我を探せば探すほど見つけにくくなる！　だから、自我は見かけの連続性に貼られたレッテルにすぎないということになります。

こうのように考えていくと、望むものを求め、望まぬものを拒むように私たちを導く全能の存在のようにみなされてきた「自我」観念への執着を弱めることができるのです。この自立した自我という意識が、一般的には「自我」と「他者」のあいだの断絶を引き起こすのです。このようにたがいに引き合ったり、反発したりしているうちに、無数の妄想や妄念が生じ、ことばや行動となって表に現れ、私たちの苦しみを作りだすのです。このような自我は現実には存在しないということを、直接的な体験や、分析、とりわけ瞑想によって発見することが、何よりも解放へと導く過程となります。仏教のこのような分析は、もはや想念の奴隷とならぬよう、その想念を変えるよう働きかけることを可能にするじつに多様な技法を伴っているだけに、なおさら多くの西欧人に有益であるとみとめられるようになったのだと思います。このことはまたお話ししましょう。

J・F　ほーう！　そんな技法があるなら詳しく知りたいものだ……。

M　理論上は、仏教には八万八千もの法門〔教えに入る入口〕があると言われています。これだけの数字は、事実上、だれでも、いまいるところから出発できるということを示すものです。エヴェレスト山に登るには、パリの郊外の雑踏からでも、緑におおわれたネパールの田舎からでも出発できるのです。目的は同じですが、そこにたどり着くやり方はさまざまです。精神探究への道も同じで、それこそ性格、内面のあり方、これまでの知的形成、信念などによってさまざまで、各人各様の立場から始められます……。各人が、思考に働きかけ、すこしずつ妄念のくびきから解き放ってくれる、自分に「ぴったり合った」方法を見つけだし、最終的には精神の究極の本性を感得できるのです。

J・F　方法はいずこも同じとはならないが、そうした側面もまた西洋哲学の伝統にある一面だ。いかにして自らの思考に規律を課すかということは、古代哲学の大きなテーマのひとつだ。近代哲学では、精神を変えることよりも、精神のはたらき方を知ることのほうに意欲的なんだ。

M　仏教は、精神のはたらきについての認識——そっくりこれに充てられた論述がいくつもあります——と、その究極の本性についての認識とを結びつけています。この認識が「自我」の執着から解き放つはたらきをします。これを目的とする手段や方法は、効果的で多様です。最初の方法は、妄念にたいして解毒剤を使用することにあります。すなわち、怒りにたいしては忍耐力の涵養、欲望には無執着、無思慮には因果のしくみの分析を対置するという具合です。感情に身を任すと、たとえば憎しみは憎しみしか生みません。人間や国家の歴史が示すとおり、憎しみはいかなる争いも解決したためしがありません。

J・F　それは立場によるよ……。大昔から暴力や犯罪というゲームでは、残念ながら、かならず勝つ者がいるということだ。憎しみをなくすることについては、福音書を見れば、わかるね。

M　そうですとも！　精神の道から見れば、西欧の伝統とこのような一致があるということは、おもしろいし、また当たり前とも言えます。憎しみの話にもどりましょう。ある人が怒りを爆発させて、棒で私たちを殴ったとしましょう。だれも棒にたいして怒ろうとは思いません。当たり前です。じゃあ、攻撃をしかけてきた人にたいして怒るべきでしょうか？　よく考えてみると、この人は、無知から生まれた怒りの炎に焼き尽くされているのです。すっかり自分を抑えられなくなったのです。この人は、同情を寄せてあげるべき対象で、まったく病人や奴隷といっしょです。彼を本当に恨むことはできなくなってしまいます。つまるところ、本当の敵は、どんな同情もかけられない怒りそのものなのです。

J・F　なるほど、でもそれじゃあ、ちょっと実際面を忘れているだろう……。そんな立派な理屈づけをするまもないうちに、相手に打ちのめされて、殺されてしまうかもしれないじゃないか！　だから……

M　相手をなだめるとか、逃げるかして衝突を避けるのがいちばんいいのはもちろんですが、適切な方法と必要な力をすべて使って対処することも大切です。ただし、けっして憎しみを抱いてはだめです。心の奥深くに、粘り強い同情の念とくじけぬ忍耐をもちつづけなければなりません。それは攻撃者のなすがままになることではないし、力づくで相手を打ち倒そうとすることでもありません。いつでも、また別の相手が現れるでしょうからね。重要なことは、容赦なく叩きのめすべき本当の敵は、相手を傷つけたいという欲望なのだということを発見することです。このことこそ理解しなければならないことであり、できるかぎり、相手にも理解させねばなりません。

J・F　ちょっと待った！　君は仏教の教義を全部話していくのか！　それじゃちょっと長くなりすぎるよ……。それはまたあとの話にしよう……。君はまだ、迷信についての私の反論に答えていないと思うが。

M　そこにもどりますが、まず、いま話かけていることをまとめさせてください。解毒剤の使用は効果的ですが、限界のある方法です。妄念は果てしなく、それに対処して解毒剤をこしらえねばならないとなると、きりがないでしょう。そこで、二番目の方法は、想念の本性をつかむため、想念の源そのものまでさかのぼっていくことにあります。たとえば、憎しみの念ですが、これはとてつもなくしぶとく強力に思われます。胸のうちに固いしこりを作り、私たちのふるまいを一変させてしまいます。しかしこの憎しみの念を見つめると、それは武器を振りまわすわけではなく、岩のように私たちを打ち砕くことも、火のように焼き尽くすこともできないということがわかります。実際には、すべてはほんのささいな思いから始まって、すこしずつ入道雲のようにもくもくと大きくなっていきます。遠くから見ると、夏の入道雲は圧倒的な大きさと固さがあって、その上に座れそうです。でも雲のなかに入ると、何もないのです。手で何もつかめません。ある想念を見つめるというのも同じことで、その源までさかのぼっていくと、やっぱり確実なものは何もないのです。すると、そのとき、この想念は消え失せてしまいます。これが、いわゆる、「本性を見つめ」、「空《くう》」を認識することによって「さまざまな想念を解放する」ことなのです。このようにして「解放された」想念は、連鎖反応を引き起こしません。青空を横切る小鳥のように、跡形もなく消え去ってしまいます。

J・F　そうした楽観的な見方は、古来の安らぎとなる知恵の伝統によく見られるものだね。

Ｍ　誤解しないでください。想念の解放というのは、一見どんなに単純そうに見えようと、楽観的な見方ではありませんし、根拠も、成果もない処方箋の寄せ集めでもないのです。想念の解放が用いる技法は、隠者たちが日に何時間、生涯に二十年、三十年を費やして、甚大な努力を払って作り上げた二千年来の「観想的科学」から導きだされたものです。体験の領域に一歩踏み込んで、これがどういうものかを見てみようとしないかぎり、あまりなじみのない方法で得られる知識を疑ってかかる人がいるのは避けがたいことです。どんな学問にも道具があります。望遠鏡がなければ、月のクレーターはわかりません。瞑想の修行がなければ、精神の本性はわかりません。

Ｊ・Ｆ　一昨日のことだけれども、カトマンズの君たちの僧院を紹介する映像を見たね、三歳の子供がいて、君の亡き師、キェンツェ・リンポチェの生まれかわりとして最近「承認」されたんだね。どういった手続きで、リンポチェの魂がその子に生まれかわったと判定したのだろうか？

Ｍ　たいていの宗教では、死後の意識の連続性は啓示された教義に含まれています。仏教の場合は、瞑想体験にもとづいて理解されています。ただしその体験の持主は、たしかにとくに傑出した人たちですが、証言として信じるのに充分な数の人がいるのです。そのいちばん最初にいるのが仏陀です。まず最初に理解しなければならないことは、仏教で私たちが生まれかわりと呼んでいるものは、何かの「実体」の乗り移りとも、また輪廻とも、なんのかかわりもありません。実体ということばで考えるかぎり、仏教的な再生概念は理解できないでしょう。むしろ機能や連続性ということばで考えたほうがいい。「再生の首飾りの真珠にはどんな糸も通っていない」と言われています。つぎつぎ続いていく再生には、「人格」としての同一性はありません。意識の流れのはたらきがあるのです。

Ｊ・Ｆ　じゃあ、生まれかわりの問題にもどろう。仏教に輪廻がないのだって？　私は、魂の移動は仏教の根本教義だと思っていたよ。

Ｍ　仏教は存在がつぎつぎと変わる生の状態について語っています。つまり、すべてのものは現在の生のうちにのみとどまるわけではありません。私たちは自分が生まれる前の別の生の状態をすでに理解しているのですし、また、死んだのちは別の生の状態を知るでしょう。このことはもちろん根本的な問題につながっていきます。肉体と区別される非物質的な意識はあるのだろうか、ということです。まずは、肉体と精神の関係を分析しなくては、生まれかわりについて語ることができません。それに仏教は、生から生へと移りかわり、肉体から肉体へと乗りついでいくような分離した実体と考えられる、個としての「自我」の存在を否定しているのですから、これらのつぎつぎと変わる生の状態を結びつけるものはなんなのか問えるわけです。

J・F　わかりにくいね。

M　それはひとつの連続体です。意識の流れは永続するのですが、その流れを貫いてめぐる自律的な、固定した実体は存在しないのです。

J・F　転生する決まった実体が何もないのに、つぎつぎと生まれかわるのかい？　ますます難解になってきた……。

M　それは、流れを下る舟のない川にたとえることもできるし、ランプの炎にもたとえられます。ひとつのランプが次のランプに火をともし、そのランプがそのまた次のランプに火をともし、というふうにどんどん続いていきます。連鎖の果てまでいったとき、炎は初めのランプの火と同一でもないし、また違ってもいません。

J・F　素朴な比喩だな……。

M　精神と肉体の関係については、近代や古代のいろんな概念の分析から始めなければなりませんね。

J・F　そうだな、とても大きいテーマだから……。でもまだいくつか疑問な点があるんだ。たとえば、祈りの旗など。もっとも純化された宗教、つまり、迷信からいちばん遠い宗教では、祈りというのは純粋に個人的なものだろう。だから、ぐるぐる回す仕掛け――経典筒〔マニ車〕――とか、風にはためいてぼろぼろになった布切れなどが、祈りの代わりをすると考えるのは、およそ祈りに価しない、無に等しいのじゃないかと思えるんだよ。仏教ほど緻密にできている教義がどうしてこんな信仰を奨励するのかわからないな！

Ｍ　実際には、こうした習慣は迷信とはかなりかけ離れたものです。私たちの精神のはたらきをたえず強めるべく、仏教で実践されている方法の豊かさを反映しているだけです。それにはあらゆる自然の要素が使われます。──旗をはためかせる風、経典筒を回すランプの炎の熱、こうした祈りのことばを彫る岩、また別の経典筒の水車板を動かす急流──これらは、それぞれの動き、自然の諸要素、目の前に現れるすべてが、内的な祈りや利他主義に向かうよう促し、呼びかけているものです。チベット人が旗に文字を刷り、それらを風にたなびかせるとき、こう念じます。「この祈りをのせて風が吹き過ぎていくところへ、生きとし生くるものがみな、苦しみや苦しみの原因から解き放たれていきますように。そして幸福と、幸福の原因を知ることができますように」。こうしてまた菩薩の誓願を新たにするのです……。

Ｊ・Ｆ　菩薩というと……。

Ｍ　他者の幸福のために、仏陀の境地、完成へと向かって歩む者のことです。修行者の誓願は自己中心的なものではありません。修行者は、自分が「苦しみや、日常生活の気苦労、輪廻の悪循環から解放されますように」などと念じることはありません。利他主義の誓願、人々の苦しみについての瞑想から生まれる誓願ですから。「私は人々のあまたの苦しみを軽減するにはまだ力が及びません。どうかみなが苦しみの原因から解放されるのを手助けできる認識にいたれますように」と念じます。そこでさまざまな外的な支えを使います。目にするもの、耳にするものすべてが他者にたいする思いやりを想起させ、内省のよすがとなるように。自然そのものが教えの書物となります。こうしてすべてが、私たちを精神的修行に誘うのです。これはまた、仏陀の教えを忘れないためのとても人間的な方法でもあります。

J・F　君は一般の仏教徒にとって、そうした考え方が何か意味があると確信しているのかい？　彼らはただ単に、経典筒は自分の代わりに祈っているんだとしか思わないのじゃないの？

M　チベット人がみな教義やシンボル体系を詳しく知っているわけではないとしても、彼らは自分のふだんの願いごと――健康とか、繁栄とか、成功など――がかなうように経典筒を回したりはしません。彼らは「功徳」を積むという観念を忘れることがありません。功徳とは、否定的な精神的要因を払うのに役立つ肯定的な精神的要因と解されます。したがって、彼らが理想とするのは、「功徳を積む」ことによって、思考の流れを改善し、浄化して、認識へと向かう肯定的な意識の流れを強化することだと思います。そのためにこそ、人々は五体投地〔はじめに両膝、次に両肘を地につけて、合掌して頭を地につける〕をし、うやうやしく聖堂のまわりを回り、寺院に灯明を供えるのです。

J・F　カトリックでは、教会で蝋燭をともすことは、かなり迷信的な観念を含んでいる。この蝋燭のおかげで、聖人や聖母、あるいは神自身の加護が得られ、願いがかなうというのだから。カトリックの求道者でも信者でもないのに、聖堂を見物すれば蝋燭をお供えする人をよく見かけるが、それほど迷信になっているわけだ。

M　そうした習慣は、信者がみずからを内的な真理に結びつけるのに有効な外的な支えです。体験からわかるのですが、何千ものバターランプ――蝋燭に相当します――をお供えするとき、チベット人の熱心な信者は、光は闇を晴らす認識〔智慧〕を象徴するということを自覚しています。信者はこのランプをお供えして「みずからのうちにも、人類すべてのうちにも、また今生においても、来世においても、智慧の光が現れますように」と祈るのです。素朴な人たちでさえも、この象徴は自覚しています。マントラを唱えるときも同じです。

J・F　マントラというと……。

M　語源から言うと、「マントラ」はなんらかの災厄からではなく、放心や心の迷いから「精神を護るもの」を意味します。マントラはなんべんも繰り返し唱える短い定型表現で、たとえば、始終イエスの名の反復を伴うギリシャ正教徒の念禱にあたります。こうした反復の技法はすべての信仰の伝統に見られます。

J・F　でも、それらの伝統のもつ精神的にいちばん高度な面ではないだろう。

M　そうでしょうか？　声に出して唱えることは、精神の表層の動きをしずめるのに役立ちますし、精神の本性を観察できるようにもなるのです。

J・F　そういうことにしておこう。じゃあ、魂の乗り移りというか、生まれかわりの問題にもどろうじゃないか。君は舟が浮かんでいない流れのたとえを出した……。その考えでびっくりしたのは、まず、個から個へと循環する非人格的な流れという観念だ。しかもこれらの個が人間であったり、動物であったりする……。

M　あるいは、もっと別の形態だってありますよ……。

J・F　あるいは、生の別の形態かね。すると、仏教の修行の目標は自我を解体し、ニルヴァーナ〔涅槃〕、つまり、私の理解が正しければ、精神的な要素の完全な非人格化にいたることだね。では、そうした条件下で、ある特定の個人——つまり際立った特徴をもつ人格——が別の特定の個人に生まれかわったと、どうして断定できるのだろうか？　地球上には六十億以上の人間がおり、そのうえ、何百億か知らないが動物がいるのだから、それだけの数の流れがめぐっているわけだ……。前世の生の形が死んで消えたあとに、つかの間形成される次の具体的な存在のなかに、そのうちのどの意識の流れがあるのかを見きわめるなどというのは、私にはまったく不可能な試みとしか思えない……。それこそ、魔術的か、主観的な同一化の原理によらなければ、そんなことは奇跡に等しい。どうもあまり説得力がないな。

M　たとえ個人が独立した実体として存在していなくても、「個人」の意識について語ることはできます。なぜならば、非連続な実体が移転しないということと、機能がどこまでも続いていくということは、相反するものではないからです。自我には固有の存在がないとは言っても、個々の意識の流れには、それを他から区別する特性がやはりあるのです。たとえ川に漂う舟がなくとも、やはりその川には沈殿物がたまっていることもあれば、製紙工場に汚染されていることもあり、あるいは澄みきっていることもあるのです。川がある瞬間に見せる状態は、その川がたどった歴史を移す姿であり、その結果です。個人の意識の流れも同じことで、肯定的な、あるいは否定的な想念の結果や、そうした想念から生まれた行為やことばが意識に残した跡でいっぱいなのです。精神修行の目的はこの流れを、すこしずつ浄化していくことです。究極の澄みきった状態がいわゆる精神的完成です。すべての否定的な感情、認識をおおうすべてのヴェールがそのとき、消えてなくなります。それは「自我」を消すことではありません。そもそもそんなものは本当には存在してはいなかったのですから。いつわりの仮面をはぎとるだけのことです。実際、もしこの「自我」に固有の存在があるのだとしたら、それを存在から非‐存在へと移行させることなど絶対にできないでしょう。

J・F　つまり、君はそもそも最初から存在していないものをなくしてしまおうとするわけだ。

M　存在していない自我を本当に「なくしてしまう」ことはできませんが、それが存在していない事実をみとめることはできます。幻想を消滅させようというわけです。錯誤というのはそれ自体で存在しているのではありません。こんなふうにもたとえられます。暗がりでまだらの紐を見て、それを蛇だと錯覚したら、だれでもぎょっとします。逃げだすかもしれないし、棒で追い払おうとするかもしれません。でも、だれかが明かりをつければ、蛇なんかではないことはすぐわかります。実際には何も起こりはしなかった。始めから存在しなかったのだから、蛇を「滅ぼした」わけではありません。幻想を追い払っただけのことなのです。「自我」を現実の実体と感じているかぎり、人は自分にとって快適で有益なものはすべて引き寄せようとし、不快で有害なものはすべて遠ざけようとします。その「自我」が実際にありはしないのだとわかれば、そんな魅惑も嫌悪もたちまち消え失せてしまいます。蛇だと思い込んだ紐にたいする恐怖が消えるのとそっくりです。「自我」には始めも終わりもない、したがって、現在には、頭のはたらきが作りだした存在以外の別の存在はない、ということになります。要するに、ニルヴァーナとは自我の消滅ではなく、事物の本性の最終的な認識なのです。

J・F　もしそういうことなら、この自我の幻想はどういうふうに、またどうして作られたのだろうか？

M　自我あるいは私という自然な意識はたしかに存在していて、それが私たちに、寒いとか、空腹だとか、私は歩くといったことを考えさせます。この意識はそれ自体は中立的なもので、とりわけ幸福や苦しみのために働くわけではありません。しかし、それに続いて、私たちが思い知らされている肉体や知性の変化にもかかわらず、私たちの自己は一生を通じて変わらない定数のようなものだという考えが生まれます。私たちは、自分の「人格」としての自我の観念に執着し、「私の」身体、「私の」名前、「私の」心というように考えます。仏教は意識の連続体については語りますが、連続体の中心にあって永遠に自立した揺るがぬ「自我」の存在は否定します。ですから仏教の修行の本質は、私たちの世界観をゆがめている、この「自我」という幻想を追い払うことにあるのです。

J・F　じゃあここで、私の質問にもどろう。特定の意識の流れをどうやって識別するのかね？

M　川のたとえを続けるならば、川が運ぶ堆積物や鉱物、植物などの特徴を調べれば、最初の観測地点から百キロ下流の離れた地点でも、それがひとつの流れだと見分けることができると考えられます。同じように、もしも、人間の意識の流れを直接把握する能力をもった人がいたならば、その人は、個々の意識の流れの特徴を見わけることができると考えられるでしょう。だから問題は、そうした意識の流れを観察する能力を伸ばすことができるのか、できないのか、ということです。

J・F　いまのところ、君の説明は私にとって謎を解くどころか、深める一方だ。

M　これは方法論の問題になります。科学的な見方からすれば、ある実験が有効だと言えるのは、他の研究者がそれを再現できる場合です。それには、みなが同じ研究手段をもっていることが前提となります。スポーツの分野では、ハードトレーニングで鍛えた選手はずば抜けた力を発揮することは実証ずみです。オリンピックの話など聞いたこともない人に、走り高飛びで二メートル四十を跳ぶ人間がいると言ったら、仰天して、ただの冗談だろうと言うことでしょう。いまでは、どんな無知な人でも、私のように一メートル十しか跳べない者も含めて、テレビや現場で、二メートル四十も跳べる選手を見ることができるのです。それがたゆまぬ努力の成果であることはみとめられています。しかし、それが精神のトレーニングとなると、その成果をみとめることははるかにむずかしい。精神のコントロールも、運動選手の肉体のコントロールと同じ水準に達しうるのだとはみとめにくいのです。

J・F　そうだな。しかし、選手が二メートル四十を跳ぶとか、百メートルを十秒以内で走ったりすることは、みんな確かめることができる。

M　どうしてですか？　目に見えるからですよ。

J・F　そのとおりだ。

M　でも、もしも目で見ることができなければ、自分でトレーニングして、まず一メートル十、次に一メートル八十……そして、もしずば抜けた才能があれば二メートル四十と自分で跳んでみて、確かめるしかないでしょう。

J・F　目で見ることができなければ、チャンピオンが言うことをそのまま信じることになるだろうな。

M　科学の分野ではずっと、まったく自分で直接確かめなくても、いくつもの発見や数学上の計算をことばどおり信じるようになっています。それらの発見や計算が有効なものとして受け入れられるのは、何人もの権威ある科学者がそれらの仮説をそれぞれ別々に検証して同じ結果を得たということ、そして、他の研究者も労をいとわなければ、検証できるということがわかっているからです。自分でこのような結論に到達するためには、長い訓練期間が必要でしょう。ある人が断言することばの有効性が受け入れられるのは、証言の有効性を信じさせる確固とした根拠があるときです。場合によっては、ある人の言うことをことばどおりに信じても、そう無分別ではないということもあります。その人が非の打ちどころのない立派な人物であるかどうか確かめることもできるし、最後の手段として、つきつめれば、自分で内面的変革への道をたどることもできるでしょう。意識の精細微妙な側面の認識が正しいかどうか評価するのに、私たちは個人的な体験以外にどんな方法をもつことができるでしょうか？　本来、意識には色も形も実体もなく、定量化できるものではありません。個人の経験をあてにしないなら、平均以上の能力をもたらしうる精神の訓練の可能性をみんな頭から否定することになるでしょうし、認識の範囲を目に見える計量可能な物質世界に限定してしまうことになるでしょう！　それはまた、ある現象が実在するには、もっぱら物質の領域内で、いつでもどこでも、だれの手にも届くところになければならないということにもなるでしょう。

J・F　君の議論には二つの側面がある。走り高跳びの例をまたもちだせば、まず、選手が二メートル四十を跳ぶのを目で見ることができなければ、それが可能だとはとうてい信じられないだろうということ。第二に、その選手が死んでしまったら、二メートル四十を跳ぶ能力は、やがてどこかの赤ん坊のなかに現れて、その赤ん坊は特殊な方法で割りだせると信じること……。

M　（笑い）私が言いたいのはそんなことではありません。走り高跳びの例は、あくまで、選手の特異な運動能力はだれもが自分の目で見ることができるから、みとめられるのだということを示すにすぎません。

J・F　しかし精神の領域であっても、それはいつだってみとめられてきたことだよ。学習や練習や訓練で、知的能力あるいは知的コントロールを平均以上に伸ばせるというのは、いつだってみとめられてきたことだ。ただとんでもない偽善とひきかえに、平等第一をめざした近代教育では、あまりみとめられてはいないが。それがまちがいであることは、みな知っている。知性の面で例外的な人たちがいるというのは周知の事実だ。また、その並はずれた特性も、集中的な訓練や日頃の実践によって開発されなければ、ものにならないということもよくわかっている。さらに、この特性が、教育によってでも、個人から個人へと伝えられるものでもないことも、これまたよくわかっているんだ。

M　その同じ議論を、「知能指数」の面だけでなく、観想的科学の面にもあてはめてみましょう。生涯にわたって並はずれた精神性を高めてきた人たちのことばを外側から判断するのは非常にむずかしいという話でした。こうした精神性の質をじかに把握するとなると、自分でその高みに達することが必要でしょうし、そのためにはまた、精神について、分析的で、かつ観想的な探究を、一生かけておこなわねばなりません。そのうえ、高跳びのたとえのように、肉体的能力の違いは量的なものですが、精神の分野での能力の違いは質的なものなのです。これまで西洋は、観想的科学にほとんど関心をもちませんでした。現代心理学の創始者のひとりであるウィリアム・ジェームス〔一八四二―一九一〇。アメリカの心理学者〕の本を読んで驚いたことがあります。私の記憶では、彼はこんなことを言っていました。「私は、ほんのしばらくのあいだ、自分の想念を止めようとしたことがある。明らかに、そんなことは不可能だ。想念はたちまち舞いもどってくるのだ」。こんな断言を聞いたら、チベットの隠者のなかには苦笑してしまう人がいくらでもいますよ。彼らは、精神のコントロールをするのに何年もかけたあと、雑念のまったくない覚醒状態をずっと続けることができるようになったのです。

J・F　ウィリアム・ジェームスは、「意識の流れ」という表現を作ったアメリカ人だね。でも君が、仏教徒の隠者は想念の流れを止められるようになると言うとき、実際のところ、だれがそれを証明するのかね？　それもまた、彼らの言うことをそのまま信じるべきなのだろうか？

M　当然信じてもいいはずです。こうした能力は何も特別なものではないのですから。素質のない者でも、何年か修行しているうちに経験できることなのです。努力するだけで充分なのです。大事なのは、想念を無理やり遮断することではなく、ただ目覚め、透明な認識の状態でいることです。すると、推論的想念がしずまっていきます。

J・F　その「しずまる」というのは、どういうことなのだろう？

Ｍ　推論的想念の輪が回転を止め、想念の果てしない連鎖が止まる、と言うことです。

Ｊ・Ｆ　ならば、やはり想念があり、表象が存在するわけだ。

Ｍ　あるがままの覚醒状態、透明な意識の状態があり、それはほとんどの場合、さまざまな表象から解放されています。それはもはや線状の思考ではなく、無媒介の認識なのです。その訓練はこんなふうに説明してみればいいでしょう。想念を制御しようとすると、始めは非常に辛いものです。さまざまな想念の流れが、断崖から滝のように落ちてきます。その数も、ふだんよりずっと多いようにさえ感じられます、――ただし、実際に数が増えているわけではなく、その数を意識しはじめるだけなのです。次の段階は、ときにはほとばしるように流れ、ときには静かに流れる川にたとえられます。この段階は、精神が、外界の出来事の知覚によって刺激を受けなければ、平静に保たれている状態です。そして最終的には精神は、凪いだ海のようになります。推論的想念がときおり意識の表面を冷やかすように走り過ぎますが、深いところではけっして心が乱されることはありません。こうしていわゆる「透明な意識」の状態に到達することができるのです。そこでは精神は、完全に澄みきっていて、推論的想念にたえず引きずられることもなくなります。

Ｊ・Ｆ　ウィリアム・ジェームズもその点に異議はなかっただろう。ある特定の対象に集中し、方向づけられる制御された思考の状態と、無規律な思考の状態、つまり精神分析医が患者から引きだそうとするような、あちこちに向かうばらばらの連想、この二つの思考の状態のあいだに違いがあるということは、すべての心理学者と哲学者がみとめていることだと思う。しかし、意識の全面的な遮断は問題になっていない。

Ｍ　意識の遮断でないのはもちろんで、推論的想念や連想作用の一時的停止のことを言っているのです。

Ｊ・Ｆ　じゃあ、そうした思考や想念に取って代わるのはなんなのだろう？

Ｍ　純粋状態の意識です。

J・F　なるほど。しかしその透明な意識は対象をもつのだろうか？

M　いいえ、それは、対象のない純粋な覚醒状態なのです。通常、そうした純粋意識はある対象の知覚に結びついています。そのため、私たちはその意識がわからないのです。私たちの身近にあるのに、それがわかりません。私たちは、その対象によって規定されたときしか意識をとらえられないからです。とはいえ、概念や、記憶、期待といった想念がつぎつぎと心に浮かぶのにつれて、それらがつぎつぎと精神の光に満ちた空に消えゆくがままにすることによって、この純粋な覚醒状態を直接経験することも可能です。まず最初は、心をしずめるために、いわゆる「一点」集中の訓練をしますが。それにはたとえば、仏陀の像のような外的対象を拠り所とすることもあれば、慈悲のような理念とか、ある映像を思い浮かべるといったように、内的対象を拠り所とすることもあります。次いで、明るく、澄んだ、しかも覚めている平静状態に達します。そこではもはや主体・客体といった二分法は存在しません。その覚醒状態のなかでも、ときおり想念が浮かんでくることはありますが、飛ぶ鳥が空に軌跡を残さぬように、自然に消えてしまいます。しかしそれには、ウィリアム・ジェームズがやったように、ほんのしばらく想念の流れを止めてみようというだけでは不充分なのです。何年も続けられるような個人的な訓練が要求されます。

山中の洞窟や庵に十七年間引きこもった私の信仰の師、キェンツェ・リンポチェのように、瞑想に一生を打ち込んだ多くの賢者のなかには、並はずれた精神制御のできる人もいます。彼らの証言をどのようにして信用するかということですが、それは間接的にです。彼らの人格のあらゆる側面を吟味してです。火のないところに煙は立たず、ですよ。私はこのような師の何人かのそばで二十年暮らしてきましたが、その彼らが、非物質的な意識が存在し、また、他の人間の意識の流れは知覚できるのだと断言しているのです。彼らが嘘をつくのを聞いたことは一度もありませんし、人を欺くこともなかったし、他人を傷つけるような彼らの考えやことばや行動に接したこともありませんでした。だからこそ私にとっては、彼らが冗談を言っているのだと決めつけるよりも、むしろ彼らを信じるほうが理にかなっていると思えるのです。同様に、仏陀が、死は生の一階梯にすぎず、意識は死後も続くと語るとき、私たち自身にはその意識を知覚する能力はありませんが、確実に仏陀が語った話や教えに、理にかなった真実味がみとめられるからには、彼は真理を述べているとするほうが、その逆以上に確かなのです。仏陀の目的は、人間に光明をもたらすことであって、人間を迷わせることではなかった。苦しみから抜けだすのを助けることであって、そこに突き落とすことではありませんでした。

J・F　君がなんと言おうと、これは証明というより信用の問題だね。

M　仏教には、ある断言を有効なものとみなすための三つの基準があります。直接的な体験による検証、反論の余地のない推論、そして、信用するにふさわしい証言です。ここで問題になっているのは、三番目です。さて、キェンツェ・リンポチェのように故人となった賢者の意識の流れを見分けるチベットの高僧の話にもどりましょう。瞑想体験から生まれるこの認識能力のおかげで、彼らは、亡くなった師の意識の流れがどの人間に引き継がれたのか言い当てることができます。——もしこのようなことがキリスト世界にあるとしたら——アッシジの聖フランチェスコの精神の影響が、しかじかの子供に受け継がれたと言えることにもなるでしょう。

J・F　そうだな。しかし私は、君がいま言った道徳的な資質をすべてそなえていながら、ルルド〔フランス南西部の町。聖ベルナデッドの奇跡で知られ、カトリックの巡礼地〕の奇跡やら、ポルトガルのファティマに現れた聖母マリアの出現なんかを信じている司祭や信者を知っている。私は、そんなものはまったくただの妄想だと思っているがね。申し分なく誠実で、一度も人を欺いたことのないような人間が、自分で幻想を抱くことがあるじゃないか。

M　私が話しているのは、奇跡じみた出来事ではなくて、何百年にもわたる数多くの高僧たちの実際の内的体験のことなのです。それは違いますよ。

J・F　いや、そうではない。ルルドで奇跡を目撃したと主張するなら、それは解釈の問題ではない！　彼は、ひとつの事実に立ち会ったと確信しているのだ。しかもその人物が、この上なく誠実で、道徳的に申し分なく、君をだまそうなんて毛頭思っていないということだって充分ありうるのだ。

M　じゃあ、他ならぬキェンツェ・リンポチェのケースを取り上げましょう。リンポチェの直弟子で同志でもあった高僧が、カトマンズから二百キロ離れた山中で暮らしていたのですが、彼から私たちのもとに一通の手紙が届きました。それによれば、夢を見てはっきりした映像が浮かび上がり、リンポチェの生まれかわりの両親の名前と、私たちが探すべき場所にかんする正確な指示を受け取ったというのです。

J・F　彼がその赤ん坊の両親の名前を知ることはありえないのに、それを正確に知らせてきたのは、絶対に確かなんだね？

M　どうしたって、彼がその両親の名前を知るわけがありません。というのは、子供の父親自身がラマ僧なのですが、ラマ僧はその位によってしか知られることがありません。チベット社会では、この僧にも、その妻にも、だれも名字で話しかけることはないのです。名前を正確に言い当てたことについていえば、私は手紙が僧院長に手渡される現場にいましたし、最初に読まれるときそこにいたのです。さらに、どうしてもわかっていただきたいのは、その僧は、自分の師、つまりこの世でもっとも尊敬する人物の生まれかわりを探しているところだったということです。その目的は、だれか身代わりを見つけて僧院長の座にすえることではなく、賢者の精神を受けついだのはだれかを知ることであり、その生まれかわりの子がやがて、先人のように、衆生を助けることができるような徳を身につけるよう祈願してのことです。

J・F　それでは、仏教は宗教なのか、哲学なのか、という疑問についてのこの対話のしめくくりとして、私としては、その両方の部分がすこしずつあるとしたい。そこには信仰の要素があるのは確かだね。たとえ君のこれまでの説明に同意するとしても――私にとっては納得のいくものではないが――、それでも、特定の個人やその証言にたいする信頼、信仰の要素は確かにある。ただそれが合理的な証明にならないことは、君もみとめるだろう。

Ｍ　おっしゃるとおりですが、それは盲目的な信仰ではありません。体験や精神的完成にもとづく証言よりも、独断的な教義のほうがはるかに受け入れにくいと思います。

Ｊ・Ｆ　それは、もちろんだとも！

Ｍ　実際、日常生活では、私たちは、さまざまな観念や信仰の影響をたえず受けています。私たちがそれらが正しいものであると思うのは、それを伝えてくれる人たちの高い能力をみとめるからです。――彼らはそれに精通している、彼らの判断は正しく働く、だから、それは本当にちがいない、というわけです。ここに信頼が生まれます。しかし、私たちの大半は、科学的真理を自分で証明するのは不可能です。それに、こうした信頼はたいていが、信仰のようなものになります。たとえば、原子にたいする信仰がそうで、原子核の周囲を小さな固体粒子が回っているのが原子だという信仰は、科学者自身が放棄してしまったあともずっと、人々の頭にしみついています。私たちは、すでに受け入れられている世界観に合ってさえいれば、人が言うことをすぐ信じる、合わなければなんでも疑わしいものとみなします。瞑想的な方法の場合は、精神的真理にたいしてなぜ現代人の多くが疑念を抱くかというと、それはこれまで彼らがそれを実践したことがないからです。そういうわけで、多くのことが、それらがどのようにして起こるのかが理解されるときまで、あるいは人が実際にそれを体験するまでは、超自然的なものとして片づけられてしまう。キケロはこう言っています。「起こりえないことがかつて起こったためしはないし、起こりうることは奇跡ではない」。

Ｊ・Ｆ　でも、君が語った出来事のなかには、非合理的な信仰の要素があるという事実にもどりたいね。

Ｍ　信頼という要素について話すほうが適切でしょう。信頼というのは、観察可能な要素がひとつに集まって成り立つのです。すでにお話した僧たちのもとで何年も過ごして、私が得た最大の教えのひとつは、彼らのあり方が彼らの教える内容とぴったり一致しているということでした。あなたは、ある司祭たちの神秘体験を引き合いに出しましたね。キリスト教世界にも、アッシジの聖フランチェスコのようにとても偉大な賢者がいました。しかし、どの司祭も、どの修道士も、たとえ真面目にすべての掟を守る信者でも、精神的な完成の域に達するとは私は思いません。チベットでは、人口の二〇パーセントが聖職者ですが、これらの修行僧のうち、今世紀にそのような精神的な完成の域に達したと言われるのは、わずかに三十人の賢者だけです！　ですから、これらの賢者が精神の継承者がだれかを特定する指示を出すとき、彼らが自分のことばの正しさを知っているという結論に達するのは、彼らの存在全体を判断したうえでのことなのです。どうして、彼ら賢者が人を欺こうとするでしょうか？　彼らの大半は隠者として隠遁生活を送っているのです。だれかを説得しようとも、自分で目立ちたがろうともするつもりはありません。さらに、仏教がどれほどぺてんを非難しているか示すために、つけ加えておきましょう。僧院の戒律には四つの重大な背反事項があって、そのひとつは、たとえどのレベルであれ、自分が高い精神のレベルに達したと言い張ることです。ところが、生まれたばかりの赤ん坊にキェンツェ・リンポチェの生まれかわりをみとめた賢者は、由緒ある僧の名門の出の人です。彼は何千という僧侶の生活を取りしきってきました。もし彼がみずから誓いを破るようなことがあったとしたら、とうてい僧侶たちに叙階を授ける気にはなれないでしょう。だから、賢者が自分の尊師の生まれかわりを探させるために、自分の見た光景を知らせてきたのは、事実にもとづいた誠実な行動だと思うし、そう考えるのは充分理由があることなのです。

J・F　彼の誠実さを疑ったりはしていないよ！　信じ込みという現象を問題にしているんだ。これはよく知られた現象で、他の分野にもあることだ。多くの人々が、共産主義やナチズムの正しさを信じ込んだが、それがたいていまったく公平無私な態度から出て、もしも、この二つの巨大な全体主義体制が——仏教はそれとは正反対のものだから、これと比べようなんて気はまったくないよ……ただ信じ込みという視点から話しているんだ——、ばか者とやくざ者だけによって擁護されていたなら、そんな体制は五分ともたなかったにちがいない！　ところが、深刻なのは、フレデリック・ジョリオ＝キュリー〔一九〇〇―五八。フランスの核物理学者〕とか、アルバート・アインシュタインのような、最高の知識人や偉大な学者が、第二次世界大戦後にコミュニストになったり、共産主義の同調者になったりしたことだよ。また、共産主義に打ち込んだ他の人たちは、そのために自分の生活を犠牲にし、資産も個人的な愛情も投げ捨てたのだ。したがって、何かを信じる個人の絶対的な誠実さといったものが、何かの証拠になることはけっしてないのだ。このように確認したところで、仏教のある面はそのまま手つかずに残っている。私のような者――西洋の合理主義的伝統を代表するような人間――にとっては、それは哲学や合理的英知というよりも、いぜんとして、確めようのない宗教的信仰に属している。

Ｍ　次の対話で肉体と精神の関係を語り合うとき、いくつかの論点が私に加勢してくれると思います。そう願いたいところです。

Ｊ・Ｆ　私もぜひそう願うよ。

第3章　ブラックボックスの幽霊

J・F　仏教の心理学について、またとりわけ十九世紀以降発展した西欧の心理学と仏教の心理学との関係について考えていくうちに、私たちは結局、意識と身体の関係を検討することになった。これは、人間ははたして合成物、デカルトの言う、例の「人間合成物」なのか、すなわち人間というのは、肉体の内部に精神が住みついてでき上がっているのか、という古典的問題だ。あるいは、こう問うこともできる。自分を包んでいる物質的外皮とは区別されるこの心的現象〔精神〕は、じつは、唯物論哲学者や現代の神経生理学の一部で主張されているように、たんなる幻想にすぎないのだろうか？

M　一九二〇年代から六〇年代にかけて、心理学の大半を支配していたのは、精神機能の研究には、外側に現れた行動を観察すべきで、とりわけ精神そのものを見てはならないという考え方でした。精神そのものは客観的に自己を認識できないものと言われていたのです。これは明らかに、観想的な方法をいっさい排除してしまうことです。精神的な出来事のうち外部に現れたものだけが研究されたわけですが、これは、行動となって外に現れることのない精神的な出来事をすっぱり切り捨てる立場です。そのうえ、実験の大部分は動物を対象におこなわれてきたのです。こうした方法はしだいにさまざまな認知科学（神経科学、認知心理学、言語学、人工知能など）に取って代わられ、認識活動がどのようにして外部世界から情報を受け取っているか（知覚、コミュニケーション、行動など）、あるいはまた認識活動がどのように自律的に働いているか（夢、記憶、想像、言語の発達など）、ということをめぐって、精神の状態に以前よりずっと重要性をみとめるようになりました。しかし今日でもなお、内省、つまり精神が自分自身に向けるまなざしは、有効な探究手段とはみなされてはいないように思えます。なぜなら、いまのところ、内省で得られた結果を物理的に検知できる現象に変換できないからです。

しかも、神経生理学者の大多数は、「ブラックボックスの幽霊」、つまり脳組織とは別個に存在する意識や精神といった概念などにまったく頼らず、研究を進められると考えるようになっています。彼らによれば、ニューロン（神経単位。神経細胞と神経突起の総称）・ネットワークの構造と機能、およびそこで生じる化学反応と電気的現象だけで、私たちが思考と呼んでいるものを充分説明できるというのです。だから、精神だの、ましてや非物質的な意識だのという概念はもうすっかり時代遅れです。脳の各所にはりめぐらされた複雑なニューロン・ネットワークというのが最高のモデルとされているのです。このような立場は、意識というものを化学反応と生物学的構造に単純化してしまうのですから、これを「物象化主義」あるいは「還元主義」と呼んでもさしつかえはないでしょう。

J・F　実際には、西欧での議論はもっと古いよ。十九世紀末にはすでに、行動に重点を置く学派が優勢だった。それが行動主義学派、つまり、当時、精神物理学と称されたものを研究して、意識というのは付帯現象、脳神経システムに余分に生じた一種の弱い光にすぎないと主張する学派だった。この考え方でいけば、人間はたしかに物理化学的および生物学的反応の総体ということになる。意識は、それらの反応プロセスの反映であって、意識がそうしたプロセスに影響を及ぼすなどとは考えられなかった。当時の心理学の世界を牛耳っていたこの学派に反論を加えたのが、有名な哲学者のアンリ・ベルクソンだった。ベルクソンの著作すべてがそうだが、とりわけ、一八八九年の博士論文でもある処女作『意識の直接与件』と、この問題に的を絞ったさらに重要な大著、一八九六年の『物質と記憶』で、彼は、意識は神経生理学的なプロセスの総体を反映するにすぎないというのはまちがっている、と証明しようとしたんだよ。意識には、そうしたものに還元されない実在性がある、と。

　こうした論争は十八世紀からすでにあったんだよ。『人間機械論』の著者、ラ・メトリー〔一七〇五—五一。フランスの医師・哲学者〕のような哲学者は、人間とは人体を作り上げている諸機構の総体にすぎないという論を展開した。またその他、『精神について』を書いたエルヴェシウス〔一七一五—七一。フランスの哲学者〕や、ドルバック〔一七二三—八九。フランスの哲学者〕、ディドロといった十八世紀の唯物論者たちも同じ説を論証しようとしている。だから、これはかなり古くからあった論争で、西洋の思想史ではデカルト哲学に由来するものだ。デカルトは、人間の身体、生物学的な身体そのものは存在しないと考えている。身体は「延長」であって、外部世界の決定論に支配されているのにたいして、魂は、身体とはまったく別の何かでありながら、身体に作用を及ぼすことができる。デカルトは、魂は脳のなかのひとつの腺、松果腺にあるとまで言った。デカルト以後の大哲学者たちは、スピノザもマールブランシュ〔一六三八—一七一五。フランスの神学者・哲学者〕もライプニッツも、みなこの説をばかにした。彼らは、魂が肉体とは別のものであることはみとめはしたが、その魂が物質に作用しうるものだとはみとめなかったのだ。そして、彼らはそれぞれ独自に複雑微妙な理論をあみだしたけれど、どうやって意志が自然に現れてくるかを説明するとなると、どれもこれもどうも信じがたいものばかりだ。たとえば、私は腕を伸ばそうと決め、実際にそうする。でもそれは、私の魂が私の肉体に働きかけたからというのとはまったく違っていて、二つの交わらない決定機構があるからそうするのだ。言ってみれば、これがマールブランシュの説だ。また、だれもが私たちの意志と行為の見かけ上の同時性を説明できる答えを見つけようとした。こうした哲学者たちのことにざっと触れたのは、これはなにも新しい問題ではないということを押さえておくためだ。そこで、実際に、現代科学や神経生理学の発展の結果、はるかに厳密な形で、神経生理学的なメカニズムの総体からなるニューロン人間という考え方に行きついた。心的現象というのはそれらのメカニズムそのものに他ならず、あるいはせいぜい、その総体に映った影のようなものであり、それにたいして影響力はもたない、ということになったのだ。

M　西欧では、「肉体と精神」の問題は解決したと考えられているのでしょうか？

J・F　現代科学の発展は反唯心論的主張をむしろ確証し、人間のなかに——自然界では人間のなかだけに——精神的原理と物質的原理が共存するという考えを否認することになった。唯心論者あるいは二元論者の説は、宇宙そのものが精神的実体と物質的実体で合成されたものだとみなし、これが形而上学的な公準となっている。これは古い説で、プラトン主義や新プラトン主義、またキリスト教、その他がこれを基にしている。生きているもののなかで、この奇跡的な出会い、つまり精神的原理と物質的原理の結合は、人間の場合のみ、というわけだ。西洋哲学は一方では、精神と肉体の関係、つまりギリシャ語のソーマとプシュケの関係を説明しようとし、他方では、肉体の死後、魂が別の場所へ行ってもっと幸福に日々を送るということを証明しようとして、精根尽きはてたんだよ。

それは違うと反論したのが、一元論・唯物論の思潮だ。一元論者が言わんとするのは、宇宙には二つの原理ではなく、物質という唯一の原理があるだけだ、ということだ。精神という唯一の原理を主張したってかまわないはずだが、ここ三世紀のあいだに、むしろ唯物論的一元論が支配的になってきた。人間とは他の存在と同じように、物質的……生物学的存在だ。本当の区別は、物質と生命体とのあいだにある。さらに、生命体は物質から生じたものだろうか？　意識は、進化して言語にまでいたった脳神経因子の総体から生まれた。本質的には言語こそが、意識——事物についての意識や、自己についての意識——の母胎であり、思考の道具なのだ。それを、肉体から切り離して問題にできる実在であると考えるのは幻想なのだ。現代神経生理学の発達は、私のような専門外の傍観者から見れば、君が還元主義と呼ぶ二番目の説をむしろ確認したことになる。こうした支配的な傾向にたいして、仏教はどのように位置づけられるのだろうか？

M　仏教は、意識のさまざまに異なるレベルや側面を区別しています。「粗い」ということばで形容される側面は、ニューロン組織に相応するでしょうし、もっと微妙な側面は、おそらくニューロン組織の附帯現象と考えられるもので、あなたが「弱い光」〔六七ページ参照〕と言ったものでしょう。そして、もっとも本質的な側面が、意識の非物質的な面です。この側面は、意識の連続体からなり、生命から生命へと続いていきます。この連続体には始まりも終わりもありません。意識は無からも、無生物からも生まれることはありえないからです。意識の各瞬間は、それに先立つ瞬間より生まれ、またそれに続く瞬間を生みだします。物理学で言うエネルギー保存の法則——物質＝エネルギーは生じることも消えることもなく、ただ変化するのみ——が語られるように、ここで意識の保存法則を語ることもできるでしょう。すなわち、一人ひとりの人間存在に意識の連続体、流れがあり、これが、ちょうど川の流れが汚れることもあれば、澄むこともあるように、変化していくのです。この変化につれて、平凡な人間の混乱状態から、仏陀の悟りの状態へと移っていくこともできるのです。

J・F　しかし、肉体から切り離された精神という概念をもちださずに、すべて説明できると考えている神経生理学者に、仏教はなんと答えるのだろうか？

M　仏教は、物質次元ではニューロン人間説になんら異議を唱えてはいませんが、意識は肉体に属するものだけでしかないという主張は、形而上学的な選択であって、科学的な証明ではないとみなしています。たとえば、「クラック」という脳に作用する麻薬の効果を考えてみましょう。

J・F　クラックというのはどんな麻薬から作られるの？

M　コカインから作ります……。クラックは、ドーパミン〔副腎で作られる脳に必要なホルモン〕の再吸収を妨げ、陶酔状態をもたらす分子で、服用して、麻薬の効果が続くあいだ、人間にすべての活動を投げださせてしまうのです。食べることも、働くことも、眠ることもやめてしまいます。人工的な至福感に浸っていられるのです。そのうえ、この麻薬は一生続く習慣性があります。そこから抜けだすには、いっさい服用を絶ち、二度とはまり込まないようにすることだけですが、その誘惑はずっと残ります。神経生物学者によれば、そこから二つの結論が導かれます。まずひとつは、単なる分子が精神に甚大な効果をもたらすことがありうるということです。しかし、分子が非物質的な意識にどのように影響を及ぼすかはわからないのです。事実、麻薬、煙草、セックスなどから生じる快感を得る場合はたいてい、ドーパミンが作用しています。チョコレートを食べておいしいと感じるときでさえそうなんです。二つ目の結論は、意識はせいぜい脳で起こるすべてを読みとるだけの装置のようなもので、実際に物事の決定に関与することはできないというものです。ハーヴァード大学の研究者で、ダライ・ラマとの会談に参加したことのあるデヴィッド・ポターは、最後にこう述べています。「人間のさまざまな決断とか感情のはたらきが意識ではとらえられず、意識がまったく制御できないとすれば、そうした決定力は神経細胞によって計算されるだけなのだろうか？　意識は、そうした計算や、電気的・化学的反応の結果を記録する立会人のようなもので、脳の機能に能動的にかかわることもなければ、決定力をもつこともないのだろうか？」これが、私たちが行き着いた終着点です。こうした見解は多数派ですが、だからと言って科学界の一致した意見というわけでもありません。

Ｊ・Ｆ　君はポターにたいしてどういう反論をするのかね？

Ｍ　見解の相違は本質的には形而上学的な選択を反映していると思います。つまり、科学は、定義上、物理的計測によってとらえることのできない非物質的な意識という考え方はしりぞけます。これは、意識であれ現象であれ、あらゆるものを物象化する傾向の反映です。生まれつきであろうと麻薬のせいであろうと、脳の異常は、著しく自己制御を弱めますが、それは、非物質的な意識の存在を打ち消すものでもなければ、逆にその存在を証明するものでもないのです。クラックは、非物質的な意識を冒すことはありませんが、意識を支える脳を狂わせてしまいます。

だから、もはや意識と脳の相互作用がきかなくなるのです。まるで、パイロットが故障した飛行機の操縦席にいて、軌道を維持できないでいるようなものです。麻薬が引き起こす陶酔は、本当の幸福感、賢者の味わう至福ではなく、その哀れなシミュレーションにすぎません。こうした幸福感というのは偽装された苦しみです。それは人間性の喪失や、飽くなき欲望をもたらし、あげくの果てには、苦悩と抑えがたい「欠乏」感で終わります。個人としての心理的な崩壊を引き起こし、やがて肉体的に破滅してしまいます。逆に、賢者の心の落ち着き、至福感は、外部からの要因をきっかけにする必要はいっさいありません。さらに、生活状況の良し悪しに左右されることもないのです。その至福感は、つかの間のものであるどころか、時とともに大きくなり、確たるものになっていきます。そのような至福感は、個人を「人工楽園」——人工「地獄」と言った方がいいかもしれない——に閉じ込めるのではなく、むしろ他者にたいしてよりいっそう心を開くよう導くのです。こうした心の静寂は、人に通じるものでもあり、伝えることができるものでもあるのです。

J・F　その議論は、神経生理学者への答えとしては不充分だと思うな。

M　まだ本質的な問題が残っています。ニューロン人間のモデルでは、ましてや人工知能のメカニズムの場合では、意識がどうして自分の本質について問うことができるのかが、わかりません。どうして私たちは、「私はだれなのか？　私の精神の本性は何か？」と自問できるのでしょうか。ニューロン人間のモデルは、本質的には人工知能となんら違いはありません。脳の組織は、私たちが使っているコンピューターよりはるかに柔軟性がありますし、相互作用、自己組織化のはたらきもすぐれていますが、基本的には同じです。人工知能がチェスで人間に勝つということは、コンピューターに意識があるのではなく、ただ計算が、意識なしにできるというだけのことです。いちばん重要なのは、人工知能に何ができないかを考えることです。人工知能は、喜び、恐れ、友情、利他精神を抱くこともなければ、美醜を感じることも、また形而上学的な問いをもつこともできません。どんな人工知能も、自分はなんなのかとか、自分が死んだら、いや、電池が切れたらどうなるかなど考えることはけっしてないと言い切れます！　どんな高性能なコンピューターでも、意識がないという点では竹箒となんら変わりがありません。そもそも意識が自分自身の存在について考えることができるという事実こそ、意識がたんにニューロンからなる物質的メ、カ、ニ、ズ、ムではない、という明らかな証拠ではありませんか？　そのメカニズムがいかに洗練されていようが、そうなのです。要するに、ニューロン人間のモデルは、意識から決定力をいっさい排除しているように思えます。つまり、およそ決心と言えるようなものはみな、ニューロン間の複雑な相互作用全体で決定されるので、この図式のなかに、自由意志の入る場所はない、というわけです。

J・F　二つの問題を混同してはいけないよ。人間には、形而上学的に見て、物質的原理と異なる精神的原理があるのかどうかという問題、――つまり、人間は質の異なる二つのものが結合したものなのかということ、もうひとつは、人間の行動と自由の問題だ。私個人としては、人間はなんらかの自由をもっていると思う。だが、魂の存在やその不滅性となると私は信じてはいない。この二つの問題は、はっきり別のものだよ。

M　では、どこからその自由は生まれてくるのでしょうか？

J・F　心的現象という名の何かがあるのだと思う。それは、脳の神経生理学的進化と言語の出現の結果生じたものであり、私たちが日々経験し、自覚しているように、いくつかの可能性のなかからひとつを選んでいるという事実、たとえば動物とは違って、周囲の状況、食欲、願望、衝動に完全に規定されるものではないという事実が示しているものだ。これが実存的現実というやつだ。あえてこの実存的という形容詞を使ったのは、それは、哲学者のジャン＝ポール・サルトルに敬意を表してのことだ。彼には、全面的には賛成しかねるが、この点だけはみとめているからだ。ただし、こうしたいくつかの可能性のなかからの選択は、抽象的な図式のなかで決まりはしない。この選択は多様に変化する。サルトルが言ったように、この選択は、君が作ったのではない「状況」のなかにある。

選択の幅は、狭まりもすれば広がりもする扇のようなものだ。君が好きなようにしたくても、環境や状況がほんのわずかの可能性しか許してくれない場合がある。君が戦争に巻き込まれ、敵の軍隊が国に侵入してくるというのに、君にはもうどうすることもできない。こんなとき、選択の幅はかなり制限されるだろう……？　君には、逃げるか死ぬか、ひとつの選択しかない、あるいは、逃げる選択さえないときだってあるだろう。他の状況の場合、――具体的な条件として私が平和や民主主義を大事にする理由がここにあるのだが――もっと広い背景がある。君はさまざまなタイプの生活や道徳がみとめられる社会で暮らしている。そこでは、原則として、国家が君の安全を保証している。こんな場合、君にはもっと数多くの選択の可能性がある。君はパストゥール研究所の研究者としてとどまる代わりに、仏教の僧侶になることを選んだ。もし、これが第二次世界大戦中だったら、君はこんな選択はしなかっただろう？　だから、具体的な状況を分析してみなければ、人間の行動というのは、望ましい形としては知性から生まれると考えるわけにはいかないんだ。したがって、一定の範囲内である価値を選び、別の価値を拒否するといった人間的自由が存在し、そうやって行動が決まってくる、という主張は充分可能だよ。しかし、だからといって、私たちが内面に、不死の精神的原理をもっているということにはならない。

M　仏教で考えられているのは、不死の実体ではなく、たえまなく変化する連続体、相互に依存しながら変化していく連続体です。それに、私は、あなたが言うような意味での自由意志のことを言ったのではありません。つまり、自分の人生の方向を決める選択ではなく、現在の瞬間における決定力を問題にしたのです。機械的なシステムは、しかじかの状況でしかじかの反応をするよう作られています。それがたとえ学習能力をもっていたとしても、自分であれがいいこれがいいと選ぶわけにはいきません。機械にとっては、そんなことはどうでもいいのですから。

J・F　私は自由意志という言葉が好きではないよ。無際限の決定能力をさずかった魂という考えを前提としている古いことばだからね。

M　ニューロン人間という考え方からすると、決定力はどこから生まれてくるのですか？

J・F　それがわかるほどには、人間という機械についても、人間存在についても、また脳についても、私たちはまだその機能をよく認識しているとは言えないと思うよ。前進はした。しかし、これまで本や論文を読み、その著者たちと話したかぎりでは、私たちは、脳のメカニズムの認識のほんのとば口にいるにすぎないのだ。選択能力というものが、人間の脳にいきつく神経系統の進化の結果として、つまり言語をもったホモサピエンスとして比較的最近現れたのだということをなぜみんな受け入れることができないのか、私にはわからない。この選択能力が、神経や脳組織が一定の発達を見たときに現れたことは確証されている。またこの段階のなかに、選択の可能性が含まれていて、それが外に現れたことも確証されている。ただしそれは、もちろんある決定論の枠のなか、つまり生物学的存在として私たちが従属している自然の決定論や、歴史的・社会学的決定論の枠のなかでのことだけどね。人間のそれぞれの運命や、社会の歴史を分析してみれば、――ここでもやはり、全面的に拘束される極端な場合を除いてだが――そこにはかならず、複数の行動形態のなかからどれかひとつを選びとる可能性がつねにあった、と言えると思う。そこでこそ思考が働く。そこでこそ推論や、情報が役立つわけだ。行動を一時停止して、さまざまな仮説を立て、予測をおこなうチャンスの時なんだ。ちょうどチェスのプレーヤーが、数手先を読んで、別の手ではなくある手を選んで得られる結果を引きだすのと同じさ。

M　すると、ニューロン人間との関連で言えば、「そこでこそ思考が働く」というのはどういうことですか？だって、そこには肉でできたコンピューターしか存在しないわけでしょう？

J・F　選択の可能性というのは経験的事実なんだよ。それに、もしそうでないとしたら、たとえば、マルクス主義者が主張するように、もし連鎖して起こる出来事が史的唯物論の決定論にのみ従っているとするなら、政府だとか、国際機構だとか、政治科学研究所などが一体なんの役に立つのか、さっぱりわからないよ。起こったことは、起こるべくして起こったと言うなら、どんな法廷もだれひとり処罰できなくなってしまう。人道にたいする罪の張本人でさえだ。

M　もちろんですとも。ボスニアでのように、もし一夜にして、隣人を殺してやろうと決心するような連中もみな、ニューロンの結合が悪いだけのことだと言うならば、彼らに生涯年金でもやって、引退してもらうしかないということになるでしょう！　彼らを有罪にすることは、結局、優生学的処置を施すということになります。ところで、ある行為が否定的なものか、肯定的なものかという判断は、私たちの動機によるのであり、そしてこの動機というのは、私たちの意識の流れの一様態なのです。

J・F　だから、議論の中心点にもどることになるが、人間のうちには精神的原理と物質的原理という二つの審級があるのだという形而上学的次元の議論をみとめないからといって、個人の自由、より一般的に言って人間の自由の存在を否定することにはならないと思うよ。

M　そうかもしれませんが、ともかく、決定の最初の瞬間に話をもどしましょう。未決定の段階から決定の段階への移行はあるのか、ないのか？　もし、ないとするなら、私たちはとことん決定論に支配されていることになります。いわゆる意識というものは、無力で役立たずの、でくのぼうの立会人にすぎないということになります。神経学によれば、脳の活動の九〇パーセント近くが無意識的なのだそうですが、もしも意識が、なんの役にも立たない受動的な立会人にすぎないのなら、なぜ一〇〇パーセント無意識とならないのでしょうか？　ニューロン・システムが均衡状態にあるときには、このシステムは私たちの遺伝的資質や条件付けによって作られたニューロン結合に応じて、いくつかの潜在的可能性をもっています。この均衡は、かならず崩れて、あるひとつの方向、あるいは別の方向へと移行していくはずです。このニューロン組織がとる方向を決定しうるものは、意志や思考以外に、何があるでしょうか？　偶然でしょうか？　ならばそれは、ばらばら状態のカオスになってしまいます。必然でしょうか？　するとこれは、また決定論にはまってしまいます。

Ｊ・Ｆ　そうだな……ニューロン・システムが、あれかこれかの方向を取りうるものだとすればだが。

Ｍ　わざと息をとめていることもできれば、利他精神から自分より他のだれかを優先させたり、名を伏せて無償の施しをする決心もできるし、生物学的には正常な性向とみなされる情念を断ち、僧侶になり、精神の本性を考えるのに何時間も過ごすほうを選ぶこともできるわけですね。

Ｊ・Ｆ　そうだね、しかし意志はけっして絶対的なものではない。そこには一定の制約がある。知恵はそこのところを考えて、完全な意志などけっしてないし、全面的な隷属もないということを思い起こさせようとする。「自由意志」ということばは、あたかも人間は自分の意志を現実世界に押しつけることができる至高の神だとでも言うような、人間存在の完全な自由という観念を伴っている。だが、実際はぜんぜん違うのだ。

Ｍ　私が問題にしているのは、完全な自由があるかないかではなく、そもそも決定する能力が存在するかどうかです。これは重大な意味をもつ問題です。私たちは、自分の生そのものを支配する力をもっているのですから。仏教によれば、非物質的な意識と、一時的にそれと結合する肉体とのあいだには相互作用があります。意識の流れは死後も存続し、誕生と死を繰り返すごとに、さまざまに異なる生の状態を経験します。フランシスコ・ヴァレラ〔一一三ページ参照〕の表現を借りれば、「肉体への精神の刻印」が、この意識の流れと脳組織のあいだにある関係を規定するのです。この刻印は、物理的身体に結びついているわけですから、意識の粗い側面と呼ぶこともできるでしょう。微妙な意識が肉体にたいして相互作用をおこなう能力があるから、決定力が生じるのです。

Ｊ・Ｆ　それは「機械のなかの幽霊」の比喩だね。意識は脳からはみ出たものであるというベルクソンの説でもあるね。

Ｍ　機械のなかに、幽霊はたしかにいるのです。それが、私たちの意識の流れです。繰り返しますが、この流れは、ひとつの生から別の生へと運ばれる永続的な実体の存在を意味しているわけではありません。とはいえ、この流れは、自分自身の歴史の痕跡をとどめているのです。このような意識のおかげで、意志は、肉体に許された生理学的な限界内で、その肉体に作用することができるのです。

Ｊ・Ｆ　意識と脳はどのように連関するのかね？

Ｍ　唯物論的観点と唯心論的観点を対立させたり、精神と物質を対立させるのは、仏教によれば、問題の立て方がまずいのです。実際、こうした問題の立て方で、大半の哲学者が考えるのは、「堅固な」物質と「非物質的な」精神を対立させることです。このやり方では、解決不可能な問題が出てきてしまうのは必至です。ここでの本当の問題は、物質それ自体の「実在性」を考えることなのです。仏教によれば、原子は「堅固な」ものでもなければ、それ自体に固有の存在があるものでもありません。このようなものをどんなにたくさん集めたとしても、その集合体は、実在性がないという点ではその構成要素と同じです。むやみに現代物理学との類似を言い立てるわけではありませんが、やはり、「原子も、素粒子さえも、実在するものではない。それらは、事物や事象というよりも、むしろ潜在性もしくは可能性の世界を形成しているのだ」と書いたハイゼンベルク〔一九〇一―七六。ドイツの理論物理学者。量子力学の創始者〕のことを考えざるをえません。現象の実在性にかんする仏教の議論についてはあとで話すことにしましょう。

いま私たちの話にもどれば、このような観点に立つならば、どちらも自律的かつ永続的に存在しているわけではないのだから、精神と物質の対立は還元不可能なものではなくなります。したがって、意識は化学反応によって脳に現れ、肉体に作用する生理学的なプロセスを生みだすということについても、また、そのプロセスが、逆に意識にたいして作用するということについても、否定するものは何もありません。こうした相互作用は、意識が肉体に結合しているかぎり存続します。非物質的な意識という観念を切り捨てるのは、科学者側の哲学的選択であり、それを肯定するのは仏教側の形而上学的選択です。意識は、その本性からして物理科学の研究方法から逃れてしまうのですが、何かが見つからないからといって、それでその何かは存在しないのだという証明になるわけではありません。仏教の選択は、瞑想生活の経験を基盤にしています。ですから、つまるところ、議論に決着をつける唯一の方法は、肉体から分離した意識の存在を示しうる間接的な手がかりがあるかどうかを調べてみることなのです。仏教のことばで言うと、微妙な意識、あるいは非物質的な意識は、「無形」ではあっても、「存在していない」ということではないし、「現れていない」わけでもありません。ある機能を果たすことができるのですから。このような意識が、それ自体究極的な実在性をもちはしない肉体とのあいだで、相互作用する能力を秘めているのです。

J・F　ちょっと待った！　私は、哲学者という職業柄、形而上学に科学の発展を利用してその主張を正当化しようというやり方を、いつもことのほか警戒してきた。科学はそのためにあるわけではないからね。ハイゼンベルクの不確定性原理がいい例だ。私が哲学クラスの学生だったころ――つまり第二次世界大戦が始まったばかりのころだ――、原子物理学における非決定論の出現は当時の科学的一大事件だった。唯心論の哲学者たちはこぞって、この不確定性の観念にとびついて、こう言ったものだよ、「そら見ろ！　自由意志はちゃんとあるに決まっているのだ。物質は完全に決定されたものではないのだから」……。こんな理屈を私は評価しないよ。原子物理学における非決定論が、どうして人間の行動の自然現象にたいする決定力をますことになるのか、わけがわからない。その後も、私が「支えの学問」と呼んでいるものを利用するやり方がいろいろ現れた。ミシェル・フーコー（一九二六－八四。フランスの哲学者。構造主義の代表者）は言語学を利用して『言葉と物』を書いた。はなはだ厳密さを欠いたやり方だったけどね。こんなふうに形而上学が科学に寄生する形は周期的に現れるもので、すでに十八世紀のころからあったことだよ。私にはこれは厳密な学問だとはとうてい思えないけどね。

M　そのような比較がいささか人為的なものだというのは、同感です。仏教哲学は充分、首尾一貫していますから、そんな比較はなくてもいいのです。けれども、ときには、そうした比較をすることによって、仏教の説と西洋哲学の説のあいだに、たとえささやかなものであれ、架け橋を渡すことができますし、精神の視野をさらに広げるのに役立つこともあります。

J・F　脳にくっついてはいるが、その脳からはみだす精神的原理が存在するというのは、前に言ったとおり、まさに『物質と記憶』におけるベルクソンの主張だ。この本は、神経生理学が失語症の研究にとりわけ力を注いでいた時期のあとに書かれた。失語症、つまり部分的であれ全面的であれ、ことばを失った状態は、脳の特定の部分の障害によるものだということを示すことによって、神経生理学は、脳のしかじかの部分が破壊されると、意識も破壊されるということを証明したと主張した。したがって、意識は脳細胞以上のものではないということになった。この結論に反駁するため、ベルクソンは、失語症にかんする文献研究に六年を費やした。この本のなかで、彼は、記憶、つまり意識は脳から「はみだしている」ことを明らかにしたと主張する。意識は「外套掛けにかけた外套」のように脳にかかっているのだが、外套が外套掛けの一部にはならず、超自然が自然の一部になってしまうことがないように、意識のはたらきが脳の一部になることはない、と彼は言う。

M　脳の特定部位の損傷が、私たちの思考や能力にかなり強く影響を及ぼすといっても、その事実は、究極的には何も証明しません。もし非物質的な意識が存在するとすれば、調子が狂い、欠陥が生じた脳では意識が正常な形で外に現れないことはわかるはずです。極端に言えば、死が肉体から意識を切り離してしまった場合、この意識は、もはや肉体に命令することはできません。

J・F　非物質的な意識の存在は、仏教にとっては欠かせない概念ではないの？　生まれかわりという教義の根本概念なんだろう？

M　もちろんですとも。非物質的な意識の実在を決定的に証明できるのは、生まれかわりの存在、より正確に言えば、意識の連続性の存在だけなのですから。でも、まずはテレパシーについて、一言言わせてください。これも非物質的な意識を前提とするものですから。チベット人にとって、テレパシーをみとめるのはごく当たり前のことです。経典に書かれたものだけでなく、ふだんの生活で高僧と接するなかで、その例がたくさんあるのです。テレパシーは、さまざまな現象の相互依存の表れとみなされています。何事も個人の体験にまさるものはありませんから、私の体験を話しましょう。チベットの高僧のもとで二十年暮らすあいだに何度も確認したことですが、高僧たちには、私自身や私の友人の心に浮かんだ考えがそのままはっきりわかるのです。私がいちばん驚いた例をひとつだけ話しましょう。私の最初の師、カンギュル・リンポチェのもとから近い隠者の庵で瞑想していたときのことです。私は、若いころ殺した動物のことを思いはじめました。私はよく釣りをしたものでした――十五歳のころまで。と、突然、生き物を殺し、苦しめるのがどういうことかがはっきりわかったのです。それに、カービン銃でねずみを撃ったこともありました。その反省に、深い後悔の念と、よくも自分が他者の苦しみに、ありふれたことのように平然と目をつぶっていられたものだという、信じられない思いが重なりました。そこで私は、カンギュル・リンポチェに会って、自分のしたことを話そう――言ってみれば、彼に告解しようと思い立ったのです。私は彼の前に出ました。私はまだチベット語が話せませんでしたが、彼の息子がいました……。

Ｊ・Ｆ　通訳をしてくれたんだな……。

Ｍ　私の顔を見ると、カンギュル・リンポチェは笑いながら見つめて、私がまだ「告解」の一言も切りだしていないのに、息子に何か言うのです。すると息子が訳してくれました、「お前は、これまでにどのくらい動物を殺したのかね?」

Ｊ・Ｆ　それはおもしろい。

Ｍ　そのとたん、私には、この出来事がごく当たり前のことのように感じられたのです……。思わず私はにっこりしました。超自然の不思議な場面に自分が居合わせているような気がしなかったのです!　でも、同時に……、この一度の体験だけで、精神がぱっと開く思いを味わうに充分でした。海の水が辛いと知るには、ひとしずく味わえば充分だというでしょう。

J・F　まったく、そのとおりだ……。だが、ある人間の心的現象が、他の人間の心に通じるという事実、めったに見られないことだが、いまの話の君のように、一部には体験したことのある人もいる事実は、人間のうちに純粋に精神的な原理が存在することの完璧なあかしにはならないよ。

M　あかしにはならないとしても、推測の強力な材料になります。さらに付けたして言えば、チベットの高僧たちの態度はじつに謙虚なのです。彼らはつねづねそんな経験をしているはずですが、めったに表には出しません。自分の力をひけらかすことは好みませんし、他人をうならせてやろうなどともしません。このような能力はチベットの高僧たちには比較的共通しているもので、高度な精神的完成にはつきものなのです。一般の修行僧のあいだでは、一度も見たことも聞いたこともありません。

ところで、みずからの経験にもとづいて、死後の意識の状態について語っているのが、まさしくそのような高僧たちなのです。彼らのうちにみとめられるさまざまな能力や、日常生活で見られるその他もろもろの人間的完成度から見て、私には、彼らが真実を語っているというほうが、その逆よりももっともなことと思えるのです。私には、そう言うしかありません。

J・F　まさにその論理、いま君が話した見方は、プラトンの数々の対話に見られるよ。高い精神性の域に達した人間は、その人間から滲み出る無私無欲の態度や、謙虚さや気品が、例外的な性格のものなので、超自然的現象の知覚能力の持主であるように思われる。そうした要素が集まると、このような議論に敏感な者は、精神的な原理とか魂の不滅性といった仮説をみとめてもいいような気になるのだ。しかし、さらにそこに、信じるという行為が加わらなければ、そうした人たちだって、かなり無理のある証明だけでは、その仮説を結論として受け入れるまでにはいたらないだろう。

M　信仰を、経験から生まれた確信と定義するならば、そのような信仰の行為を最後まで押し進めてもいいじゃないですか。たしかに、同じ経験をしたことのない者にこの確信を共有させるのはいつだってむずかしいのですが。

J・F　そりゃそうだよ！　だがね、証明というのは、まさにある具体的な主観的体験から明確に独立しているものだけを言うんだ。

M　どうしてそれだけなのですか？　仏教の信仰は、ある教理を盲目的に信じる非合理な信仰ではありません。アンドレ・ミゴ〔一八九二―一九?。フランスの医師・旅行家・文筆家〕は、仏陀についての著書[1]のなかでこう言っています。「信仰が迷信になるのは、それが理性から離れるとき、さらには理性と対立するときだ。しかし、信仰が理性に結びつくと、その信仰は、理性を単なる知的な戯れにとどめてはおかなくなる」。ですから、ここで問題になるのは、単に信用するという行為ではなくて、もっとも真実に近いと思われる説明を見出すことです。

J・F　それこそ、果てしない、大いなる試み——まさに試みなんだよ——、非合理なものを合理化しようとする努力だ。ここでもまた、基本的なものとして参考になるものは、プラトンや、パスカルだ。彼らが試みているのは、ヘーゲル的な意味ではなく、プラトン的な意味における弁証法によって、つまり、「一語一語」きわめて厳密に、合理的に築かれた論証によって、推論になじまないものを推論によって突き詰め、証明しようとすることだ。ところが、これはぎりぎりのところでいつも限界に突き当たってしまう。なぜなら、いつもそこには踏み越えるべき一歩が残ってしまうからだ。もはや証明することのできない一歩がね。

M　踏み越えてみるに価する歩みもありますよ！　あの賢者たちの行動は完璧に一貫していて、一分の狂いもあるようには見えません。それがなぜ、死後も続いていく非物質的な意識の流れの体験のことになると、こうした卓越した人たち——、いま生きている人も、これまでの仏教の歴史に名を残したすぐれた人も、みな突然、にせの真実をこしらえはじめるのでしょうか？

J・F　そうではないよ！　信仰の行為がかならずしもいかさまだというわけではない。でも、それはひとつの証言だよ。歴史認識における証言と同じで、絶対的な証拠ではないんだ。

M　いいですか、信仰の行為というのは私たちの問題です。仏陀のような悟りを開いた人にとっては、信仰の行為はかかわりがないのです。彼らのような人たちが、意識が非物質的なものであり、その流れは死後も存続し、意識の流れをそれぞれ識別できると断言しているのです。彼らにとっては、それは直接的な経験なのであって、信仰の行為ではありません。

J・F　でも、それは西欧の伝統のなかに現れた神秘家たちの場合と幾分似た状況だよ。十字架の聖ヨハネ〔一五四二―九一。スペインの神秘主義者〕とか、シエナの聖カタリナ〔一三四七―八〇。イタリアのドミニコ会修道女〕、その他にも、忘我の恍惚状態で、生きながらにして神を見たという人々がいる。彼らにとっては、それは聖なる体験だった。ただし、一般のキリスト教徒というのは、そのような見神者の言うことをことばどおりに信じる。まあ信じないこともあるが、誠実さや謙虚さは疑ってはいないよ。だが、いずれにしても、その見神者たちの証言は、やはり合理的な証明と同じものではないのだ。この種の推論で確認できるのは、二つの別々の道があるということだ。ひとつは、科学のある側面を取り入れて、不死の精神的原理の存在を合理的な証明方法によって示そうと試みるものだ。もうひとつは、人を欺こうなどという気持ちは毛頭ない、尊敬される申し分のない人物の、嘘いつわりのない体験談としての、超感覚的かつ超自然的経験をもちだすやり方だ。しかし、それでは不充分なんだよ！　人類の歴史には、とことん誠実でありながら、まちがいを犯した人々がいくらでもいるのだよ！

M　このような体験にかんして、どんなまちがいがありうるのですか？

J・F　あの世でも永遠に続く原理の存在のあかしとなるような体験をしたが、じつはそれが、ただの思い込みにすぎなかったということもありうる。その人間は思い違いをしたのじゃないかな？　その体験をしなかった者にとっては、それは証明にはならないだろう。それは、蓋然性か可能性の次元でしかないのだよ。

M　みずから体験することによってしか、それは証明できません。

J・F　そこが問題なんだ！……。神の存在や魂の不滅性の合理的証明の試みといったら、哲学や神学の文献のなかにいっぱい詰まっているよ。何百年もかけて、それが何トンという山になっている……。不幸にも、それらは、いまだかつて神の存在や魂の不滅性を合理的に証明するのに充分だったためしがない！　そこでカントとしては、善と道徳の観念をもちだして、間接的証拠に頼ったのだ。だがそれは、けっして合理性によるものではなかった。

M　たしかに、私がここでもちだしたのは、間接的な証拠であり、証言の有効性という証拠です。しかし、まだ検討すべき第二の点が残っています。つまりそれは、前世を記憶している人々のことです。というのも、これこそ最終的に、生まれかわりの問題を明らかにしてくれるでしょうから。

J・F　そうだね、もちろんそれは実際の記憶であって、作りごとではないということを、それらの人たちが納得させてくれるかぎりにおいてだが……。ピタゴラスも、前世をすべて覚えていると言っていた。

M　この種の事例にかんしてはさまざまな研究がなされてきました。ソギヤル・リンポチェは、その著書(2)のなかで、とりわけ興味深い二つのケースを挙げています。そのひとつはインドのパンジャブ地方の少女の場合で、この子は、前世での死に際の様子や、家族、住居など、多くのことをこと細かに覚えていたのです。これらの事実は、ダライ・ラマが送った報告者も伝えています。私は直接経験したことはありませんから、この証言の有効性について言ってもしかたがないでしょう。それを承知のうえで、ひとつだけ言えるのは、こういうことがチベットの世界ではよくあるということです。物故した賢者の精神を受け継ぐ者とみなされた幼児たちがいるのです。こうした子供たちが、生前の高僧の弟子だった人たちの見分けがつき、故人の所持品や住んでいた場所までわかったという例が数多くあるのです。

J・F　それは、本当に証明されているのかな？

M　チベットの歴史には何百というケースが報告されています。私も個人的には、疑う余地のない証言をいくつかじかに聞いたことがあります。まったく疑う余地のないのをひとつ話しましょう。これは、私が目撃したのですから。

J・F　だがね、三歳の子供が、相手が何者かを見分けて、どうやって知らせたんだい……？　その子はにっこり笑いかけたのかい、それとも手を振って合図したのかい？

M　死んだ高僧の弟子仲間のだれかを、名前で呼ぶこともあるのです。

J・F　その名前を一度も聞いたことがないのにかい？　まさか、そんな！

M　二つの例を挙げましょう。まずひとつは、私が目撃したのではないのですが、信頼できる人から聞いたものです。それは、一九〇三年に亡くなった偉大な賢者の話です。彼はドゥジョム・リンパといい、チベット北東のアムドに住んでいました。死のわずか前、彼は弟子たちに、ペマケウ地方に向かって出発するように、チベット南部、インドの国境の近くで、アムドからは歩いて二カ月の所だと言ったのです。師が亡くなると、百人ほどの弟子が、その生まれかわりを見つけようと、遺言どおりに、ペマケウに向けて出発しました。五年近く探しても甲斐なく、ひとり二人と帰りはじめました。わずか十五人ほどが、諦めずに探しつづけたのです。ある日彼らは、子供たちが遊び戯れる村の入口にやってきました。すると、その子供の群れのなかから、ひとりの男の子が、両親のところに駆けていって、「今日は友達がくるんだ。食事の用意をしておかなきゃならないよ」と言ったのです。その子供たちは、低い石塀を跳び越えて遊んでいたのです。

J・F　何歳の子供なの？

M　五、六歳です……。そこで、僧たちが近づいたとき、その子が石につまずいて転びそうになった瞬間、そばにいた僧に手を伸ばして、呼びかけたのです、「イェシェ、助けて！」。それこそ、まさしくそのラマ僧の名前だったのです。彼には大変な衝撃だったのですが、その場は何も言いませんでした。それから、一行は招かれて、家族と食事を共にしました。ところで、このラマ僧、イェシェは、毛髪を一房入れた形見袋を首に下げていました。それに気づいた男の子は、驚いて、「ああ、それは、ぼくが君にあげた髪じゃないか！」と叫んだのです。それは、まぎれもなく、亡き賢者がその僧に与えた髪の房だったのです。その子はのちに、ドゥジョム・リンポチェとなり、一九八七年に亡くなりました。彼は、私の大切な師のひとりでした。

さて、今度は、私自身が目撃したもので、キェンツェ・リンポチェの生まれかわりの話です。キェンツェ・リンポチェは、私が十五年間そばで暮らした師です。

J・F　私が一九七三年にダージリンで出会った人物かね？

M　いいえ……。一九八六年にあなたがブータンで出会った人です。その生まれかわりは、キェンツェ・リンポチェにもっとも近い弟子のひとりによって見分けられたのですが、弟子といってもこれまた偉大な高僧でして、いまは七十二歳で、ネパールの山中に暮らしています。子供を見つける手がかりを、夢と予見で得たという、昨日私たちが話題にした人物です。私自身もその探索に加わりました。子供が見つかると、ネパール東部にある神聖な洞窟で、長命祈願の儀式をおこなうことになりました。私たちが向かったその洞窟の近くに、トゥルシック・リンポチェというその高僧が、当時隠棲していたのです。キェンツェ・リンポチェのかつての弟子が百人ほど、その日のために私たちに加わりました。儀式のなかで、トゥルシック・リンポチェが、その子に、ダライ・ラマから送られた名前を読んで聞かせ、豪華な衣装を着せ、彼のために長寿の儀式を執りおこないました。最終日には宴が催され、主宰の高僧が、参会者に聖水を与えるのです。式を執りおこなうトゥルシック・リンポチェが、その聖水を配るものとだれもが思っていました。ところが、その子はトゥルシック・リンポチェが配りはじめるのを見て、自分でやろうとしたのです。そのときわずか二歳半だったのに、じつに落ち着いて——そのシーンは五分間続きました——、自分の母親を呼び寄せて、ひとしずくの聖水をふりかけ、次にキェンツェ・リンポチェの孫を呼びました。孫のことを知っていたのです。それからその子は一、二回しか名前を聞いたことがないのに、二十人ばかりの人の名を呼びました。前夜に紹介されていたこれらの人たちの幾人かの名前をはっきり発音したのです。

J・F　二歳半でかね！　その歳じゃ、ほとんどしゃべれないだろう！

M　そうですね。でも、名前で人を呼ぶぐらいは充分できますよ。

J・F　その子だけに、とてつもない記憶力があったんじゃないか！

M　たとえば、前夜私は、その子を抱っこしたときに、友人のリュックを指さして言ったのです。リュックはフランス人の技師で、キェンツェ・リンポチェの弟子でもあり、そのころインドに私たちの僧院のひとつを建設したのでした。私はちょっとふざけてこう言いました。「ほら、あれがリュックです。ボッダガヤにあなたの僧院を建てたんですよ」。翌日、その子はリュックを名前で呼んで、祝福しました。本当にこの子は際立って利発で、驚くべき記憶力に恵まれていました。けれど、いちばん驚いたのはそんなことではないのです。

百人ほどの参集者のなかに、ブータンから到着したばかりの一団がおりました——ネパールの国境から三日間歩いてきたのです。そのうちのひとりは、亡きキェンツェ・リンポチェの年老いた召使でした。その子が、近くにいた者をみな祝福し終えたところで、ひとりの僧が、「さあ、これでおしまいですね？」とたずねると、その子が、「まだ、まだ」と言って、小さな集団のなかにいるだれかを指さすのです。別の僧が、子供が指さしたほうへ動いていき、座っている人たちをつぎつぎ示してたずねました——「あの男の人かな？　この人かな？　それともあの女の人？」——僧が、ブータン人の老僕のそばにやってくると、その子は、「そう！　その人！」と言ったのです。

そこで、その老人が呼び寄せられ、玉座にちょこんと座っていたその子が祝福したのです。老人は滂沱の涙を流しました。

J・F　感動的だね。けれど、もう一度言わせてもらうと、こうした出来事は、自分の目で確かめたときにしか、証明とはならないのだよ。たとえ、証人の絶対的な誠実さを信じていてもだ。

M　よくわかっています。だから私が体験したことだけをこと細かに話したのです。あえてこの出来事をもちだしたのは、人の話で聞いただけのことよりも、私にとって真実の重みがあるからです。ただし、これに似た出来事は何十となく聞いてきました。清廉潔白そのものであるダライ・ラマ〔十四世〕も、そうした記憶があるかとたずねられて、こう語っています。「ラサ〔チベットの首都〕に到着した私は、ノルブリンカの夏の宮殿のどこそこの部屋に、自分の歯が箱に入って置いてある、と側近に言ったのです。彼らが箱を開けてみると、そこにはダライ・ラマ十三世の入れ歯がありました。私が箱を指さして、自分の歯がそこにあると言ったのです……。でもいまは、何も覚えていないのです！」

J・F　なるほど……言ってみればそれは、仏教の形而上学的な信仰に属するものだね。それは、宗教的とは言わないが、形而上学的な次元の確信を特徴づけるものだと思うよ。合理的な思考の特徴は、あらゆる証明は他の人に伝えることができ、さらに、かならずみとめさせることができるという点にある。実験〔体験〕の成果を自分の目で確かめなかった者、たとえば、自分でその実験〔体験〕はできない者でも、その再現がいつでも可能なことを受け入れざるをえない。これとは反対に、君が語ったようなタイプの体験は、みずからそれを生きた者にとってしか完全には納得できない。それは、一回限りの証言であって、神秘家の証言や、宗教的か否かを問わず、特殊な体験を生きただれもがする証言と同じ次元のものだ。

M　合理的思考の基準は承知していますし、その証明はだれにでも伝えられ、かならずみとめられるものでなければならないということもよくわかっています。たとえば、ある数学の証明が真実であるという確信は、頭のなかで生まれますね。それが物理学に応用されるなら、実験によってもそれは確証できます。瞑想的思考も、これまた頭のなかで生まれる確信へといたります。瞑想の修行生活、高僧のそばでの生活体験から生まれる確信の強さは、定理の証明から生まれる確信と同じくらい確かなものです。実験にもとづく確証ということにかんして言えば、唯一の違いは、こちらのほうの立証は、多くの場合内面的なものであるという点ですが、だからといって、それが本物であることにはなんの問題もありません。善意、寛容、慈悲、知恵、といった外的な側面は、内面的な完成度の「しるし」にすぎないのです。

J・F　私は、現にその確証を体験している人にとって、それが本物であることに意義をはさむつもりはないんだよ。一西洋人にとっての仏教の意味を明確にしようとする、私たちの対話の筋道のなかで、私はただ、実践的な知恵、純粋に心理学的な知恵の次元には、かならず形而上学的で超自然的な次元が重なってくることを強調しているまでだ。

M　私たちが話していた出来事にもどりますが、これは、神秘体験ではまったくありませんし、私の目撃談にも形而上学的なところはぜんぜんありません。興奮状態ではなく、この上なく落ち着いた状況で、およそ「平凡」きわまりないといってもいいような状況で、自分自身の目で見た出来事なのです。あなたが、神秘家の証言に触れたので、ちょっと本論からそれますが、言わせてもらいますと、人々はよくそうした証言は、「医学的唯物論」とでも言えるものでおとしめようとします。それによれば、アヴィラの聖テレサ〔一五一五―八二。スペインの修道女〕はヒステリーだった、アッシジの聖フランチェスコは遺伝的に精神障害があった、聖パウロはダマスカスへ向かう途中、てんかんの発作に見舞われた、ジャンヌ・ダルクは統合失調症だった、ということになってしまいます。たしかに、脳の特定の部位の興奮や障害が幻覚を引き起こすことがあります。しかし何千人もの精神の正常な瞑想修行者の精神的な体験をこの範疇に並べることはできません！　あの幼児にまつわる出来事について言えば、私も、そこにいた者も、みな「神秘的状態」のなかにいなかったことは請け合いますよ。私の内的な確信を押しつけようという気持ちは毛頭ありませんが、それでも自分の感覚を疑うことはできません！

Ｊ・Ｆ　たとえ、いま君が言ったような、たちの悪い、人をばかにした解釈に頼らなくても、それでもやはり、人類全体にみとめられ、通用しうるタイプの証明と、特定の経験をした者にとってのみ有効なタイプの証明は、方法論として、区別することはできるし、またそうしなくてはならないのだよ。

Ｍ　そう、まさしく方法論の問題です。もし例外的で再現不可能だからということで、ある現象を切り捨ててしまうなら、そういうことが実際に起こったとき、それが現実にあるとみとめるには、どうすればいいのでしょう？

Ｊ・Ｆ　そのようなことが、自分自身に起こったのでないかぎり、切り捨てることは必要だと思う。

Ｍ　それじゃあ、だれにでも、同時に、目に見える、確認可能なものしか受け入れられないということになるじゃありませんか！

Ｊ・Ｆ　私の考えでは、君が言っていることは、歴史的証言の次元に属することで、科学的証明ではないのだ。ところで、歴史的証言――つまり「ある人がこう言った。私はそこにいて、それを聞いた」というやつだ――、これは重要な価値のある論証だ。これなくして歴史はないのだから。しかし、それはけっして決定的証拠にはならない。どんな歴史家も、他の歴史家に異論を唱えることができるんだよ、「私はその証言が誤りであるか、部分的なものであることを証明する別の根拠を見つけた」とね。だからこそ、歴史学はひとつの科学ではあっても、厳密な科学ではないのだ。再現不可能な経験についての、限られた数の個人の証言の上にのっかっているからだよ。それでも、歴史学は、君が話している証言よりもっと科学的だ。なぜなら、個人的な証言は別にして、それは、これまでたさまざまな解釈にさらされはするものの、客観的な資料や遺物遺跡に裏づけられているからだ。超自然的な体験はどうかといえば、君と私のような二つの考え方が対立するわけだ。このテーマについては、いまはこれ以上踏み込まずにおこう……。次のような考えのところでとどめておくべきだろう。つまり、もしある信仰の体系——念を押すけど、もっとも高尚な意味での信仰だよ——、その体系のなかに身を置いていない場合は、定義上、形而上学的な考え方を証明できないようにする要素がなくなることになる。だけどもう一方で、形而上学的な考え方というのはけっして完全に証明されることはない。二千五百年来、人々は合理的形而上学を作ろう、数学と同じくらい厳密なものにしようとしてきた。だが、いまだかつて実現したためしはない！ それというのも、形而上学は、本来的に、そうした論理システムには属していないからなんだよ！

M たしかに形而上学は、精神的完成に属するものですが、これもまた、否定しえない現実です。この現実は、観想的体験の次元にあって、真理のビジョンとして精神の前にじかに現れます。真理は本来、事物の本性を反映しているからです。ただし、このことは、こうした見方が「非合理」だということではなく、ただ、概念的推論を超越していることを意味しているだけです。

J・F だからこそ、はっきりさせなくてはならないのだよ。二つの異なる考え方があるのだから。だれしもその重要性を否定しないこうしたタイプの知恵のなかに、この形而上学に属するものと、そうでないものとを区別することが大事なのだ。仏教の形而上学的次元を受け入れられない者が、自分のより良き人生案内として、どんな教えをその仏教から引きだすことができるのか？ これこそが、いちばん興味深い問題だ、と私は思う。それに、これはあらゆる宗教、あらゆる哲学についての問題でもあるのだ。仏教の場合は、宗教でもなく、哲学でもなく、しかも同時にその両方なのだから、なおさら興味をそそるのではないかな？

M では、私たちの問題を逆に考えてみましょう。前世の記憶というような例外的な現象が本当に存在するとちょっと仮定してみてください。もしその現象が例外的であるからといって受け入れられないのなら、どうやって、それが本当であることを明らかにできるのでしょうか?

J・F　そのためには、公平な観察者が必要だ。ことばに通じ、チベット人社会によくなじみ、そうした事実を懐疑主義的な厳正な態度で見られるような人がね。

M　それだけでいいのなら、つつましくあなたに仕えるこの私にも、資格がありますよ。私自身としては、いつもできるかぎり客観的な態度をとるように努めています。そうでなければ、盲目的な軽信にもとづく主張を非難する人たちの標的になるのは目に見えていますから。チベット人の仲間と論じ合うときには、討論を活発にするために、いつも悪魔の弁護人〔反対意見の擁護者〕であろうとこころがけ、唯物論的な観点に立つのです。私は、自分が目撃者になるまでは、テレパシーの存在をこれほど完全に信じられなかったのは確かです。あの子が老人を呼び寄せた件では、私がそれを自分の目で見られたのはうれしいのですが、精神の探究の道へ私を向かわせる、もっとも深い確信は、そのような外的な出来事からではなく、観想による形而上学的な真理をたゆまず確認することから生まれてきたものなのです。

J・F　では、最終的なものではないが、私の結論を言うならば、——良心的な歴史家ならだれでも言うように——君の証言は、私の目には、でたらめな方法で仏教を受け入れていると見られる、すこしばかりドラッグでラリッているヒッピーの証言よりも重みがある。歴史学で対処するやり方とまったく同じで、この証人の証言には、きわめて重要な重みがある、されどそれは一証言にすぎない、ということだよ。繰り返しになるが、歴史科学、精神の科学、人間科学と、いわゆる「厳密」科学との区別は、はっきりさせておこう。「厳密」科学のほうは、目の前にいるどんな考えの持主にも、みとめさせることのできる証拠で成り立っているのだ。一方、前者の場合は、証言を積み上げていけば、事実の推定はどんどん確実になっていき、絶対的な確実性に近づいていくのだが、そこに完全に到達することはけっしてないのだ。

M　請け合いますが、あなたは、ニューギニアの森の住人に、科学の発見をほんのこれぽっちだってみとめさせることはできませんよ。人は、それぞれ頭のなかで比較できるような、知的図式をもつことが必要なのです。歳月をかけて、一定の方法で、それを教え込まなくてはならないでしょう。ですから同様にして、観想的な探究に心が開いていない者にたいして、その結果を押しつけることはできないのです。だからこそ、教育が必要なのです。

私たちの議論のしめくくりに、こう考えてみることができます。意図的に再現することのできない現象について考える場合、あなたが支持する観点では、どんな方法で、また、どんな基準で、その現象の存在や真実性を確認できるようになるのでしょうか？　また、どうやったら、アプリオリに〔先験的に〕それを排除せずにすむのでしょうか？

J・F　アプリオリにそれを排除したりはしないよ！　何ひとつアプリオリに排除してはならない。アプリオリにではなく、アポステリオリに〔経験的に〕、現実が明白に否定する主張を排除できる、というケースはいくらでもあるがね。地球は平たいと主張する人たちの団体が存在するそうだ。彼らを邪魔だてする必要はまったくないよ。それが楽しいのだったら、集まればいい。だが、とにかく私たちは、連中がまちがっていると考え、それをはっきり証明することができる。まったくの憶測にすぎないものにたいして、ありあまるほどの証言が一致しているために、多くの真面目な歴史家が信じるにいたった真実というものがある。でも五十年後になって、別の歴史家が出てきて、「あなたがたは、完全にまちがっていた。これが、その証拠だ」と言う可能性がないわけじゃないんだ。

M　そのようなことは、科学の領域でたえず起こっていますね。

J・F　とにかく、再現不可能なものを対象とする科学においては、証言を突き合わせることでしか得られないタイプの認識があり、この作業にはけっして終わりはないということだ。

M　それに、再現可能であるものを対象とする科学の目的は、形而上学的な問題を解決することでもなければ、人生に意味を与えることでもなく、物質世界をできうるかぎり正確な方法で記述することです。現実は物質に還元され、意識はニューロン・システムの属性にすぎない、といった考え方は、科学が機能している場を定義しているにすぎません。瞑想的生活にも同様にその規則があり、精神修行の実践から生まれる深い確信は、物質の領域でなされるどんな実験にも劣らない力を、精神に及ぼすのです。純粋な観想によって、精神の本質を観察するならば、そこからは、重力の効果による物体の落下の観察の場合と同じような、完全な確信が生まれてくるのです。

第4章　精神の科学？

J・F　私たちは、仏教的心理学とでも呼ぶことができる、思考のコントロールの現象について話を進めてきた。これは、近年、とりわけ一部の西洋人が関心をもっている仏教の一側面だ。十九世紀に、ショーペンハウアーのような哲学者たちを引きつけたのは、なんといっても、忘我のうちに心の落ち着きのようなものを見出す方法としての仏教の知恵だった。さらに近年の関心の的は、思考のコントロールの技術だ。たとえば、一九九一年には、ハーヴァード大学で、ダライ・ラマを招いて、研究者たちのシンポジウムが開かれた(1)。いわゆる西欧の科学的心理学に精通した研究者たちが、ダライ・ラマと意見交換したのだが、これがじつにおもしろい。研究者のなかには、仏教の修行を実際に知ろうと、みずから東洋に行ったことのある者もいたんだよ。そのなかにニューヨーク・タイムズの科学欄の寄稿家でもあるダニエル・ゴールマンがいて、彼はそのシンポジウムで精神の健康のチベット的モデルと西洋的モデルについて発表した。ここで、こういう仏教的心理学について君の考えを聞かせてもらえないかな？

M　仏教という「精神の科学」の特徴のひとつは、自覚的な感情を確認したり、潜在する傾向を表面に浮かび上がらせて見分けたりするだけでは充分ではなく、想念を「解放する」方法を身につけなくてはならないという点にあります。想念を解放するというのは、心にその痕跡が残らぬようにし、心がそれに縛られて乱されないようにすることです。さもないと、たちまち想念は、連鎖反応を起こします。たとえば不快の念は、敵意に変わり、次いで憎悪と化して、精神に充満し、私たちはそれを言動に表してしまうようになります。他人に害を及ぼすばかりか、私たちの内面の平和も壊されてしまいます。欲望や、傲慢、嫉妬、恐怖といったものも同じことです。滅ぼしたい、所有したい、支配したいという気持ちに身を任すことはできますが、そうして生まれる満足感はつかの間のものです。それはけっして、長くもちつづけていられるような、深く安定した喜びではありません。

Ｊ・Ｆ　しかしあらゆる精神的苦しみが、もっぱら憎悪や欲望から生じるわけではないよ。

Ｍ　苦しみは、心を乱すさまざまな感情から生じます。精神を変える鍵は、諸々の想念を見定めることだけでなく、それを解体し、精神の広がりそのもののなかで雲散霧消させてしまうことです。さまざまな技法が、その目的のために使われます。その基本は、さまざまな感情のありようや、そうした感情を引き起こした原因や状況に心を向けるのをやめて、想念の源そのものにさかのぼることにあります。瞑想者は、犬に似た者と、ライオンに似た者との、二種類に分けられます。というのは、まず、犬のような想念への接し方があります。石を放ると、犬はつぎつぎと投げられるどの石も追いかけます。これが、人間のふつうのありようです。ひとつの想念が浮かぶと、それに引きずられ、それが二番目の想念を生み、次いで、三番目と、際限なく連鎖して、精神的な混乱状態が続くことになります。ところが、ライオンのような反応のしかたもあるのです。石を投げられるのは一回きりです。ライオンはすぐ振り向いて、投げた者に飛びかかってくるからです。これが、想念の源のほうに「振り向いて」、自分の精神のなかにさまざまな想念がわき起こる根本的なメカニズムを突き止めようとする瞑想者の場合です。

Ｊ・Ｆ　比喩はひとまずおいといて、そのメカニズムとはどんなものなのかな？

M　想念の流れをいっとき断ち切る必要があります。過去の想念をもちつづけたり、未来に思いを招き寄せたりしなければ、ほんの一時であれ、推論的な想念から自由になって、現在の瞬間に、目覚めた状態でいられます。やがて、この状態をすこしずつ長くし、保つことができるようになります。波が湖面を揺らしているあいだは、水は濁っています。波がしずまると、泥が沈み、水はふたたび透明になります。それと同様に、推論的な想念がしずまると、精神はより「透明」になり、すると、その本質がさらに発見しやすくなるのです。

その次には、推論的な想念の本質を検証しなければなりません。そのためには、自分に危害を与えた相手のことを考えたり、欲望の対象を思い浮かべたりしてわざと強い感情をかき立てるのです。このとき、感情が意識野に生じるままにして、分析的な方法と、次いで観想的な方法を用いて、内部のまなざしをその想念に向けます。始めは、その想念が私たちの心に充満し、取りついて離れません。たえまなく、舞いもどってきます。ですが、じっくり検証してみると、その想念はいったいどこから見かけの力を引きだしてくるのでしょう？　想念そのものには、生きている人間のように、人を害する力などもともとありません。現れ出る前は、それはどこにあったのでしょうか？　それが精神に現れるとき、なんらかの性格や、はっきりした場所や、形や、色をもっているのでしょうか？　それが、私たちの意識野の外に出るとき、どこか行く場所があるのでしょうか？　分析すればするほど、あれほど強力に思えた想念が、私たちの手をすり抜けてしまいます。もう「つかまえる」ことも、指さすこともできません。そのとき人は、「何も認知しない〔空《くう》〕」の状態に入り、一時、観想の状態でいられるのです。これが、仏教でいう、「想念の空なるを知る」ことなのです。それは、内面の純粋な状態であり、概念から自由になった透明な覚醒状態です。もろもろの想念は、この目覚めた意識が現れたひとつの形にすぎない、と理解されれば、もう私たちを縛ることもなくなってしまいます。不断の修行の末、ひとたびこの解放の過程が自然なものになると、ふたたび想念がわき起こっても、起こると同時にほぐれていき、私たちの精神をかき乱すことも、拘束することもなくなります。

まるで指で水面に描く絵のように、想念は形をなすや、消え失せていきます。

J・F　その考え方でびっくりするのは、まるで外的な現実、行動、他の人間存在、状況の重みなど、まったく存在しないかのようにすべてが語られていることだよ！　それでもやはり、実際に危険が身に迫っている場合だっていくらもあるはずだ！　この危険を怖がるとか、あるいは、それを払いのけようとする、つまり、たとえば命を落としたくないので、その脅威に対抗して積極的な態度をとるとかいうときに、ただ想念に働きかけるだけでは、どうにもならないだろう！　そのために必要なのは、外に向かう明確な行動だろう。

M　私たちは、一定の状況のなかで、内的な状態に応じてさまざまな方法で反応することができます。行動は想念から生じるのです。想念を制御しないで、行動を制御することはできません。だからこそ、感情を解放することを「学ぶ」べきなのです……。

J・F　そうかもしれないが、それはごくわずかな場合に限られるだろう……。

M　……無我夢中で行動するようなときに、この制御力を生かすためにです。よく、彼は「自制心がある」とか、彼は「まったく自制心をなくしてしまった」とか言われますね。いまここで言っているのは、精神の本性を認識することでこうした制御をさらに全面的で安定したものにすることなのです。人殺しが、家族をあやめようというときに、無関心、無感動で、手をこまねいていることとはまったく違います。憎悪に溺れることもなく、復讐心にかられて加害者を殺したりもせず、最少限の行為で相手を無力化するのです。だから、精神の制御がまず根本にあります。

J・F　しかし、思考だけで人間の存在が成り立っているわけではないよ。人間存在は行動だ。

M　肉体もことばも、思考のしもべにすぎないのではありませんか？　肉体は、思考が求めるところをなすだけですし、ことばは、意識抜きで、あるいは、単なる反射作用として現れるのではありません。

J・F 「肉体は思考が求めるところをなすだけだ」というのは、楽観的な気がするがね。

M 楽観的でしょうか？ 私は、器官としての肉体のはたらきを言っているのではなく、意志的な行為のことを言っているのですよ。もし、私たちが、自分のことばや行動を制御することができたら、人間どうしの葛藤の大半は解消するでしょう。でもそれは、精神の制御がなくては不可能なことです。さらに、私たちの行動に色づけするのは精神です。見かけは同じ二つの行為も、その動機によって、肯定的と否定的と、相反する結果を生じるからです。たとえば、お金を与えることは、だれかの役に立つこともあれば、堕落させることもある。そこで、具体的な状況のなかで、精神の制御をおこなうという話にもどると、本当の忍耐は弱さのしるしではなく、強さのしるしなのです。それは、けっして受け身の状態でなされるがままになることではありません。忍耐は、私たちから判断力を奪ってしまう憎悪や復讐心に目をくらまされず、正しく行動する力を与えてくれます。ダライ・ラマがよく言うように、寛容というのは、「さあ、好きにしてくれ！」と言うことではないのです。それは、服従でも放棄でもなく、勇気と、精神力と、知性を合わせもつものであり、私たちが無益な心の苦しみを味わぬように、悪意のとりこにならぬようにしてくれるものです。

本当の忍耐、本当の非暴力というのは、最高の利他主義的な解決方法を選ぶことです。人を欺く意図を秘めて甘いことばをささやくことは、やさしさのように見えますが、じつはれっきとした暴力です。また逆に、母親が、子供にたいする愛情から、ためを思って叱責したり叩いたりするのは、暴力のように見えても、じつは非暴力なのです。重要なのは、私たちに行為を促す動機と、その行為の結果です。手段の選択は、私たちの知性をどう働かせるかによって決まってきます。ですから、理屈上は、良き目的のために暴力を用いるのもよしとされますが、実際には、うまく使うことはたいへんむずかしい。暴力は暴力を引き起こし、惨憺たる結果をもたらすものです。だから、争いは避けるべきであり、避けられぬにしても、必要最少限にとどめ、余計な否定的感情に溺れることなく、暴力的行為に走ろうとする者を制するべきなのです。

J・F　君の話には、じつに正当なところがあるのだが、それがあてはまるのは、まずもって、無益で余計な感情とか、過剰な苛立ち、根拠のあやしい誇大妄想的な願望といったものではないかと思う。あるいは、実際の危険を制する必要の度を超えて、復讐や報復にのめり込むような、過剰や行き過ぎにあてはめて言うことはできるだろう。しかし、どんな種類のものであれ、余計な感情や行き過ぎにたいするそのような批判は、じつはかなりありふれたものだ。実践するのは簡単だとは言わないが、なにもあっと驚くような発見ではない。ただ、私たちが味わう感情や欲求、私たちが抱く願望は、現実にたいして起こす行動や反応の態度と、密接なつながりがあるというまでのことだ。そうだとすれば、現実のさまざまな状況に対応しているのだから、感情や欲求、願望、警戒心、用心といったものにはどれも、余計で、くだらない、無益なものだとは言えない立派な根拠があることになる。私が、家を建てたいだとか、こんな本を書きたい、こんな科学研究をやりたいと思うなら、それは、私が願望をもっているということだ。それは、まったくもって正当な願望であって、憎悪や羨望から生まれたものでもなければ、だれを傷つけるものでもない。しかしその願望も、障害が降ってわいたり、人が干渉して、私の計画を妨害したりすれば、私にとっては失望という否定的感情を引き起こすものになる。その感情は、切って捨てられるようなものではないよ。なぜかと言えば、それは私の心だけから生じたものではなく、現実が原因となったものであり、だからそうした感情は、現実に働きかける行為の一部となっているからだ。

M　感情は、外部の現実がきっかけとなって生じるのは確かですが、もともと現実世界だけに従属しているわけではありません。同じひとりの人物が、ある人には好ましく思え、別の人には憎らしく思えることもあるでしょう。政治家は権力を行使しようとしますが、隠者はそれを捨て去ろうとします。ですから、感情のあり方は、私たちが現実をどう受けとめるかによって決まってきます。繰り返しますが、それは、あらゆる人間的感情を断ち切ろうというのではなく、感情に翻弄されたり、逆境にうろたえたり、成功にのぼせたりしないような、広い、落ち着いた精神を獲得しようとするのです。ひとつかみの塩がコップの水に落ちれば辛くて飲めなくなりますが、大きな湖に落ちれば、水の味はほとんど変わりません。けれど、大方の人々は、心が狭いため、望むものが手に入らないとか、自分の嫌いなものに出会うとかで、しじゅう無益な苦しみを味わっています。私たちの苦しみのもうひとつの理由は自己中心主義です。自分のことだけを中心に考えるようになると、遭遇する困難や、そこから生じる不安が、たちまち私たちの幸福感に真っ向から衝突してしまいます。すると、気持ちは落ち込み、こうした問題を受けつけなくなります。反対に、私たちが、他人の幸福を第一にこころがけていますと、その幸福の実現に伴う個人的な困難を、喜んで受け入れるようになるでしょう。なぜなら、他人の幸福が自分の幸福にまさることがわかるからです。

J・F　だが、望むものが手に入らないから不満を覚えるといっても、その理由が、本人の側にはない場合がたくさんある。自己の内的想念を制御できないからではなく、願望が正当なものではなく、もっぱら傲慢さにもとづくからというのではなく、客観的な、さらには利他精神から生まれた現実に根ざした理由による場合もあるじゃないか。患者を治したいと願う医者は、立派な感情や情熱を抱いている。もしも失敗すれば、彼は失望するが、これもひとしく立派な感情だ。彼は不満足にはちがいないが、それは、じつに良き理由によるものだ。

M　そうです。そうした願望は、正当である以上に、必要なものです。

J・F　それならば、立派な願望と、立派でない願望を区別する余地があるのではないかね？

M　そうですとも。望ましくない感情というのは、私たちの判断力を狂わせ、鈍らせるものであって、立派な努めを果たすように促すものではありません。他者の苦しみを和らげたいという願望――これが、人の一生を決定づけることもあります――は、賞賛すべき願望です。欲望、憎悪、驕りといった、自己中心的な概念の権化のような否定的感情と、そうした自己中心的な傾向から、徐々に私たちを解放してくれる他者にたいする愛情、同情、誠意といった肯定的な感情を区別すべきです。後者の感情は、私たちの精神を揺るがすことなく、確たるものにし、安定させてくれます。

Ｊ・Ｆ　必要な願望と不必要な願望には、エピクロス派による区別もあるよ。

Ｍ　できるかぎりの手を尽くして他者の幸福を求めるとか、心底自分を変えたいと願う肯定的な願望は、仏教が説く基本的な徳になります。じつは、仏教はひとつの限りない願望をはぐくみます。それは、この世に生きるすべての人々の苦しみを和らげたいという願いなのです！　こうした願望が欠けているのは、惰性的な生き方に引きずられているからであり、精神力が足りないからです。だから、願望の肯定的な側面と否定的な側面、またそれが利他心からくるものか、利己心からくるものかを見分けなければなりません。他者に幸福をもたらそうとするためのものならば、その願望は肯定的と言えます。このうえなく単純な定義です。反対に、それが他者を踏みつけにして達成されるようなものであれば、その願望は否定的であり、自分や他者の内面の平和をかき乱すようなものであれば、その感情は否定的なものです。

Ｊ・Ｆ　君は、肯定的な願望であっても、自分自身の運命を良くしようというものは、すべて排除してしまうのかな？

Ｍ　とんでもありません。私たち自身の幸福は大切にすべきです、ただしけっして他者を犠牲にすることなく、です。でも、不思議なことに、自分自身の運命を良くする最善の方法は、何はさておき、他者の運命を思いやることなのです。八世紀の高僧、シャーンティデーヴァはこう言っています。

なべて世の幸福は、
利他の心より来たり、

汝の不幸はことごとく、
おのれを愛する執着に由る。
ことばを費やしたとて何になろう?
愚者はおのれの利にしがみつき
仏陀は他者の利に身を捧ぐ。
その径庭のほど、汝みずから知るがよい!

私たちのさきの議論の結論として、月並な言い方になりますが、権力や金は幸福をもたらさないし、また嫉妬や傲慢は生きる喜びを損ないます。しかし、これがどんなに平凡な事実だとしても、やはり、大多数の人々は、いつもこの世の執着——損得や、喜びと苦しみ、批判と称賛、栄光と恥辱——の罠にはまりつづけ、まったく身動きできずにいるのです。だれかが背中にナイフを突き立てようとするなんて、そうざらにあるわけではありませんが、私たちが否定的な感情の餌食になるのは、いつものことなのです。嫉妬のために、人生を台無しにしてしまった不幸な人がどれほどいることでしょう! その嫉妬心には実体などないことを悟り、空に浮かぶ雲のように、心のなかで消し去る術を心得ていたならば、嫉妬が、彼らの心の平和を乱すこともなかったでしょうし、彼らを犯罪に駆り立てるまでに膨れ上がることもなかったでしょう。小さな雲は雨を降らせない、と言います。想念に対処しなくてはならないのは、それが生まれ出たときであって、手のほどこしようもないほどに感情が膨張してしまったときではありません。火花が散ったら消しておかないと、森が丸ごと火に包まれたときには、もう手がつけられないではありませんか?

J・F ここにもまた、実践的な知恵について、洋の東西を問わず、あらゆる哲学に一致する共通の基盤があるね。つまり、現実とのかかわりにおいて、最終的には不幸を招き、不満足を生みだす行き過ぎを避けるために、人間の心理状態全体を整える術だ。さて、心理学と呼ばれる精神の科学、これは単に、こうした実践の手引き、たとえば、ストア学派におけるエピクテトスの手引きのようなもの、つまり、外的な状況や人生の不測の事態にたいしても、また、自分自身の情念にたいしても、できるかぎり傷つかぬようにするための知恵ではない……。心理学というのは、実践的な応用法や、心の平安のための処方箋である前に、さまざまな認知現象の研究そのものなんだよ。その点でね、前にちょっと触れたハーヴァード大学でのシンポジウムだが、アメリカ人参加者のなかにも、仏教に精神の科学を発見したという人たちがいて、彼らは、その科学は特別豊かなものだと考えている。

M　けれども、そのような形で、仏教と対話することに関心をもつ研究者は、あまり多くないことは忘れないようにしましょう。

J・F　いったい、このような精神の科学とはどのようなものなのだろう？

M　仏教の心理学はじつに多面的です。たとえば、精神が、もともとある「自我」意識に執着し、自我を実在する自律的実体であるとみなすときなど、精神を構成するさまざまな要因がどのように現れるのか、その現れ方を分析します。この「自我」への執着から生まれた無数の精神的事象は、滝のように流れ出てくるのです。

J・F　ちょっと待った！　自我はもともとあるものだと言ったね？

M　つまり、私たちのだれもが、ごく自然にわたしという観念をもっているという意味です。呼ばれたら返事をするし、暑ければ、「私は暑い」と思います。私たちは自分の存在を意識しています。これを、仏教では、もともとある自我意識とみなすのです。その次に、この意識に、この「自我」は分離した実体であるという観念が結びつくと、それが私たち個人の「自己同一性《アイデンティティ》」を形成します。こうした概念は、前に指摘したとおり、心が作りだしたもの、頭のなかだけにある呼び名にすぎません。この「自我」は、意識の流れや、身体、あるいはその両者の結びつきのどこを探してみたところで、分析によっても、観想によっても、個人の「自我」に相当する何かを、精神的あるいは肉体的にも、分離して取りだすことはどうしてもできません。

J・F　なるほど。しかし、自我、人格、あるいはわたしの場所は特定できないにしても、それらについて私たちがもつ意識のほうはもともとあるとは言い切れないだろう。どうしてかというと、自我は文明や文化、個人によって多様に変化するからだ。自我の比重がとりわけ大きい文化があったり、個人がいたりする。自我の異常な肥大は文化的な、または個人的な要因によるものだ。個人としての自己同一性の意識も、半分はもともとあったものだが、少なくとも、あと半分は社会とか、私たち自身の歴史によって構成されるものだ。

M　それが、まさしく私の言いたかったことです。わたしについてのもっとも基本的な意識はもともとあるものです。それにつけ加わるあらゆるものが、社会や人格の影響を受け、個人によって作られていくのです。この基層にある意識が、自分が存在していることを感じさせるので、これは、あらゆる人間に共通のものです。この「自我」の意識のたかぶり具合や、この「自我」を、それ自体存在するものだと信じ込む、その度合いによって、それぞれ違いが出てくるのです。

J・F　では何が不幸を招き、人を欺くのかね？　自我そのものだろうか、それとも、過度の自我執着だろうか？

M　自我そのものではありません。自我へのあらゆる執着から解放されている人でも、呼ばれれば、返事をしますよ。不幸を招くものは、もちろん過剰なエゴです。でも、もっと穏やかな形の自我へのこだわりも、目立たないけれども、やはり私たちの苦悩の原因の大半を占めています。これについては、仏教には、自我への執着、無執着から生じる精神的要因の一大目録があります。主な要因五十八にはじまって、他にもたくさん挙げられています。それらは、公正、自尊、他者への配慮、無執着、用心などの、肯定的な要因から、傲慢、無気力、動揺、欺瞞、独断、無関心など、否定的な要因にまでわたっています。

J・F　では、仏教流の内省とはどのようなものなのかな？

M　まずもって、次のような自問が可能です。「意識とは何か？　何が知覚を引き起こすのか？　精神は自分自身を知りうるか？」。たとえば、この最後の問いにたいする答えはこうです。相対的に見れば、私たちは明らかに自分の精神を意識し、想念の動きや本質を観察することができます。想念を意識しなければ、私たちは機能しないはずです。しかし、とことんつき詰めてみると、思考は、思考することと、自分を認識することとを、両方同時にはできません。それは、剣が、剣そのものを切ることはできず、目が、目そのものを見られないのと同じです。そこで、この場合、またこうした類の例の大部分にあてはまりますが、二つのタイプの推論、というか論理があることがわかります。相対的な真理、つまり、常識に属する真理にもとづくものと、絶対的真理にもとづくものです。後者の場合、つきつめていけば、意識は自立した実体として存在したとしても、存在することと、みずからを認識することの両方を同時にはできないことは明らかです。仏教には、論理のレベルを異にするさまざまな哲学的学派があります。ある学派は、この場合、ランプの炎が外部の光源を必要とせずにそれ自体で明るく輝いているのと同様に、意識には究極的な自立した実在があり、主客関係を含まないプロセスを通じて、自己を意識するのだと主張します。別の学派は答えます。炎には、「それ自体で輝く」必要はない、炎は闇を含んでいないのだから。また、もしも光がそれ自体で輝くことができるならば、闇もそれ自体を闇に閉ざすことができるはずだ、と。

J・F　この分野での仏教思想の独創性を否定するわけではないが、君のいまの話には、西洋哲学における古典的問題が、そっくりそのまままとめられるね。たとえば、思考はそれ自体を認識できるのか？　これはいわゆる、内省あるいは反省的思惟の可能性の問題だ。知覚や認識において、私たちは、知覚あるいは認識される対象と同時に、意識主体としての思考それ自体を意識できるのだろうか、という問題だよ。内省は可能だと考える心理学者もいれば、私たちは自分自身を観察するには良き判定者ではないと考える心理学者もいる。内面的活動の、内面的活動自身による観察はあてにならない、根源までさかのぼることができるのは行動の観察だ、というわけだ。

M　その後者の観点は、もちろん仏教の真髄である観想的科学への扉を閉ざしてしまうことになりますね……。

J・F　君たち仏教徒は、知覚をどう分析しているんだろう?

M　相対的な真理の次元では、意識の各瞬間は、知覚を引き起こす対象との接触において生じます。知覚の各瞬間には、おのおのの対象にたいして、ひとつの主体があるのだ、と言えます。見かけの連続性とはうらはらに、知覚も推論的思考も、瞬間ごとに生まれては、死ぬのです。しかし、究極的には、たとえ現在の瞬間においても、意識が、判然とした自律的実体として存在することはありません。それは、ひとつの流れでしかなく、独立した個としての存在をもたぬ、つかの間の瞬間が集まってできた連続体です。唯一、推論的想念を超越し、主客の対立を脱した「悟りの状態」だけが、つねに変わらないものです。なぜなら、それは時間を超えているからです。

J・F　まず観念から始める知覚や感覚の研究は、ギリシャ哲学からカントとそれ以後まで続いてきた古い問題で、伝統的に、認識理論の問題、視像形成、概念形成、感覚形成の問題、思考や推論の生成などと呼ばれているものだ。さらに規範的なレベルでは、それは論理学でもあり、西洋哲学の重要な一部門を占めている。

M　東洋哲学においてもですよ。論理学だけを扱った経典群もあるくらいですから。きわめて複雑なものではありますけど……。

J・F　論理学は、どのように私たちの思考が展開していくかだけではなく、どのように、私たちの表象が作り上げられ、また、どのように、それらが組織され、どのように、それらの表象が相互に結合し、判断や理論に到達するかということなどを問うものだ。しかし、それはまた、推論や判断においてまちがいを避けるために必要なもの、つまり、概念をつなぐ科学の総称でもある……。プラトンの『テアイテートス』に始まり、デカルトの『方法序説』、カントの『純粋理性批判』にいたるまでの中心的なテーマだ。だから、繰り返しになるけれど、これまでの話でおもしろいのは、つい最近まで実際には西欧と接触がなかった仏教が、西洋哲学のかかえるテーマとひじょうによく似た問題を組み立ててきたのがわかったということだ。

Ｍ　仏教は、新しい真理の発見を喧伝したりはしません。精神的完成から生じるどんな認識にとっても、「新しさ」の観念はそもそも無縁なのです。なぜなら、精神的完成がめざすところは事物の本性そのものであり、それは、東洋と西洋で違いがあるはずもないからです。しかし、この仏教的認識を、純粋に知的な理論的分析から隔てるものは、精神の本性についての、瞑想による直接認識であり、それは、体験により獲得されるもので、分析的反省によるだけでは得られない、という点なのです。仏教の場合、理論は、医者からもらった処方箋をナイトテーブルの上に放りだして薬を飲まないといった具合に、無視されるわけではありません。理論は、私たちの精神の流れを曇らせるすべてのものを除くために、ちゃんと生かされているのです。

Ｊ・Ｆ　論証的認識と観想的認識のこのような区別は、プラトンの思想においても、中心的な問題だ。直接見ること、つまり「観想《テオーリア》」は、プラトンにとっては哲学への入門の究極の段階だ。

Ｍ　いましばらく、知覚の問題にもどりましょう。ある対象を、好ましいものとして知覚するか、好ましくないものとして知覚するかは、対象そのものによるのではなく、その対象を知覚するしかたによります。美しいもののなかに、精神を益するような固有の性質などありませんし、醜いもののなかに、精神を害するようなものがあるわけでもありません。人間が消え去っても現象世界はなくなりませんが、このとき人間に知覚されていた世界はもはや存在根拠を失ってしまいます。人間以外の他の存在によって知覚される「世界」は、その存在にとっては存在しつづけるでしょう。古くからのたとえに、コップの水の話がありますが、一杯のコップの水を、魚ならば住処として知覚し、人間ならば飲物として、天人ならば不死の甘露として、餓鬼道の世界に落ちた者ならば血膿として、地獄に落ちた者ならば煮えたぎる銅として知覚するのです。禅の偈《げ》〔詩句の形で仏徳の賛嘆や教理を述べたもの〕にも、「美女は、恋する男にとっては快楽を呼ぶもの、隠者には気散らしの種、狼には御馳走」というのがあります。私たちの知覚は、対象がきっかけとなって生じますが、結局は、精神が作りだしたものなのです。山を見て、私たちの眼に最初に映るイメージは、なんの細工もほどこされていない、純粋な知覚です。でも次の瞬間に、ある者は、「ああ！　この山は危険そうで、近づきにくい」と思い、また他の者は、「庵を作るにもってこいのいい場所ではないか」と思うかもしれません。それに続いて、たくさんの想念がわき起こることでしょう。もしも対象が、それ自体によって規定され、それを見る主体から独立した固有の性質をもつものだとしたら、だれもが同じように、その対象を知覚するはずでしょう。

J・F　そうした分析は申し分のないものだけれど、哲学者にとっては昔ながらのものだ。では、その分析は、たとえばどんなふうに日常生活の知恵に生かされ、繰り返せば、結びつくのだろうか？

M　私たちの知覚を観想的にまた分析的に解きほぐしていくと、人は知覚の堅固さに、もはやこだわらなくなります。「友」と「敵」のように、概念の移ろいやすい相対性を理解するからです――私たちが、今日、敵として知覚している人間が、他の人には深い愛の対象であり、数カ月先には、私たちは無二の親友になっているかもしれません。言ってみれば、私たちは精神的な訓練によって、氷塊を水に溶かすように、人間や事物にたいする硬直した判断や知覚を溶かすべきなのです。氷と水は同じ要素でできています。しかし、氷は固く、骨をも砕きますが、水はやわらかな液体です。ですから、人は、世界全体を潜在的な敵として知覚することもあれば、「好ましいもの」と「好ましくないもの」とに分けて見ることも、あるいは逆に、たえまなく変化して、固有の存在をもたない、ある変容として知覚することもあるわけです。さらに人は、諸現象のうちに、「空」の同義語である「無限の清浄性」をみとめることさえあります。もちろん、そこから大きな違いが生まれてくるわけです。

J・F　そこで、現実や人間全体にたいしてとる二つの態度があるというわけだよ。まずひとつは、エピクロス派や、仏教や、ストア学派に共通している態度だ。それは、そもそも、世界や人間の現実全体は、改善しようがないとするものだ。改善できるのは人間の心の世界だけである。その方策は、要するに、精神性を高め、個人の知恵を高めることだ。私がいちばんよく知っているところを話せば、エピクロス派あるいはストア学派の賢者というのは、つまるところ、次のように考える人物なのだ。「人間どもの愚かなふるまいを自分とは無関係なものとして、この世の面倒に巻き込まれないようにすればするほど、私は正しく身を持すことができるようになり、心を乱しかねない苦労を背負い込まずにすむ……。とりわけ、私が何かを変えられるなどとは露思わぬことだ。そんな状況に遭遇したさい、私に変えられるものと言えば、せいぜいが、自分の行動と思考くらいのものだ。何よりも、どちらかの側に加担したり、どちらかの主張を支持したりしないことだ」。……これに対抗する、もうひとつの態度は、こう主張する、「いや、そうではない。現実は、変えることができるのだ。改善することもできるし、働きかけることもできる。だから、哲学の目的は、どんな客観的状況にもかかわらぬように、自分の思考を制御することではなく、技術と政治で、その客観的状況を変革することなのだ」。プラトンは、この二つの立場を結びつけようとしたのだよ。

M　私は、仏教も、その二つの態度を結びつけようとしていると思います。ただし、一方の非干渉、他方の技術と政治の利用よりもさらに本質的な原理を基にして結びつけるのだと思います。まず、現実そのもの、というよりもむしろ、事物の究極の本性は変える必要はありません。というのも、仏教によれば、事物の完全性、根源的な清浄性というのは、人がそれを知らないからといって「悪くなる」こともなければ、それを知っているからといって「良くなる」ものでもないからです。私たちが、変えることができて、また変えなければならないのは、事物の本性についての、私たちの誤った知覚です。こうした変革の道筋で、想念の制御が有効に働き、また、他人にも同じ変革をおこなう手段を提供しようとする利他的努力も生まれてきます。最終的に、仏道が行き着くところは、世界の新しい知覚、人と現象の真の本性の再発見です。仏道を歩むにつれ、私たちは、人生の幸や不幸の偶然性に左右されることがはるかに少なくなります。というのも、人はその幸や不幸を、単に「哲学」のためにではなく、喜んでこれを受け入れ、困難も成功も、精神修行で速やかな進歩をもたらす触媒として生かせるようになるからです。したがって、それは、世界に背を向けて閉じこもるのではなく、その本質を理解することなのです。苦しみから目をそむけるのではなく、その治療法を求め、それを乗り越えるのです。

J・F　治療法というのはどのようなものなのかな？

M　一人ひとりの人間が、仏陀となる可能性、すなわち、完全な解脱と悟りに達する可能性を秘めています。この可能性は、あとから生じたかりそめのヴェールに隠され、外に現れることができずにいるだけなのです。そのヴェールが、「無知〔無明〕」とか「心の曇り〔煩悩〕」と呼ばれるものです。精神性の探究の道は、否定的感情や無知から身を解き放ち、それによって、すでに私たちのうちにある完成された姿を現実のものにすることにあるのです。こうした目的にはなんら利己的なものはありません。精神探究の道に私たちを導く動機は、他者が苦しみから解放されるよう、それを手助けできるように、私たち自身を変革することです。こうした利他主義的な観点に立つと、私たちは、他者の苦しみを目のあたりにして、まっさきに、みずからの無力さを思い知らされます。次いで、他者の苦しみをいやすために、みずからを完全にしたいという願いが芽生えてきます。ですから、それは、世界にたいして無関心なわけではありません。外的状況にびくともしない精神のありようは、他者の苦しみに立ち向かう戦いで、身にまとう鎧となるのです。

J・F　ハーヴァード大学のシンポジウムをまとめた本のなかで、心理学博士の肩書をもつダニエル・ゴールマンが、その報告の始めにこう言っている。「ハーヴァードで心理学を学んだ頃の私は、心理学というのは、ヨーロッパとアメリカ起源のもので、この二大陸、つまり西洋で、十九世紀に生まれた科学の一科目であるということを、絶対確実な事実だと思っていた」……。この点では、私はあえて、ギリシャ哲学にも心理学があると指摘させてもらいたいよ……。まあいいとしよう！……。彼が言っているのは、十九世紀、二十世紀に言われた意味での科学的心理学のことなのだ……。ところで、彼は、アジアを旅するようになってから、東洋にも心理学は存在し、とくに仏教において、きわめて豊かで、多様で、発達した科学があることを発見したそうだ。そして、あとから振返ってみると、西洋の心理学の先生たちが、こうした東洋の心理学の学派について、西洋心理学の学派と同等に教える必要性をすこしも感じなかったことに、唖然としたと話している。つまり彼は、西洋のいわゆる科学的心理学の基準に照らして、やはり心理学と規定できるものが東洋にも存在する、と考えていることになる。——もっとも、私には、西洋の科学的心理学といっても、神経生理学的な部分を除けば、科学の名に充分価すると思えたためしはないのだがね。ともかく、心理学の専門家のなかに、精神的プロセスの現象を科学的に距離をおいて観察する態度は、西洋の専売特許ではないと言う人がいるわけだ。こうした研究は、はるか昔から、とくに仏教のなかにはあったんだね。

Ｍ　ついでに言えば、東洋の学問にたいする関心の欠如にショックを受けたのは、ゴールマンだけではありません。フランス国立科学研究センター研究主任で、パリ理工科大学の応用認識論研究センター（ＣＲＥＡ）のメンバーの神経生物学者フランシスコ・ヴァレラが、こう書いています。「アジアの哲学、とりわけ仏教的伝統の再発見は、西欧の文化史における第二のルネサンスであり、その影響は、ヨーロッパ・ルネサンス時代のギリシャ哲学の再発見に並ぶ衝撃的なものであろう、とわれわれは考える。インド思想を知らない、われわれの近代哲学史は、不自然である。なぜなら、インドとギリシャは、インド＝ヨーロッパ語族の言語的伝統をともに受け継ぐだけでなく、文化的、哲学的な課題をあまた共有しているからである(2)」。

J・F　では、人格の改善とか、心の静寂の獲得とかいった思想に結びつかない、精神的、心理的なプロセスの研究だけを対象とした仏教の心理学というのはどういうものなんだろう？

M　知覚の研究にかんする簡単な例を挙げましょう。それこそ、精神の機能研究の中心課題のひとつなのですから。どれほど単純な対象でもいいのですが、たとえば、青い正方形を見るとき、人はその面や角や辺などを識別できます。それらのいくつもの要素が集まって、全体として、正方形として知覚されるわけです。その場合、対象の知覚は、すべての構成要素が一体となって、瞬時に、一挙に起こるのでしょうか？　それとも、対象の各部分についての意識のこまぎれの瞬間がすばやく継起して、それが正方形のイメージを合成しているのでしょうか？――つまり、松明を手にしてすばやくぐるっと回すと、実際には連続した動きのなかでの光の点の無数の知覚にすぎないのに、火の環に見えることと同じなのでしょうか？　仏教文献のなかには、同種の分析がいくつもありますし、そうした現象をテーマにした何百ページにも及ぶ論考がたくさんあるのです。

J・F　それらは、いつのものなの？

M　紀元前六世紀の仏陀の説教に始まって、十九世紀にいたるまでです。十九世紀には知覚をめぐる経典の、チベット人のすぐれた注釈家がいます。そして、私たちの僧院で毎日のようにもたれる形而上学の討論では、こうした問題について、活発に、議論と分析が続けられています。

J・F　それはじつにおもしろい話だ。二十世紀の重要な心理学学派のひとつにつながる考え方だからね。いわゆる形態心理学――ゲシュタルト心理学――がそれで、今世紀始めに生まれて、フランスでは、私の学生時代にソルボンヌの教授だったポール・ギヨーム〔一八七八―一九六二〕の明快な本で紹介されたものだ。五十年以上も前に書かれたのに、今日でもあい変わらず読まれている『形態の心理学』(3)という本だ。明晰で正確な文章の手本だよ。ゲシュタルト心理学派は、次の事実確認から生まれたものだ。従来の心理学は分析的なものだった、つまり、対象の知覚は、その対象の構成要素を一つひとつ組み合せていくことによって成立する作用である、と心理学は信じていたのだ。私たちは、すこしずつ進んで、最終的に完全な対象に到達するものだとされていたわけだ。ところが、本当の知覚作用の過程は——ゲシュタルト心理学は、研究室で実験を繰り返す、文字どおりの実験的な方法から生まれたのだ——、私たちは総合された全体を一挙に知覚する、ということだった。「複雑性」とか「自己組織化」の概念にかんする認知科学の最近の理論も、仏教的分析と比べられるようなことばで、総合的知覚の問題を打ちだしている。これが、紀元前六百年に、すでに仏教による知覚研究において、ほとんど同じ表現を使って考えられていた問題なんだね。

Ｍ　どんな対象も永続するものではありません。事物の非永続性〔無常〕は限りなく、対象は一瞬ごとに変化するほどです。意識は、対象との出会いから生じるのですから、一瞬ごとに異なった対象の状態の数だけ、意識の瞬間があるのです。瞬時変化する現象や思考のこうした非永続性〔無常〕の観念は、きわめて奥深い意味を伝えます。なぜならこの観念は、もし現象世界のなかに、仮にわずかひとつであれ、固定した、永続性のある、固有の実在としての実体が存在したとすると、意識はその対象に「はりついた」ままになり、際限なく続くことになる、と教えてくれるからです。そうなると、最終的には、世界中のすべての意識が、いわばその対象の「罠にはまって」、逃れられなくなってしまうでしょう。仏教が、現象世界を夢まぼろしと見、たえまなく変化しつづける、とらえがたい流れにたとえるのは、この限りない事物の非永続性〔無常〕があるからなのです。たとえばテーブルのように、堅固に見えるものでさえ、一瞬ごとに変化しているのです。思考の流れもまた、外部世界のそのような微細な変化に出会って生じた、これまた微細な瞬間が集まったものなのです。そして、それらの瞬間が集まり、ひとつになったものが、大雑把な現実のように見えるというだけなのです。

Ｊ・Ｆ　その考え方は、プラトニズムにおけるきわめて重要な観念の逆をいくわけだね。ギリシャの哲学者すべて、わけてもプラトンには、動くもの、変化するものを、私たちは認識できないという思想――脅迫観念と言いたいくらいだ――があるのだ。彼らにとって、現象というものは――ギリシャ語で現象という言葉は、周知のように、「現れ出るもの」、つまり見かけの世界の意味だ――、たえず動いている状態にあるので、確実で安定した、決定的な認識の対象にはならないというのだ。ここから、西洋哲学総動員で――ギリシャ哲学にとどまらず、カントにいたる西洋哲学全体だよ――、現象の背後に、確実な認識の対象となる永続的で安定した要素を見出そうとする努力を続けてきたわけだ。この安定性のモデルは、西洋思想の出発点において、概念的思考のための、最初の完全に納得のいくモデルであった数学モデルがもとになっている。こうして人は、現象の背後に、その現象を支配する恒久的原理を求めるんだ。その恒久的原理が、法則というわけだ……。つまり、現象世界の混沌とした変わりやすさから逃れるため、その背後に、構造の世界、すなわち、因果関係という、永遠の法則からなる構造の世界を見出すのだ。エピクロス、より正確には、その弟子のローマ詩人ルクレティウス〔前九八頃―五五〕は、この法則を、「契約」（盟《フェ》約《デラ》）と呼び、これによって、神々が、人間精神と現実のあいだの一致を保証するとした。この契約が、現象が変転する現実の背後にひそむ安定した要素なんだ。

Ｍ　待ってください！　法則があるということが、現象の背後に不変の実体が存在するということにはなりませんよ。仏教は、現象世界というものは因果律によって決定的に支配されていることを完全にみとめています。しかし、その法則も、また、その法則が支配する現象も、それ自体で存在する自律的で永続的な実体ではありません。即自的に、それ自体で存在するものなど何ひとつなく、すべては原因〔因〕と条件〔縁〕との相互依存の作用によって現れるのです。物体が存在しなければ、重力法則がそれ自体で存在することはありません。岩は原子でできていますが、原子自体はエネルギーの等価物です。虹は雨雲に射す太陽光線のたわむれでできますが、目には見えても、手に触れることはできません。そして、虹の形成要因がひとつ欠けても、その現象は消えてしまいます。ですから、「虹」に固有の本質があるわけではないので、存在しない何かの溶解や消滅について語ることはできません。この「何か」がみせる見かけの姿は、諸要素のつかの間の集合によって現れるのですが、その要素も、固有の存在をもつ実体ではないのです。

J・F　自然現象すべてを、虹の現象に還元するわけにはいかないだろう！

M　しかしすべての現象は、一時的な要因が結合した結果です。独立した永続的な現象などどこにもありません。「何ひとつ、それだけで独立して現れ出ることがないのは、空中に花が咲かないのと同じこと」と言います。法則の話にもどれば、法則が、諸現象を支えている恒久的原理として存在することを証明するものは何もありません。そのような法則を認識したと言ってみても、その認識は、私たちの頭のなかにひらめいたことにすぎません。私たちの概念からは独立して存在する現象世界の究極の本性を、私たちの概念の助けを借りて発見できると主張するのは、科学の側のひとつの形而上学的選択なのです。ここで仏教は、ポワンカレ〔一八五四—一九一二。フランスの数学者・物理学者〕の思想に重なることになります。ポワンカレは、おおよそ次のように言っています。私たちの精神から独立して存在する現実の本性がどのようなものであれ、精神が現実をどのように思い描いても、私たちは永遠にその現実には近づけない、と。そうすると、人間がいなくなってしまえば、人間が考えているような現実は存在しなくなるだろう、と言えるわけです。

J・F　それでもやはり、物理の法則は存在するよ！

M　見かけほど確かではありませんよ。たしかに、現象世界の根底をなす現実は、主観に従属しない数学の用語で表現できると考えられるでしょう。しかし、アラン・ウォーレスが言うように、「数学の公理は、近年まで、証明不要な自明の理と考えられていた。ところが、十九世紀に、たとえばユークリッドの公準〔公理と同じく証明不可能ではあるが、公理が自明であるのに対して、公準は仮定的である〕は、真でも偽でもなく、たんなる『ゲームの規則』なのだという数学者が現れた。（……）いまや、数学の公理は、直接間接的に、われわれの経験から派生したものであることが明らかになり、したがって、数学が、経験から完全に独立した現実の法則をとらえるとは言えない[4]」。現象の背後にある、安定した実体を明るみに出すことはできないという主張は、一部のインド哲学に見られる「一般原型」という考え方とも対立します。たとえば、個々の木のうちに存在する、「木」の原型、さらには、存在するものすべての本質である、「存在」の原型という考え方です。

J・F　それは、プラトンの《イデア》そっくりじゃないか！

M　よく似ています。でも仏教は、こういう考え方には反駁しています。もしそのような「木」の原型があるのなら、個々の木において、それは同じはずですから、そうすると、木はどれも同時に、同じように、育つはずです。なぜなら、不変の実体が、たえまなく変化するもの、多様なものの原因にはなるはずがないからです。実際のところ、生みだす、成長するという単純な事実が、実体の永続性を壊しています。というのも、その実体は、以前と以後では、もはや同一ではないからです。

J・F　公理と公準を混同してはいけないし、本質的に先験的な科学である数学の公準と、観察と理論と実験のあいだをたえず行き来する物理学や生物学の認識を、同一視するのもいけない。しかし、私たちの話題は、科学哲学セミナーを始めようということではない。東洋と西洋の対比を続けると、インド哲学は、仏教以上にプラトン哲学に近い。というのも、プラトンにとっては、「木それ自体」は超感覚世界にあり、感覚世界、つまり現象世界にあるすべての木は、いわば木それ自体のコピー、つまり、「知性がとらえる」木の、「感覚がとらえる」コピーだからさ。だから、どんなコピーも木そのものの完全さをそなえてはいないんだよ。そのために、変転するからこそ認識不可能な感覚世界と、知性がとらえる本質にかかわる超感覚世界が対立するという、あの固定観念が生まれたのだよ。この思想を、インド哲学になぞらえられるものとすれば、仏教は、これに反旗を翻したと言えるわけかな？

M　プラトンの《イデア》と、ヒンドゥー教の「一般本質」のあいだには、いずれも、現象の背後に固定した本質を想定しているという意味で、いくつかの共通点があります。仏教のほうは、複雑な議論を展開して、いっさいの不変の本質の存在に反駁するのです。ヒンドゥー教にたいして、仏教がいちばん攻撃する部分は、イーシュヴァラのような全能の創造主の説です。ヒンドゥー教の主要な哲学——たくさんありました——の支持者との論争が、キリスト教出現の前後数世紀にわたって繰り広げられました。永続的な創造的本質という観念を取り上げてみましょう。この本質は、自己充足的な存在であって、それ自体に先立つ原因をもつことはなく、自発的行為によって創造をおこないます。この観念にたいして仏教は、仏教的弁証法で逐一反論しています。たとえば、創造主は全能であるはずですから、この全能性を考えてみましょう。もしも、創造主は創造することを「決意」しないというのであれば、創造主は全能性を失ってしまいます。なぜなら、創造は、創造主の意志と関係なくおこなわれたことになるからです。ではもし創造主が、みずからの意志で創造するとしたら、やはり全能ではない、ということになります。なぜなら、創造主は、創造したいという自分の欲求に押されて創造するわけですから。

J・F　エレアのゼノンの逆説と同じくらいよくできているね。

M　創造主は、不変の本質なのでしょうか？　違います。なぜなら、創造の前と後では、異なるからです。創造主は、「創造した者」となってしまうのです。さらに、創造主が全宇宙を創造するならば、必然的に、宇宙の原因すべてが彼のなかになければならないはずです。ところで、因果の法則の根底のひとつ——カルマ〔業《ごう》〕——は、出来事は、それが生じるための原因と条件のすべてがそろったときにしか起こらず、また、そのすべてがそろったときには、生じないわけにはいかない、ということです。したがって、創造主は、永遠に創造することができないか、またはたえず創造しつづけなければならないかのどちらかです！　他にもいろいろあるこのような論理は、創造主を、永続性、全能性、固有の存在などをそなえているとするすべての伝統にあてはまります。

J・F　じつにみごとなものだ。まるで、古代ギリシャの懐疑学派の弁証家か、エピクロス派か、あるいはストア学派の哲学者が、創造主である人格神の観念を反駁しているのを聞いているようだよ。

M　このような弁証法が、現在のアジアでも続き、哲学の議論に活気を与えているのです。現象の相対的側面、つまり、外観〔仮象〕の世界と、その究極の本性との区別もなされています。絶対的な観点からは、実在する「実体」というものは、生まれることも、消え去ることもありえない、と仏教は主張します。存在が無から生じることはありえません。なぜなら、原因が無限に集まっても、存在しないものを存在させられないからです。また、すでに存在しているものからも生まれません。なぜなら、すでに存在しているならば、改めて生まれるには及ばないからです。

J・F　プラトンの『パルメニデス』の議論を聞いているようだ。

M　私が指摘したいのは次の点です。相対的な次元では、つまり、私たちだれもが通常理解しているような慣例的真理の次元では、因果律は避けがたいものです。しかし、絶対的な論理の次元に立つと、因果律は、堅固な永続的存在をもつ実体にたいしては、機能することができません。したがって、独立し、固定した、固有な存在としての実体というものは、ただのひとつも、現象世界のどこにも存在してはいないのです。

J・F　君は、継起する出来事の因果関係を取り上げたけれど、構造的な因果関係もあるよ。たとえば、ひとつの組織としてとらえられた全体……水に浮かぶ船がそうだ。水と舟は共存している。水の比重が、舟が水に浮く原因なのだ。水と舟は共存しているわけだ。

M　そのとおりです。実体どうしのあいだでは因果関係はありませんが、つかの間の現象間にはあなたが構造的と呼んでいる関係はあります。私たちが相互依存の関係〔縁起〕と呼んでいるものです。「これが存在するのは、あれがあるからであり、これが生じたのは、あれが基礎にあるからだ」というわけです。他の現象から独立して、それ自体で存在するようなものは、何ひとつありません。因果の鎖のそれぞれの要素はそれ自体が、たえまなく変化するつかの間の要素の集合体なのです。これこそ、創造主としての神と言おうが、原因も条件もなく、他の現象から独立して、それ自体で存在する原子と言おうが、自律的で永続的な現象の非実在性を明らかにする論拠なのです。

J・F　これまた、西洋哲学の歴史を通じてよく見られる問題だね。ある立場では、現象は存在する、それは実在なのだという。これはいわゆる経験論、あるいは実在論の立場だ。また別の立場では、現象は完全な幻想だという。これは、十八世紀のバークリーの哲学のような、絶対的観念論〔唯心論〕だ。さらには、現象は、継起する事物のカオスで、それらの事物のなかに因果関係を見ようとするのは、まったくの幻想だという。これはヒュームの哲学だ。またある立場では、現象は、現実そのものではないという。それは一種の総合、いわば、現象の背後にあって、私たちが認識していない現実そのものと、人間精神の構築活動との出会いであり、現実そのものが提供する第一物質と、人間精神の生成能力との、一種の妥協の産物なのだ。言いかえれば、それは実在でもあるが、同時に、なかば外部世界から与えられたものであり、なかば人間精神が作り上げたものでもある、というわけだ。『純粋理性批判』のカントの説を大雑把にまとめると、こうなる。そんなわけで、どんなケースについても、西洋哲学では検討ずみだよ。私は、これが本当の問題だとは思わないのだがね。仏教の立場では現象は存在しないというのであれば、では、何が存在するのだろう？

M　仏教は中道を行くのです。相対的な知覚世界における現象の実在性は否定しませんが、現象の背後に永続的実体が存在するということについては否定しています。ですから「中道」が説かれるのですが、これは、私たちの知覚以外には何も存在せず、すべては無だとするニヒリズムにおちいることもなく、また、たぶんあなたの言う実在論、つまり、それ自体で存在する実体からなり、あらゆる知覚から独立した唯一の現実があるとする「永遠主義」にもおちいらない立場なのです。仏教が反論する堅固な実体というのは、たとえてみれば、分割できない物質粒子や、これまた分割できない意識の瞬間のようなものです。小さな砲弾とか、極小の塊としての粒子という観念を捨てた現代物理学者の表現と共通するものがあります。いわゆる質量とか物質は、むしろ、一種の凝縮されたエネルギーなのです。仏教は、知的な方法で堅固な世界は実在しないという考え方に私たちを導いていきます。これは科学理論を自称はしませんが、原子の存在というか、語源的に言えば、「不分割の粒子」の存在の可能性そのものを、知性の力で吟味するやり方です。

J・F　仏教によれば、現実の二つのレベルが存在するのかな？　現象のレベルと、その背後にある本当の実体。その実体は物質的原子からなるのではなく、エネルギーに還元されるとしても。

M　仏教が「空《くう》」を説くときには、現象は「現れる」けれども、およそ固定的な実体の存在を反映するものではないと言います。現代物理学でも、たとえば、電子はときには粒子として、またときには波動として、常識的にはまったく矛盾した二つの概念によって表されます。電子が引き起こす干渉現象〔二つ以上の同種類の波動が同一地点で合ったとき、両者が重なってたがいに強め合ったり弱め合ったりする現象〕は、ひとつの電子が同時に二つの異なる穴を通過すると仮定しなければ、説明できないのです。仏教によれば、原子を、唯一の限定された様態で存在する、固定的な実体と考えることはできません。したがって、そのような粒子からなるとされている世界が、大まかな形をとって外に現れたとき、固定した実在性をもつことなどありえないでしょう。こうしたすべてから、外観〔仮象〕の堅固さという私たちの観念は壊れていくことになります。このような意味で、現象の究極の本性は空《くう》であり、その空《くう》は外に現れる形の無限の可能性を秘めているのだ、と仏教は主張するのです。

J・F　物質の本性とその実質のなさについて、そうした予見的な仮説を立てたのは……？

M　仏陀であり、次いで、ナーガールジュナ〔龍樹〕（紀元二世紀頃）とチャンドラキールティ（八世紀）という二人の偉大な仏教哲学者によって、いくつもの論考で注釈されています。原子の分析は次のごとくです。たとえば、テーブルのようなありふれた現象を考えてみましょう。その要素をばらばらにすると、それはもうテーブルとはいえません。脚や天板などになってしまいます。さらに、それをおが屑にしてしまえば、テーブルの要素としての、それらの正体はなくなってしまいます。今度は、おが屑の一粒を調べてみると、分子が見つかり、次には原子が見つかります——デモクリトス〔前四六〇頃—前三七〇頃。古代ギリシャの唯物論哲学者〕の時代に、すでに東洋では、原子の概念ができ上がっていたのです。

J・F　実際には、デモクリトスやエピクロスの哲学にも、原子の観念は出てきているよ。ただそれは、その他の昔の物理学理論同様に、科学的には証明されていなかった。頭で考えられたことなんだ。

M　おもしろいことに、ギリシャ語の「アトム」は、「分割できないもの」を意味するのですね。

J・F　そうだ、二つに割ることのできない究極の核だよ。

M　仏教も同じことばを使います。「部分をもたず」、それ以上分割できない粒子について語っているのです。それが、物質の、究極の構成要素でしょう。では、自律的な実体と見られた、この分割不能な粒子のひとつを考えてみましょう。この粒子は、どのようにして他の粒子と結びついて、物質を構成するのでしょうか？　それらの粒子がくっついているならば、言ってみれば、ひとつの粒子の西側は、もうひとつの粒子の東側に触れているはずです。けれども、そのように、粒子に方向性があるのならば、それはさらに分割できますし、そうなると、「分割できない」という性質は失われてしまいます。もしも、粒子には端も方向もないとするならば、それは——大きさも厚みも実体もない——数学的な点と同じことになります。大きさのない二つの粒子を集めようとすれば、それらは触れ合わないのだから、集められないか、あるいは、接触したとたんに一体となるかです。そうすると、分割不能な粒子の山も溶けて、そのうちのたったひとつの粒子になってしまうはずです！　したがって、物質の構成要素となるような、固有の存在をもつ、不連続の、分割不能な粒子は存在しない、というのが結論です。さらに、もしも原子に質量や、大きさ、電荷などがあるとすれば、原子とは、そうした属性の総和と同じものなのでしょうか？　それとも、それらの属性とは別に存在するのでしょうか？　原子は、その質量にも、その大きさにも等しくはありません。かといって、それは、質量や大きさとは別物というわけでもないのです。つまり、原子は、種々の特性の総体ですが、そのうちのどれでもありません。つまり、原子とは、ひとつの概念、ひとつのレッテルにすぎず、絶対的に独立して存在する実体を表してはいません。つまり、原子には、相対的な、約束ごととしてみとめられた存在しかないのです。

Ｊ・Ｆ　デモクリトスやエピクロスには、生き物を含めた物質の究極の構成要素は原子であり、この原子が、さまざまな形で組織されて、私たちが多様な外見のもとに見ている現象が形成されるのだという思想がある。私たちが見る現象の外見は、組織される原子の組み合わせの多様さから生じる幻想にすぎないというのだ。そこで、どのようにして原子同士が集まるのか、なぜ特定の原子は別の原子と結びつくのかを説くために、彼ら古代の哲学者は、「鉤つき」原子という理論――むろん、ただの想像にすぎない――を編みだした。原子には、鉤のついたものがあり、それで別の原子を引っ掛けるのだが、そうでないものもある、というわけだ。要するに、なぜ原子は、しかじかの形で結合し、ある現象をこしらえるのかを、なんとか説明しなければならなかったのだよ。

Ｍ　仏教徒ならこう言うでしょうね。「鉤があるなら、その先端と付け根という、部分がある。したがって、あなたの不分割なものは分割されますね」。

Ｊ・Ｆ　たしかに言える。ともかく、この段階では、東洋と同様に西洋にも、物理学的ではないが、形而上学的なみごとな理論があったわけだ。

Ｍ　そうですね。しかし、仏教は、分割不能な粒子が存在しないことを証明することで、現在の科学が解するような意味での物理現象を説明しようとしているわけではありません。現象世界の堅固さについて知性が作り上げた概念を壊そうとしているのです。なぜなら、そのような概念のために私たちは「自我」や現象に執着するのであり、自己と他者、存在と非‐存在、執着と嫌悪といった二元対立の原因が生まれ、あらゆる苦しみが生じるのです。ともかく、知的成果としては、仏教はこの点で現代物理学の見方と重なるものがあり、仏教の貢献は、思想史に加えられるべきです。現在の著名な物理学者のひとりである、イェール大学教授アンリ・マルジュノーを例に挙げれば、彼はこんなことを書いています。「十九世紀末には、相互作用というものはすべて、物質的な対象どうしのあいだで起こると考えられていた。今日ではもはや、これは、どこでも通用する真理とはみとめられていない。むしろそれは、エネルギー場の相互作用か、あるいは、だいたいにおいて非物質的な、他の力の相互作用であると考えられている」。また、ハイゼンベルクは、「原子はものではない」と言っていました。バートランド・ラッセルにとっては、「電子という小さな玉、小さな固い塊があるとする考え方は、触覚の観念から出てきたもので、常識のなかに不当に割り込んできたもの」であり、さらに、「物質というのは都合のいい表現で、実際には物質が存在しないところに、したがって、何もないところに生じるものを記述するための表現にすぎない」とつけ加えています。また、ジェームズ・ジーンズ卿は、『レデの講義録』のなかで、「宇宙は、巨大な機械というよりも、むしろ巨大な思想に等しいものになってきた」とまで言っています。

J・F　そうした直観の例というのは、古代哲学においてすでに精緻につきつめられ、西洋ではデモクリトス、エピクロス、ルクレティウス、東洋ではさらに古く、仏教とともにあったというわけだ。ときには現代科学を先取りしたような、この驚くべき予見は、実験的検証の可能性が皆無のところで、純粋な省察から生まれたことを考えると、じつに感動的だね。中国哲学にも、これと同じような衝撃的な予見があったことがわかるかもしれないな。ただし、西洋では、こうした直観が、実験という革命的なものにつながり、近代科学を誕生させたのだ。なぜ仏教は、そのような進展を見なかったのだろう？

Ｍ　もちろん仏教にも実験による検証はあるのですが、仏教がめざす目的を見失ってはいけません。その目的は内面の科学であり、二千年以上に及ぶ瞑想的生活や精神の探究を通じて発展してきた学問なのです。とりわけチベットでは、八世紀以来、この学問は、国民のかなりの部分の主要な関心事でした。その目的は、外的世界に物理的に働きかけて、この世界を変革しようとするものではけっしてなく、より良き人間を作り上げ、人間が内的認識を発展できるようにすることによって、この世界を変えていこうとするものでした。この認識には、いくつかのレベルがあります。形而上学は究極の真理を扱うわけですが、その認識を相対的な現象世界に適用することによって、苦しみのもつれを解きほぐすのに役立てるのです。肉体的、精神的な苦悩は、殺生、盗み、詐欺、中傷などの否定的な言動や想念の産物です。否定的な想念は、自我を後生大事に守ろうとすることから生まれるのであり、また、そうした態度そのものが、唯一不変の「自我」という観念へのこだわりから出てくるのです。独立した実体としての自我にたいする信仰は、現象を物のように固定して見る態度の特殊な一面にすぎません。自我にたいする私たちの執着には本当の対象がないことを悟り、現象が堅固な物のように存在するという執着を解くことによって、苦しみの悪循環を断つことができるのです。したがって、独立した粒子の概念を、知性の力で反駁することによって、諸現象の実在性や自分の人格の実在性にたいする私たちの執着を弱め、その結果、心をかき乱す感情から自由になれるのです。そのような分析によって導かれる認識は、内面的なものではありますが、やはり外的世界にたいする私たちの関係と、私たちがこの世界に及ぼす影響力にはね返ってきます。

Ｊ・Ｆ　なるほど。しかし、そうなると、どうしてそんなふうに考えることができたのだろうか？　だって、仏教理論とは、外的世界の非実在性を説く理論だったろう、とにかく、その世界の性格は……。

Ｍ　……見かけだけで、じつは空《くう》である、と。

J・F　別の言い方をすれば、現実を構成する要素としての究極の実在をもたない原子という理論は、いかなる実験によっても検証されることはなかった。だから、その理論が正しいという確証はない。したがって、精神の科学は、検証されていない物質理論の上に作られていることになる。

M　その目的はただ、堅固な恒久的実在というさまざまな概念が、非論理的で根拠のないことを明らかにして、そうした概念を打ち壊すことにあるのです。その場合の検証というのは、人間の変革のレベルでなされるのです。仏教は、その分析を、物理学概論に仕立てようというのではないのです。その目的は、分子の構成や天体の運行などを解明することではなく、きわめてプラグマティックな形で、現象への執着から生じる苦悩の解毒剤として働きかけることなのです。

J・F　そうか。でも、その目的が達成されたとしても、それは、外部世界が実際にはどんなものであるか——またはないか——についての科学的な確証によってではなく、仏教徒によって実験的に検証されたことのない仮説のおかげであり、言ってみれば、外部世界について、自分に都合のいいように作り上げた世界像のおかげだということになる。

M　かまわないじゃないですか。問題は、精神であり、その思い違いを正すことなのですから。それに、実験的にも、仏教の世界観は検証されていますよ、それが属する領域においてですけどね。実験的に言えば、アスピリンは頭痛を解消し、一方、修行による内面的作用は、憎悪、欲望、嫉妬、傲慢といった、心をかき乱すものをすべて解消してくれます——これは、実験の結果だと私は思います。控え目に言っても、アスピリンにまさるとも劣らず有益な結果ですすよ！

J・F　しかし、私に言わせれば、それはこういうことになる。つまり、自分が、現実についてある観念を抱くのは、それによって、自分に合った道徳哲学を築くのに都合がいいからだ。

M　かならずしもそれは、現実についての好都合な観念とは限りませんよ。知的で論理的な分析を通じて、分割不能な粒子の観念を否定すると、現象の堅固さについて、そのときまで抱いていた頭のなかのイメージが壊れます。人が願うのは、苦しみの原因にたいする解毒剤を得ることです。ですから、この目的が達せられれば、精神生活〔修行〕の目的は達せられたことになります。矢を射るときには、何が標的か忘れてはなりません。月に行けるとか、地球を吹き飛ばせるほどに物質を支配した、ということを成功と考えるのは可能です――成功とはいっても、はなはだ疑わしいものですけどね！　科学は、何世紀にもわたる知的、物質的努力を払い、人間が何世代もかけて、みずから定めた目標をそれなりに達成してきました。仏教は仏教で別の目標を優先しているのであり、そのために、これまた世代から世代へと絶えることなく、科学に劣らず多くの努力を捧げてきたのです。

J・F　そういうやり方があることは、充分に予測がつくよ。それにしても、やはりそれは、客観的認識に立った精神の救済というやり方ではなくて、有効な仮説に立ったやり方だろう。

M　いわゆる客観的認識とはなんですか？　粒子の本性は、計測装置抜きには認識できません。同様に、人間が作るどんな概念からも独立した宇宙を人間精神が認識することはできません。何が現象の現実性に執着してるのでしょうか？　精神です。では、その場合、私たちは、何にたいして働きかけるべきか？　精神にたいしてです！　もしも、世界の堅固さについて精神が抱いていた知覚、つまり、果てしない苦悩へつながる知覚を首尾よく取り除くことができるとしたら、それは、まさしく客観的認識です。自然物理学ではありませんが、苦しみのメカニズムについての客観的認識であり、あの精神の科学の成果についての実験的検証です。

J・F　その実験的検証というものについての概念が、私には充分納得できないな。

M　実験的検証は物理現象についてしかなされないと思っているのですか？　その見方からすれば、定量的な物理科学だけが厳密科学の名に価するということになります。厳密科学であるためには、ある仮説から出発し、実験の領域内で厳密に事を運び、最終的に、いわゆる実験結果によって、当初の仮説が有効であるか無効であるかを決定しなければならない。そうした基準が、いわゆる客観的な物理の領域に限定されるべき根拠はまったくないのです。さらに、あなたは、精神の科学と人格の改善を分けるべきだとおっしゃいましたが、私には、なぜそれを分離しなければならないのかわかりません。なぜなら、心の静寂を獲得することは、物体の落下が重力の法則の実験的検証となるのと同じように、観想的科学の実験的検証のひとつだからなのです。

精神の究極の本性を認識させてくれるのは、精神以外には何もありません。西洋の心理学の世界で、内省が、科学的方法として挫折し、排除されてしまったのは、この方法を利用した人々が、その実験をおこなうのにふさわしい道具を持ち合わせていなかったからなのです。彼らは、瞑想の世界についてまったくなんの訓練も受けず、なんの知識もなく、精神の深層を観察するために、その精神をしずめる技法も知らなかったのです。それは、あたかも、調子の良くない電圧計を使った人が、電圧を計るなんてできっこないと決めつけたようなものです。瞑想の技法の習得は、忍耐を要します。だからといって、その技法が、西欧世界の主要な関心事——念を押せば精神的である以上に物質的なものです——からかけ離れているからとか、また、みずから試してみる気にならないからといって、ひょいと払いのけていいものではありません。自分のものとは異なる探究方法の有効性を検証してみようとする意欲にたいして、懐疑の目を向ける態度は理解できますが、まるで関心がないというのでは理解に苦しみます。しかし、問題は東洋の側にだってあります。私は、月に行ってきた人間がいるということを絶対信じないチベット人に何人も会いましたよ！

第5章　仏教の形而上学

J・F　さて、もう主題のまわりを回るのはやめて、仏教の中心問題に取りかかり、とりわけ例の有名な問題、つまり仏教は哲学なのか、あるいは宗教なのか、あるいは形而上学なのか、に答を出さなければならないね。仏教にとっては、私たちがこれまでの対談のなかで触れてきたあらゆる行動、あらゆる心理的技法を説明づける、宇宙の表象や人間の運命の中核をなすものは何なのだろうか?

M　ここで私は、著書『仏陀』(1)のなかでこの問いに完全に答えていると思われるアンドレ・ミゴを引き合いに出さずにはおれません。彼は次のように述べています。

「仏教が宗教なのかそれとも哲学なのかを知ろうとして、大いに議論されてきたが、いまだかつてこの問題に決着がついたことはない。問題がこういう形で提起されることは、西洋人にとってしか意味をもたない。哲学が、数学や植物学のように、知の一分野にすぎず、哲学者というのが自分の講義を通してなんらかの学説を研究するものの、自宅にもどれば、公証人やかかりつけの歯医者のように、生活上の立ち居ふるまいに、自分が教える学説がいささかの作用も及ぼさないような生き方をする人間、というか教師であるのは、西洋においてだけである。宗教が、信者たちの大多数において、ある日、ある時間、あるいはある特定の場合にだけ開かれる、しかし行動に移る前に注意深く閉めなおされる小さな仕切りになっているのは、西洋においてだけである。東洋にも哲学の教師は存在するが、そこでは哲学者は自分の教えを実践する精神的指導者であって、彼にならってその教えを実践しようと願う弟子たちに囲まれている。彼の教えはけっして純粋な知的興味の対象ではなく、その実現によってのみ価値をもつものである。ならば、仏教が哲学なのか、あるいは宗教なのか、と自問したところでなんになろうか。仏教はひとつの道、救済にいたる道、仏陀を《悟り》へと導いた道である。それは厳しい精神的な訓練によって、解脱に到達するためのひとつの方法、手段である。」

ですから私は、もし仏教をもっとも単純なやり方で定義づけようとするなら、まず最初にひとつの道とみなすべきだと思います。そしてこの道の目的は「完成」と呼びうるもの、究極の認識、《悟り》、あるいは技術的には「仏陀の状態」に到達することです。

J・F　それは、つぎつぎといくつもの生き方を乗り越えて到達する状態なのだろうか。

M　そうです。しかし、もちろんそれはあるひとつの行き方のなかで現実化されるものです。釈迦牟尼、仏陀のように。釈迦牟尼の《悟り》はときとして「光明」と呼ばれていますが、これは、認識〔智慧〕、愛、慈悲を広げるのに多くの人が捧げてきた生の最高点を示すものです。

J・F　しかし、人はこの完全なる知識の発見にいたると、消滅してしまうのだろうか？

M　なぜですか？　だれが消滅するのでしょうか？　まったくその逆に、仏陀は《悟り》に達することで自分本来の善を完成させたあとは、他の人たちを助け、教え、彼らに道を示すために壮大な活動を展開しはじめるのです。彼の教えは、自分の精神的完成を直接に表現しています。これは、仏陀自身が歩いてきた道の途上にいる人たちを導くのに役立つ、旅日記のようなものです。

Ｊ・Ｆ　だから、彼本来の自我は消滅しない、というわけなんだね。

Ｍ　唯一消滅するもの、それも完全に消えるもの、それは無知です。ところで、自我の存在への執着は無知の代表的な現れのひとつです。したがって、この「自我」の誤った想念も、同じく消滅します。ブッダ〔覚者〕の本性とは事物の究極の本性に目覚めることです。それは作られるものではなく、現実化されるものです。すなわち根本的な考え方は、人はみな内部にブッダの本性をもっている、ということです。この究極の認識に到達することのできる能力、この内面の変革の潜在能力は、一人ひとりの内部に存在しているものです。あたかもそれは、金塊が鉱脈に包み込まれていようとも、あるいは地中に埋められていようとも、その純度が変質しないようなものです。凡人では、この完全性、このブッダの本性は、私たちが話し合ってきたマイナスの精神的要因からなる多くのヴェールの層によって隠されています。そしてこれらの要因は、「自我」と現象の固有の実在性への執着から生まれています。「道」は、したがって、この真の本性のありのままの姿を見ることができるように、これをおおい隠しているすべてのものを溶かしてしまうことにあります。もしも私たちがこの潜在能力をもっていないとしたら、仏性に到達したいと願うことは、石炭を白くしようとすることと同様に無益となる、と言われています。このように、仏教の道はまさに再発見の道なのです。

Ｊ・Ｆ　それは大いにプラトンの想起説を連想させるね。ソクラテスにとって学ぶということは、忘れてしまっていたことを思いだすということなんだよ。

Ｍ　これはまた、別の角度から見れば、ひとつの浄化の過程です。それは、原罪あるいは根源的な不純の浄化ではなくて、私たちの奥底にある本性を隠蔽している副次的な覆いの浄化です。私たちが雲海のなかを突き進む飛行機を見るとき、空は私たちにとってあたかも太陽がもはや存在しないかのように、灰色で靄のかかったものです。

しかし、雲から抜け出る――これはいつも素晴らしい光景ですが――飛行機に乗っていれば、太陽は空のなかであい変わらず燦然と輝いているということを再発見できます。仏教の道はそれに似ています。

J・F　この点にかんするソクラテスの見解は、数多くの対話、とりわけ『メノン』のなかで述べられている。実際、ソクラテスによれば、私たちは本当のところ何も知らないことになる。私たちが学ぶときは、実際は、私たちは思いだしているのだ。人それぞれ自分が生まれてくる前から自分の存在のなかにあった知恵を内部にもっている。先天的な知恵というわけだ。だけど、一生のあいだに誤った認識や、私見や、いつわりの心理状態が、君の言う、中核にある金塊をすっかりおおい尽くしてしまうことになる。ソクラテスは、学ぶということが、結局のところ、あらためて思いだす、ということなのだとわからせるために、メノンという名の奴隷を連れてこさせ、その家の主人にたずねる――「この奴隷があなたの家で生まれ、いかなる教育も受けなかった、ということはまちがいありませんね？」と。それから彼は、砂の上に棒切れで図形を描き、その奴隷にいかなる示唆も与えず、単に質問するだけで、幾何学の定理の証明を再発見させるのだ。ここから、質問によって事を処理していくという、ソクラテス流の方法が生まれている。つまり、弟子には何も教えず、弟子がそれと意識することなしにすでに知っていたことを再発見させるわけだ。ここには、人間一人ひとりが内部に知識を所有している、という考えがある。単にこの宝物の出現を可能にするような環境のなかに身を置きさえすればよいわけだ。しかし仏教では、もうひとつおまけの仮定がある。仏教というのはじつに興味深い。私にとってよくわからないので、理解したいと思うことがあるんだよ。仏教は、生き物は限りなく生まれかわるので、究極の至福とは結局のところ、もうこれ以上生まれかわらないこと、この転生の連鎖からついに自由になること、宇宙的な無人格のなかに合体することだ、と教えているのだろうか？　どうなのかな？

M　まるで溶けるように自分が消えてなくなる、ということではなくて、自分自身の内部にある究極の認識〔智慧〕を発見するということなのです。目的は、世界から「抜けだす」ことではなくて、世界にもはや束縛されないようにする、ということにあるのです。世界それ自体は悪いものではありません。誤っているのは、私たちが世界をとらえる、そのとらえ方です。ある高僧はこう言ってます。「お前を束縛しているのは、仮象ではなくて、仮象にたいするお前の執着心である」。サンサーラ〔輪廻〕と呼ばれる「生き物の世界の悪循環」は、私たちの無知によって回りつづけますが、これは、私たちが自分の行為がもたらす力、いわゆるカルマ〔業〕によって突き動かされて、果てしなくさまよっているという意味で、苦悩と錯乱と混迷の世界です。このカルマは、一般に「宿命」ということばで表現されるものとは違うものです。それは、ヒンドゥー教におけるように神の意志に由来するものでも、また偶然に由来するものでもなく、私たちの行為の結果なのです。蒔かれたものしか収穫されません。ある人間が最終的に何に転生するかを決定するのは、その人の行為以外にはありません。そしてこの「行為」とは、良いものも悪いものも含めて、思考、ことば、身体動作を意味しています。善と悪にあたると言ってもいいのですが、ここでは、善と悪は絶対的な概念ではない、ということを思い起こす必要があります。私たちの思考や行為は、その有益な、あるいは有害な動機と、それらのもたらす結果——自分自身と他者の苦しみ、あるいは幸せ——に応じて、良い行為、あるいは悪い行為とみなされます。

J・F　話はまた道徳にもどるね。

M　これを道徳あるいは倫理と呼ぶこともできますが、じつは、幸せと苦しみのメカニズムそのものが問題なのです。私たちはたえず自分の過去の行為の結果を体験し、現在の思考、ことば、行為によって自分の未来を形どります。死ぬときには、私たちの行為に対する評価が、それに引きつづく生のあり方を決めます。私たちが植えた種子が芽生えて、きれいな花に、あるいは毒ニンジンになるのです。また、地面にとまっている鳥の例も使われます。その影——つまりその「カルマ〔業〕」——はそれまでは見えなかったのに、突然はっきりと現れます。もっと現代的なたとえを使えば、死ぬときには、私たちの全生涯にわたって感光させてきたフィルムを現像させることになります。このフィルムには、同じように、それ以前のすべての生の過程で写されたあらゆるものが組み入れられています。

Ｊ・Ｆ　それ以前のすべての生の？

Ｍ　人は、終わりのあるこの世での一生を通じて、肯定的あるいは否定的な行為を、このカルマ〔業〕につけ加え、あるいはそこから差し引くこともできた。つまり、カルマを浄化し、あるいはいっそう不純なものにすることで、変えることもできたのです。その次には、バルドと呼ばれる移行期がやってきます。この期間中に来世の状態が形を現し、はっきりしてきます。この「バルド〔中有〕」においては、意識は、私たちの肯定的あるいは否定的な行為の結果に応じて、風に乗る羽のように運び去られ、その結末は、幸せなあるいは不幸せな生、またはこれら二つの混合の生ということになります。じつは、このことから、私たちは自分の身に起こることにかんして、まちがいのない態度をとることができるわけです。自分の現在ある姿にとががあるとすれば、責められるべきは私たちだけですし、自分の過去の結果がいまの私たちなのですから。一方、未来は私たちの手中にあります。

Ｊ・Ｆ　つまり、人はいくつもの生を通過する、したがって何回も生まれかわるという考え方があるわけだね？

Ｍ　人の行為はひとたび成しとげられるや、その結果をもたらします。そして私たちを他の生の状態のほうへと運んでいきます。したがって、もしもそこから身を解き放す手立てを講じなければ、この生のサイクルはいわば果てしないものとなります。私たちは、いつも、否定的なものと肯定的なものの混ざり合った行為をしているので、たえず上下している船の巻き上げ機の歯車のように、あるときは幸せな、またあるときは不幸せな、ひとつの生から他の生へと揺れ動くのです。総合的現象としての制約あるこの世界には、始まりも終わりもありませんが、私たち一人ひとりは、自分の意識の流れを純化し、《悟り》の境地に達することによってこの悪循環を断ち切る可能性をもっている、と言われています。そのとき、人は転生のサイクルから解き放たれます。つまり、人は苦しみの原因に終止符を打ったのです。このような結果に到達するためには、問題の根を、つまり「自我」への執着と、その原因である無知を断ち切ることが必要です。

J・F　それでは、君はアルフレッド・フーシェからの次のような引用文に同意するだろうか？　彼は、キリスト教徒と仏教徒における霊魂の不滅と来世の観念を比較して、こう述べている。「キリスト教徒においては、救済と不死性への望みは、生きつづけたいという望みである。仏教徒にあっては、それは消滅したいという望みである」。

M　もう生まれてこないことへの望み、です。

J・F　彼は「消滅する」と言っているよ。

M　そのことばは正しくありません。ニヒリズムとみなされている仏教にかんする、あい変わらずの紋切り型の考えです。「中道」とは、それがニヒリズムと不滅思想のどちらをもめざさないから、こう呼ばれるのです。消滅するのは無知、「自我」への執着心であって、《悟り》の無限の徳はあますところなく「出現する」のです。たしかに、このとき、人はもはや否定的なカルマ〔業〕の影響のもとでの転生はしませんが、慈悲の力によって、制約あるこの世界に、人々の幸せのために姿を現しつづけるので、そのなかに閉じこめられることはありません。ニルヴァーナ〔涅槃〕はチベット語で「苦しみを超えた」と訳されています。消え去るものがあるとすれば、それは苦しみであり、苦しみを生みだす混乱です。

J・F　それじゃ、カルマ〔業〕やサンサーラ〔輪廻〕やニルヴァーナ〔涅槃〕はチベット語ではないの？

M　これらはサンスクリット語で、西洋では、これに相当するチベット語のことばよりも、よりひんぱんに使われています。というのは、サンスクリット語の音のほうがチベット語の音よりも、西洋人の耳になじみやすいからです。

J・F　そうだね。インド＝ヨーロッパ語族のことばだからね。

M　それにたいして、チベット語はチベット＝ビルマ語グループに属しています。ですから、二十世紀の中頃までに見つかった翻訳では、西洋の注釈者たちは、ニルヴァーナのことを、しばしば一種の最終的消滅のように語りました。ダルマンは「無神論とニヒリズムの深淵」について、ビュルヌフ〔一八〇一―五二。フランスの仏教学者〕は「自我の消滅」について、ヘーゲルとショーペンハウアーは「虚無」について語りました。最近、ロジェ＝ポル・ドロワはその著書『無の崇拝』のなかで、こういった誤解が歴史的にどのようにおこなわれてきたかを示しました。大乗仏教――チベット仏教はこれに属していますが――によれば、ブッダ〔覚者〕の境地に到達した人はサンサーラにもニルヴァーナにもとどまっていません。これら両者は、ともに「極端」と呼ばれています。彼がサンサーラにとどまらないのは、彼は無知から解き放たれ、もはや、果てしない転生へと導くカルマにもてあそばれることはないからです。また、彼は苦しみつづける人たちに抱く無限の慈悲ゆえに、ニルヴァーナの安らぎのなかにもとどまってはいないのです。

J・F　それでは彼は何をしているのだろうか？

M　彼は、《悟り》の初めにたてた誓願を実現させます。つまり、カルマの強制によってではなく、慈悲の力によって、制約あるこの世界からすべての苦しみがなくなるまで、換言すれば、無知に取りつかれた人が存在するかぎりは、あえてこの世に出現しつづけたい、という願いです。ですから、彼はカルマからは自由の身になっていますが、ニルヴァーナにとどまってはいないのです。人々がいくつもの仏陀や菩薩のことを語るのは、そのためなのです。彼らは人々の幸せを実現させ、《悟り》の道に導くために、さまざまな形をして現れます。完成された境地に達した高僧はそのなかに数えられます。

J・F　歴史上、小乗仏教が大乗仏教から分かれたのは、いつ、どのようにして、またどんな理由からなの？

M　この問題については、大乗仏教と小乗仏教の信者はもちろんまったく同じ見解に立っているわけではありません。小乗仏教の教えは、すべて大乗仏教のなかに含まれていますし、大乗仏教は小乗仏教にさらなる側面をつけ加えています。この点については、仏教の内部でも、数多くの議論を呼び起こしました。大乗仏教の信者によれば、仏陀は生存中にこれら二つの教えを垂れました。しかし、仏陀は一人ひとりの能力に応じた教え方をしたので、大乗仏教については、これを理解することができるだけの力をもった者にしか教えなかったのだ、とされます。ここで問題とされているのは、秘密の教え――もっとも、仏教には密教がありますが――ではなく、仏陀の時代に個別の名称のもとに区別されていなかった、異なるレベルの教えのことです。大乗仏教は、苦しみからの解放だけでは、目的があまりにも限定されすぎている、という点を強調します。人は、《悟り》への道を進みはじめるときから、すべての人の幸せのためにブッダ〔覚者〕の状態に到達するのだ、と思わなければなりません。他者が苦しみから解放されるのを手助けする能力を獲得するために、みずからを変革するわけです。私たち一人ひとりは、一個の人間を体現しているにすぎず、それにたいして無数の他者がいます。ですから、自分に起こりうる良いことも悪いことも、幸せも苦しみも、他のすべての人たちの苦しみや幸せに比べれば、取るに足らないものです。大乗仏教の深遠さは、この空性《くうしょう》、この絶対的真理の考えにたいする見方から生まれています。空性とは、無とはなんら関係がないもので、現象は本質的な実体をもたない、とするものです。小乗仏教の弟子たちは、こうした見方と、この教えそのものの正しさに異議を申し立てているのです。またここで、三つ目の仏教、ヴァジュラヤーナ、つまり金剛乗に触れておいたほうがいいでしょう。これは他の二つの仏教と同様にインドで生まれたものですが、とくにチベットで広まったもので、瞑想の方法にかんして、大乗仏教に数多くの秘教的な技法をつけ加えたものになっています。

J・F　私には、仏教徒が苦しみについて語るとき、否定的な感情によって引き起こされる苦しみだけを問題にしているように見える。たとえば、ねたみ、憎しみ、そねみ、権力欲から生じる失望、また、かならず失望や、失敗、恨み、否定的な精神状態にたいする隷属を生むことになるその他の怒りなど。つまり、私たち自身の欠点、私たちのまちがい、弱さ、過度の慢心だけが問題にされている。しかし、苦しみには他にたくさんの原因があるよ！　生理的に悲惨な状況、飢餓であったり、圧政者によって皆殺しにされたり、拷問にかけられたり、敵対する住民に虐殺されたりすることなど……。これらの苦しみにかんしては、私たちは犠牲者であって、その責任者ではない。ひとつだけ例を挙げよう。現在チベットに住むチベット人が苦しんでいる不幸な事態、これは歴史上で無数の住民たちに起きてきたことだが、このことについて彼らに責任はない。これを彼らに押しつけているのは中国人だ。これは外的な生活条件だ。この悪を正し、根本的に解消するには、仏陀であることの《悟り》よりも、実践的、物質的な打開策をほどこすほうがはるかに大事だろう！

Ｍ　状況が限界を越え、どうにもならなくなれば、人は実践的な打開策に頼らざるをえません。ただし、その場合でも、永続的な平和は自分の態度を変えることからしか生まれませんが。しかし、とりわけ、拷問と戦争の第一原因はやはり憎悪であること、征服の第一原因は貪欲以外にないこと、貪欲も憎悪も行き過ぎた利己主義、「自我」への執着から生まれることを忘れてはなりません。いままで、私たちはこれらの第一原因——悪意、欲望、慢心など——を強調してきました。しかし、私たちを苦しませる他の不幸の多くも、これらの否定的な精神的要因から生まれるものであり、それらの延長なのです。

Ｊ・Ｆ　だけど、この例では、憎悪は中国人の側のものであり、チベット人はそんな感情はちっとももっていなかったんだよ。

Ｍ　他者から強いられる苦痛や自然災害、病気に起因するような、一見したところ私たちに責任のない苦しみにかんしては、これらをどう理解すべきか、私たちはすでに取り上げてきました。つまり、これらの不幸は、神の意志にも、避けることのできない宿命にも、偶然にも起因するのではなく、私たち自身の行動の結果によるものです。私たちが放った矢が、私たちの上にもどってきたものです。私は人がカルマ〔業〕の概念にとまどうのはよくわかります。この考え方では、私たちの身に起こることは偶然ではなく、私たち自身が現在の苦しみの原因を作ったのです。これは、完全に罪のないように見える人（病気の子供のように）、あるいは、偉大な人間的美徳を発揮していて、それにもかかわらず、深刻な悲劇を体験しているような人の場合には、どう考えたらいいのかわからなくなるかもしれません。人間は、原因と条件の複合体、ときとして、すぐれた、建設的な、利他的な行為の、またときとしては、有害あるいは破壊的な行為の混合体のもたらした結果なのです。これらの原因は徐々に姿を現し、私たちの人生の経過とともに育っていきます。仏教のような、相次ぐ多数の生まれかわりを想定する信仰世界においては、これらのすべてが意味をもちます。これと異なる形而上学的な考え方では、たしかに、なぜ私たちの幸せと不幸せが、遠い過去の所業の結果であるのかはよく理解できないかもしれません。しかし、私たちが自分の身に起きる事柄に腹を立てるのはまったく正しくないことですし、諦めの態度をとることもまたすべきではありません。というのは、現在生きている私たちには、この状況を建てなおす可能性があるからです。したがって、問題は、私たちの幸せを作り上げ、苦しみから逃れるために、何をおこない、何を避けるべきなのかを見分ける、ということです。否定的な行為は自分と他者にとっての苦しみに通じるし、建設的な行為は幸せをもたらす、ということを理解すれば、良い種子を蒔いて、未来を築くために適切な行動をとるのは、私たちの役目になるわけです。「火のなかに手をつっこんだまま、火傷しないように願うのはむだだ」とよく言いますが、そのとおりです。私たちは褒美を受けるのでも、罰を受けるのでもなく、単に、原因と結果のはたらきを観察します。仏陀によって数多くのカルマ〔業〕の報いの例が語られています。たとえば、数多くの生き物の生命を縮めた猟師や傭兵は、その後の人生で短命に終わるか、あるいは非業の死をとげるなどと、人々はよく言います。反面、彼はたとえ短くとも、自分の人生を幸せで、順調なものにするような、建設的な行為を積み重ねるということもありえます。無数の組み合わせが可能ですが、ただ仏陀の全能だけがカルマ〔業〕の多様性を理解できる、と言われています。

J・F　そうかもしれないが、また自然に生じる苦しみというのもあるね。たとえば、老いの苦しみとか、死の苦しみといったような。

M　仏陀は、最初の説教のなかで、「四つの聖なる真理」〔四聖諦〕と呼ばれているものをはっきりと述べました。それは、前世の業の報いを受ける現世は苦であるという真理〔苦〕、その苦の原因にかんする真理（カルマを作り上げるのは、無知と貪愛である）〔集〕、苦が滅した状態にかんする真理〔滅〕、そしてこの滅にいたる道にかんする真理〔道〕です。この苦には、もちろん、生、老、病、死の苦しみ〔四苦〕が含まれます。それに、私たちの憎む者に出会う苦しみ〔怨憎会苦〕、愛する者を失う悲しみ〔愛別離苦〕などもあります。

J・F　とすれば、苦は運命に結びつけられているのだね？　人の運命、あるいは動物の運命、またはなんらかのタイプの運命に？

M　苦の概念は、すべての生き物の、前世のあらゆる過去の苦と、来世のあらゆる未来の苦を包括するものです。

J・F　でも、そうした根本的な苦しみ、出生、およそ考えられるかぎりのあらゆる否定的な行動や無益な感情、病気、死などの苦しみは、そうとうに悲劇的な状況のもとでさえみな味わっている。科学と技術と物質主義の西洋は、ある種の価値の感覚を失ってしまったと非難するのもいいだろう。しかし、カトマンズの町の通りの日常生活の光景を目のあたりにすると、西洋の経済の挫折とか、失業の多さと言ったって、フランスの失業者はネパールの労働者に比べれば、それでも億万長者なんだよ。ネパールでは、月収五百フランもあればいい給料とみなされる。ふつうの給料は二百フランなのだから。西洋の社会では、人々の暮らしはいろいろ不充分な面はあるにしても、たとえ「はみだし者」と呼ばれる連中の場合でも、東洋にはいまもあふれているある種の苦しみ、荒廃、残酷な肉体的悲惨とは、ともかくも無縁になった。やはり私には、仏教は実践的な救済手段という考え方をややなおざりにしているように見える。哲学的な意味では、もちろん、人間の運命は、みなひとつだよ。アメリカの億万長者がネパールのポーターよりも不幸せなこともありうる、とはみなよく知っていることだ。ロスチャイルド家の一員が絶望から自殺することだってありうる。一九九六年にあった事件のように。しかし、日常生活の苦しみや幸せは、その大半が形而上的な要因とは別の、多くの要因にもとづくものであることには変わりがない。

M　カトマンズの通りの汚さはよく知られているもので、とても残念なことですが、このことに性急な判断を下すことには注意しなければなりません。カトマンズは、東洋の多くの都会と同じように、無秩序な発展に苦しんでいます。これは、一方で、急激な人口増加と野蛮な工業化による農村のさらなる貧困化と、他方では、都市部でのより良い生活への期待、しばしば裏切られる期待が原因です。インドやネパールの貧困ぶりは、私たちの感覚に当然衝撃を与えますが、しかし、こうした事実だけを見ると、この五十年来成しとげられてきた進歩を無視することになりかねません。とくにインドは民主的な体制をそなえており、下層カーストの多くの人たちが、教育を受けられるだけでなく、それまで上層カーストの人たちの専用とされてきた職業にも就くようになってきています。インドにはまだ多くの貧民がいますが、いまや、人口の四分の一はまずまずの生活水準を享受していきます。あなたが触れた、西洋の同胞たちがその恩恵に浴している社会生活上の成果というのは、ごく最近の、両大戦間にやっと始まる現象だということを忘れてはなりません。ネパールやインドのような貧しい国にとっては、このような非常にお金のかかる社会上の特典が、目もくらむようなテンポで増加している人口の全体に、近い将来に広がるとは考えられないことです。要するに、彼らにはそのようにするための資金がないのです。パリも、ロンドンも、ルイ十四世時代には本当に汚水溜でしたが、だからといって人々の信仰心が悪かったわけではやはりないのです。インドの悲惨な状況の主な原因は、人々が精神的な価値を重んじているからではありません！　状況がこれほどまでにひどくなったのは、九億五千万の人口のためと、それに加えて極端な気候の厳しさのためです！　ヨーロッパでは、毎年干ばつに襲われ、しかも、その直後に、壊滅的な洪水がくるなんてことはないでしょう。

戦争の苦しみ、拷問される人や虐げられている人の苦しみにかんして言えば、残念なことに、これは毎日のように目にする苦しみです。この苦しみを前にしたら、仏教徒なら、キリスト教徒なら、いや自分に恥じない人間なら、宗教を信じていようといまいと、だれでも自分の義務として、他者を救うために自分にできるかぎりのことをおこなわなければなりません。これは、宗教を信じる人にとっては、信仰生活の実践の日常生活への延長でしょうし、宗教を信じていない人にとっては、心の寛大さの自然な表れとなるでしょう。善意に満ちた人ならば、飢えている人には食べ物を与え、寒さに震えている人には身を寄せる場を提供し、病気に苦しむ人には薬を手に入れてやるなど、できるかぎりのことをするでしょう。そうしないのは、人間としての責任感がないということです。

J・F　それでは、道徳の問題にもどろう。君がいま語ってきたことは、きわめて称賛に価する行為だ。聖人とか中世西欧の慈善家の行いにすこし似ていると言えるかな。この人たちは貧困と、苦しみと、きわめて低い生活水準の環境のなかに分け入って、キリスト教の愛徳の精神から、貧民、乞食、病人、ハンセン病患者の苦痛をできるかぎり和らげ、彼らの不幸を軽くするために最善を尽くした。もうひとつの考え方、これは西洋流の考え方で、社会のシステム自体を変え、この種の貧困が解消され、もはや単に個人としての他者にたいする個人の善意の問題ではなくなるような社会を作り上げなければならない、というものだ。仏教では、人間にとっての苦しみの主な原因は、自分の思考を制御できないことにある、としているようだね。しかし、まったくそうではない、客観的な苦しみというものが存在する！

M　もちろんそうです。そうした他の形の苦しみについては、いまその話をしてきたわけです。しかし戦争は、敵意や憎悪に満ちた考えによるのでないとしたら、どうして起こるのでしょうか？

J・F　そうだね。まったく賛成だよ。

M　そして、チベット人は全体として平和的な民族だ、となぜ言われるのでしょうか？

J・F　たしかにね。

M　それはまさに、紛争を解決するためには戦争以外の手段が本質的に存在するからなんです。そしてこれらの他の手段が、社会全体、国家全体に目に見える影響を及ぼしてきたからです。

J・F　その面にかんしては、そのとおりだね。

M　これは、ある種のものの見方、ある種の人生観の実践から生まれた帰結です。

J・F　そうだね。しかし、南アジアに蔓延する貧困は、単に戦争だけに原因があるのではなく、ある種の発展の欠如、経済構造をうまく組織できなかった、また、おそらく、科学を技術面に適用することを軽視してきた、という事実によるものだ。精神の科学のために、事物の科学は軽んじられてきたのだ。西洋の社会では、ある種の苦しみは、客観的な現実に客観的な科学が適用されたおかげで、姿を消した。例として、病気を取り上げてみよう。西洋における人の寿命の着実な伸びは、病気の治療がしだいによくなっていったためだ、というのは議論の余地のないところだ。病人は、いかに貧しくても、全体的な社会保障によって保護されている。もっともこれには費用がかかるが、このことは、連帯感や思いやりもまた西洋の美徳であるということを証明している。これらの美徳は、これこれの個人の決意、あるいは善意に依存するのではなく、だれかが病気になるとすぐに、自動的に動きだすひとつのシステムになっている。科学の成果である技術もまた、肉体的、精神的な苦痛を和らげることに貢献している。病気の辛さは、同時に、激しい精神的な苦しみを引き起こすものだ。ここでは不幸を、感知できる外面的な現実の側面から見ていることになる。

M　私はいかなる仏教徒も、医学の進歩や人道的な援助組織、社会的相互扶助、物質的な発展と科学の進歩がもたらす恩典に、異議を申し立てないと思います。これらは現に苦しみを和らげてくれるのですから。仏教徒社会がとっている立場の例として、スリランカについて触れておきたいと思います。仏教徒が多数を占めるこの国は、南アジアで識字率がもっとも高く、医療関係のインフラストラクチャーもすぐれています。スリランカはまた、産児制限のおかげで、人口増加の抑制に成功している南アジアで唯一の国でもあります。これらの進歩は、政教分離の政府によって実現されたのですが、閣僚の大半は仏教徒です。また、タイでは麻薬とエイズの災禍に立ち向かう闘いで、きわめて積極的な役割を果たしている仏教の僧侶たちがいます。彼らは、家族に見放された麻薬患者や血清の陽性反応者を、自分たちの僧院に迎え入れています。完全な仏教国であるブータンは、予算の三〇パーセントを教育費に割り当てていますが、これはおそらくあらゆる国のなかでもっとも高い比率でしょう。そのうえ、ブータンは自国の環境が荒廃する前に、きわめて厳格な環境保護プログラムを実行に移した世界で数少ない国のひとつです。この国では、森林伐採と同様に、狩猟と釣りも完全に禁止されています。

というわけで、いかなる極端におちいってもいけないわけです。物質的な進歩が、このように苦しみを改善させることができるときに、それを拒否したり軽視したりすれば、おかしなことになるでしょう。しかし、その逆の極端も、まったく同様に不健全なものです。単なる外面的な発展を重視して、内面的な発展をなおざりにすることは、長期的にはもっと有害な結果をもたらしかねない。というのは、まさにここから、不寛容と攻撃性による戦争や、所有にたいする飽くなき渇望による不満足、あるいは権力の追求によるエゴイズムが生まれてくるからです。理想は、物質的な進歩を賢明に利用し、私たちをより良い人間にする内面的な発展に優先権を与えることで、物質的な進歩が私たちの精神と活動の両方を侵害しないようにすることです。

チベットについて言えば、悲劇を体験したのに、ある地方、とくにカムでは、人々は伝統的な生活様式を保ち、仏教の価値観にもとづくひじょうに質素な暮らし方をしており、外部から押しつけられてきた苦しみにもかかわらず、驚くほど幸せそうに見えます。おそらく彼らは、不幸にも、近代的な病院に通うことはできないでしょう。中国の共産主義は、この種の改善をもたらさないようにしています。しかし、ここでは、ニューヨークの通りで感じるあの圧迫感、あるいは、産業革命から生まれた大都市周辺のスラム街の物質的な惨めさに比べられるようなものは感じられません。

J・F　それはまったくそのとおりだよ。しかし、仏教の教義および形而上学の考えにもう一度立ちもどろう。法王ヨハネ・パウロ二世はダライ・ラマに大いに共感を抱いていて、彼と何度も会見しているのに、新しい世界宗教会議への参加を考えているそうだ。前回のアッシジの会議〔イタリア中部、ウンブリア州のアッシジで一九八六年十一月十三日に開催された会議〕にはダライ・ラマも出席したが、今度の会議はキリスト教、イスラム教、そしてユダヤ教の、一神教の代表者だけで開かれる。仏教の代表は出席しない。これは仏教には神が存在しないためなのだろうか？

M　ダライ・ラマはしばしば、アッシジ会議のような会議がもう一度開かれるようにとの願いを表明し、開催地として、いくつもの宗教の出会いの場であるエルサレムを提案してきました。それは、ボスニアや中東におけるように、宗教対立をひとつの原因として、紛争がいまも生じていることは受け入れがたい、との考えからです。ダライ・ラマは、どの宗教もそれぞれ独自の精神をもっているけれども、みな人間の幸せを目的とするものであって、平和のために貢献しなければならない、とたえず強調しています。イエス・キリストのメッセージは愛のメッセージであり、「イスラム」という語の意味のひとつは「平和」なのです。したがって、宗教の名のもとに犯される暴力行為と権力の乱用、そして民族間の不和を増大させるための宗教の利用は、逸脱以外の何ものでもありません。説得は真理の力でできるので、力によって真理を強制すべきではありません。言いかえれば、その正しさを証明するのに暴力を必要とするような真理は、本物ではありません。

J・F　この逸脱はひんぱんにおこなわれている、これだけは言えるね。

Ｍ　ですから、こういった嘆かわしい状態を前にして、世界を旅するダライ・ラマがいちばん気にかけることのひとつは、さまざまな宗教の代表者たちを出会わせて、たがいにもっとよく知り合い、尊敬し合うようにすることです。彼はあらゆる信仰の伝統の共通点、とくに、隣人にたいする愛と苦しむ者への慈悲を強調します。

Ｊ・Ｆ　それは、おそらく、最高権威のレベルでは真理なんだろうが、信者大衆のレベルではそうではないだろうね。そうは言っても、ボスニアではキリスト教徒とイスラム教徒が殺し合いをやっているし、パレスチナではイスラム教徒とユダヤ教徒が殺し合いをしているのだから！　しかし、教義の問題に立ち返ると、仏教を一神教の宗教とみなすことはできないね。

Ｍ　ええ。というのは、私が述べてきましたように、仏教は世界と人間を造りだしたようなデミウルゴス〔造物神〕を想定していないからです。しかし、神が絶対的真理、《存在》の究極の実体、無限の愛を意味するのなら、これはことばの問題にすぎなくなります。

Ｊ・Ｆ　宗教の歴史では、一神教と多神教のあいだにはきわめて強固な区別が存在しているよ。

Ｍ　おまけに仏教は、多神教というわけでもありません。チベットの伝統のなかに、一連の神格を形に表したものがありますが、これは、自律的な存在とみなされる「神」とはなんの関係もありません。これは智慧と慈悲と利他主義などの原型であって、視覚化の技法――この点についてはあとで立ちもどりますが――を用いて、私たちの内部にこれらの美徳を現実化させる瞑想の対象なのです。

Ｊ・Ｆ　私たちが知っているような宗教の歴史では、一神教は多神教に比べて、ある意味で大きく進歩したものと考えられている。というのは、多神教というのはどうも迷信のさまざまな形を表したものであったらしい。私個人としては、現代あるいは過去の偉大な一神教は、ばかげていると思われる多くのタブー、祭式、禁忌や、まったく迷信的だと思われる慣習を含んでいるような気がする。だから、多神教にたいする一神教の優越性など、私にはところだね。

よくわからないんだな。その逆だよ！　私としてはむしろ、多神教は一神教よりも、より寛容であったと言いたい

Ｍ　いまもそうですよ。多神教は今日でも、インドとネパールに存在しています。

Ｊ・Ｆ　不寛容は、とりわけ一神教とともに生まれたんだ。人間が、「真の神はただひとりしかいない。それは私の神だ。だから、私にはそれを信じないすべての者を全滅させる権利がある」と言うようになったとき以来、私たちは不寛容と宗教戦争の循環のなかに入ってしまったのだ。

Ｍ　嘆かわしい話ですね。

Ｊ・Ｆ　でも、それが歴史的事実だし、人々が寛容と多元主義のことしか口にしない現代でも、猛威を振るいつづけている悪なんだよ。

Ｍ　集団大虐殺が宗教の名において犯されつづけています。不寛容には、二つの主要な形態があります。ひとつは、自分たちの宗教の深い意味を把握していなくて、したがって、本物の信者とはみなすわけにはいかない人々の不寛容です。彼らは宗教を、党派、部族、あるいは民族の情熱をかき立てるための集合標識として利用します。もうひとつは、真剣な信者の不寛容です。彼らは、自分たちの信仰の真理をあまりにも深く確信しているので、それを他者に押しつけるためには、どんな手段を使ってもよい、それが相手のためになると思っています。後者のケースでは、彼らの信仰の一面は称賛すべきものですが、他の一面は彼らを過ちに陥れています。彼らは他者の信仰の伝統と、人間存在の多様性を尊重することができていません。ダライ・ラマはしばしば、「他の真理を完全に尊重しながら、自分自身の信仰の道を心から信じなければならない」と言ってます。

Ｊ・Ｆ　神学および宇宙論の面では、これら一神教の宗教はみな天地創造にかんする原初の神話をもっている。いちばんよく知られているのは、もちろん、旧約聖書の創世記で示されているものだ。しかし、たとえば、『ティ

マイオス』〔プラトンの対話編のひとつ。ティマイオスは前五世紀頃のギリシャの哲学者。ピタゴラス学派〕にはプラトンのデミウルゴス〔造物神〕も出てくる。これは世界の創造者だ。こういった世界の創造という考えは、多神教を含め、無数の宗教のなかに共通して見られる考えだね。一神教は、さらに、すべてを見通し、すべてを監視する人格神という考えを含んでいる。この考えはユダヤ教徒、キリスト教徒、そしてイスラム教徒に共通のもので、古典期の大哲学者たちがふたたび取り上げている。というのは、全知全能にして世界の創造者である神、デカルトによれば永遠の真理の創造者であり、あらゆる実体を説明する神は、アリストテレスの例の有名な『形而上学』の「第十二巻（ラムダ）」や、その後の古典期の大哲学者たち、とくにデカルトとライプニッツの著作にも見出されるからだ。ところで、こうした考えは仏教にはないのかな？　天地創造はなかったのだろうか？　人類の全体を、その目と耳で監視する人格神は存在しないのだろうか？

M　存在しません。私はさきに、永遠、全能にして、自立する存在は、その永遠性と全能性の特質を失うことなしには、なんであれ創りだすことはできない、と主張する議論について触れました。世界は完全に、因果法則と相互依存の法則によって支配されています。いま、もしキリスト教徒たちがしばしば言うように、《神》とは「無限の愛」の意味であるというなら、仏教徒は神性のこのような理解にたいして反対するものではありません。ことばの問題にすぎませんから。

仏教の立場から見た究極の現実にかんして一言述べましょう。じつは、この現実は二つの相に区別されます。私たちが知覚する現象の世界は、相対的真理に属します。事物の究極の本性、これは存在と非‐存在、出現と停止、運動と静止、一と多などという考え方をすべて超越するもので、絶対的真理に属します。絶対的真理とは、空性《くうしょう》、《悟り》、非二元性の実現であり、瞑想体験によってしか理解されません。分析的な思考ではとらえられません。

J・F　君は、空という言葉で何を意味しようとしているのだろう？　それは虚無のことなのだろうか？

M　「空」の概念といってもなんのことかわからず、恐ろしいと思う人さえいるかもしれません。そういう人は、空からは何も生じえない、何も「動きだし」はしない、どんな法則――たとえば因果法則――も、この「真空」のなかでは働くことはないだろう、と考えます。彼らは、「空」のなかには外に現れるなんらかの潜在力などありえないと考え、「空」にたいして、不安感を抱きます。これは、仏教で意味する空と、虚無とを混同しているのです。虚無には何も存在しませんが、「空」というのは、じつは虚無の反対なのです。つまり、それは「世界全体に広がる潜在力」、宇宙、存在、運動、意識です。完全な発現は、もしもその究極の本性が空でないとすれば、起こりえないでしょう。これは、イメージとして言えば、空間がなければ目に見える世界は広がっていかないのと同じです。もしも空間が本質的に確固とした、永続的なものだとすれば、いかなる発現、いかなる変化も不可能になるでしょう。経典で、「空あるがゆえに、すべては存在しうる」と語っているのは、このためなのです。空はこのように、その内部にあらゆる可能性を抱いており、これらの可能性は相互に依存し合っています。

J・F　ちょっとことばの遊びみたいだな。君がいま言っている空は、もう自己の意識をなくすという意味ではなく、現実の事物によって埋められるべき空いた空間、という意味だね。

M　いいえ、ちょっと違います。世界の形成を可能にする空間の例は、現象界には何ひとつ確固とした永続的かつ本質的に存在するものはなく、自我も外部世界もない、ということを示すひとつのイメージにすぎません。このように固有の存在がないから、さまざまな現象は無限に現れてくるのです。ですから空は、容器の空いているスペースのようなものではなく、容器と容器のなかにあるものの本性そのものなのです。

相対的真理と絶対的真理を区別することが、なぜこれほど重要なのでしょうか？　それは、現象の究極的なあり方と見かけのあり方との混同が続くかぎり、また、私たちが現象にはそれ自体の存在があると思い込んでいるかぎり、私たちの心は無数の想念や肯定的あるいは否定的な感情にとらわれるからです。もちろん、これらの感情の一つひとつに個々の解毒剤、たとえば、嫉妬にたいしては思いやりを用いようと試みることはできます。しかし、こうした解毒剤のどれも、それだけでは、無知、つまり現象の実在性への私たちの執着の根を断つことはできません。この執着を断ち切るには、現象の究極の本性をみとめることが必要です。これが空と呼ばれている。男女を問わずブッダ〔覚者〕の状態に到達した者にとっては、もはや、事物の究極のあり方と見かけのあり方のあいだに二重性は存在しません。見かけの現象の知覚は残りますが、もはやこの知覚は無知によってゆがめられることはありません――無知がこれらの現象を本質的に存在する実体と取り違えるのですから。究極のあり方である空も、同時に感じとられます。

Ｊ・Ｆ　それはどういうことなのだろう？

Ｍ　空はさまざまな現象と別個のものではなく、そうした現象の本性そのものです。相対的な現実の分野では、世界にかんする仏教の考え方は、仏教が誕生した時代の科学の知識からすれば、自然科学に近いものです。仏教の宇宙論によれば、世界はまず「空間微粒子」の連続体から形成されました。この粒子は凝縮されて、宇宙を構成する他の四つの要素というか原理である「地〔固形性〕」、「水〔湿度〕」、「火〔温度〕」、「風〔運動〕」という構成分子に変わりました。次に風によって「攪拌」される広大な原初の海のことが語られます。これが一種のクリーム状のものを作りだし、それが固まって大陸、山などを形成しました。この展開過程のすべてでは、原因と結果の関係に従っています。仏教では、世界は「始まり」をもたない、と言います。実際、時間における始まりについて語ることはできません。というのは、発現にはつねにそれに先行する原因がなければならず、発現以前は、時間の概念は意味をもたないからです。時間は、観察者によって感知される一連の瞬間に与えられた概念にすぎません。時間は本質的な存在をもちません。なぜなら、人は自分の時間とは別の時間を理解することはできないからです。時間と空間は、それぞれ固有の基準体系や、私たちの経験との関係においてしか存在しません。

Ｊ・Ｆ　これは少々カントの学説だな。時間はそれ自体においては存在をもたない。それは人間が現象を理解するための方法である。

M　時間は現象の外側では存在しません。現象がなければ、どうやって時間が存在するでしょうか？　時間は変化に結びついています。過ぎ去った瞬間は消え、未来の瞬間はいまだ生まれず、時間の流れは現在の瞬間においては感知できません。また、仏教の形而上学では、「第四の時間」について語られていますが、これは他の三つの時間、つまり過去、現在、未来を超越して、不変の絶対を表すものです。

J・F　不変の時間だって？　それはすこし矛盾するのではないかな。

M　いいえ、この「第四の時間」は実際の時間ではありません。これは、絶対は時間を越える、時間は現象界の相対的な真理に属するものだ、ということを表す象徴的な表現にすぎません。仏教の宇宙論はまた、循環を想定します。宇宙の周期は四つの時期〔四劫〕から構成されます。形成期〔成劫〕、存続期〔住劫〕、破壊期〔壊劫〕、非‐発現期〔空劫〕です。それから、新たな周期が始まります。

J・F　ストア学派の哲学者たちは、宇宙の歴史の永続的な再開という説を主張した。周期的に大異変が生じる「ゼロ年」がめぐってきて、そこからまた始まる、というものだ。

M　ここでは、同一物の永遠の繰り返しが問題なのではありません。それではなんの意味もなくなります。そうではなくて、これは因果の法則、つまりカルマ〔業〕に従う発現の無限の展開です。

J・F　その古風な表現は別として、すると、仏教の宇宙論は、科学の発見と根本的に対立するような教義ではないわけだね？

M　たしかにそうではありません。というのは、この宇宙論は相対的な真理、慣例的な真理の分野に属するものですが、そういう真理は歴史の各時代の人々の一般的な認識によって変わるものです。しかしながら、意識の起源にかんする科学理論とは重大な相違点があります。前の対話で触れたように、仏教によれば、意識は無生物から生まれることはありえません。現在の意識の瞬間は、それ自体がその前の意識の瞬間によって引き起こされるものですが、これが次の意識の瞬間を引き起こします。世界は時間のなかで本当の始まりをもたない、とさきに言いましたが、これは意識にかんしても同様です。だから、受胎の瞬間に、意識のきらめきが新たな存在に生命を与えるとすれば、それはその前に同じ出来事があったからに他ならないと考えられるわけです。たとえアメーバにあると想像されるような、原始的な意識のきらめきでも、そうなのです。

J・F　伝統的な形而上学の見方によれば、意識に属することがらは意識あるものからしか生じえず、物質は物質からしか生じえない。これもまた、プラトンにあるし、十七世紀の古典派哲学にも見られる。デカルトは、原因以上の結果はありえない、と言ってるからね。しかし、まさにその点にかんして、他ならぬ近代科学は、かならずしも無意味でも、つまらなくもない実験や観測にもとづいて、その反対のことを明らかにしている。とりわけ、君の先生のジャック・モノー〔一九一〇―七六。フランスの生化学者〕が『偶然と必然』で提示した学説はそうだ。つまり、生命現象は物質から生まれた、そして意識は生命現象から生まれた、という説だ。それゆえ、物質から生命が誕生し、次いで種が進化し、そしてそれが徐々に意識と言語へと導いた。言ってみれば、これが現代科学によって一般的に受け入れられている図式だよ。

M　仏教では、意識あるものは、単に、意識のないものがしだいに完成されていったものではありません。そこには量的な変化のみならず、質的な変化があります。また、神経組織と生命の形態がしだいに複雑化するにつれ、それと平行して知性が発達するという事実が確認されていて、これは否定のしようがありません。しかし仏教では、どんな下等な生命形態でも、きわめて原始的ではありますが、純粋な物質とは異なる、一種の意識をもっています。動物の進化の度合いにしたがって、意識の能力はしだいにすぐれた、高度な、完成されたものになり、最後は人間の知性に達します。したがって、意識は、さまざまな支えと環境のなかに、きわめて多様な形で現れます。

J・F　動物の精神活動が存在する、という事実は受け入れられている。デカルトだけはその存在を否定したがね。今日では、動物の心理にかんする本がたくさん出ている。動物に意識がある、というのは明らかだ。しかし、下等な生命形態にかんして言えば、それは自己意識ではありえない、自覚された意識ではないよ。

M　たしかにそうですが、それでもやはり、生命体ではあるのです。高等動物にかんしては、動物に「知性」はない、といまだに考えている人たちは、動物に「霊魂」をみとめないユダヤ‐キリスト教文化に、無意識のうちに影響されているのではないでしょうか。キリスト教の公会議が、女性に魂はあるかということを問題にしたのが、わずか数世紀前のことだった、ということを忘れないようにしましょう！

J・F　それでは、この意識は微小動物ではきわめて原始的なものであるとしても、どこからくるのだろうか？

M　仏教では、物質界におけるエネルギー保存の法則にも似た、「意識保存」の法則にしたがって、前世からくる、と答えています。

J・F　それは、もちろん、まったく科学的な見方ではないな。科学的な見方では、人間は他の動物たちのうちの一種であって、脳の発達のおかげで、知覚意識のある面が特別に発達した動物とみなされる。それよりも、現代科学の一大ミステリーというか、むしろ考え方の一大飛躍が、物質から生命への移行であることはたしかだね。私たちが、他の太陽系や銀河系に、あるいはたとえば、火星上に生命が存在するかどうかを考えるとき、結局のところ、物質の内部に生命を産む化学反応を引き起こした要因のセットが、他の惑星、他の太陽系で形成されたかどうか、と考えることになる。しかし、動物あるいは植物の生命が、種の進化を経て、意識に移行することは、物質から生命への移行ほどには、おそらく不可思議ではないだろうね。

M　その対比をさらに進めて考えるのはちょっと無理です。と言いますのは、仏教は、生命の形態がますます複雑化し、知性の形態がますます洗練化していく進化の流れに異議をはさむことはしませんが、もう一度言いますと、仏教では、意識は無生物からは生まれない、と考えるからです。科学によれば、細胞がますます複雑な構造を獲得するにつれて、この構造は外部の刺激にますます有効なやり方で反応し、さらに複雑になれば、意識に他ならないニューロン・システムに行きつくこともある、と言います。仏教にとっては、意識は、複雑であろうとなかろうと、化学反応からは生まれません。

J・F　それはじつに明快だね。だけどここで、君が絶対的真理と呼んでいる、空の概念にもどることにしよう。

M　「空」は無でもなければ、現象とは別の、あるいは、現象の外部にある空っぽの空間でもありません。それは現象の本質そのものです。仏教の基本経典〔般若心経〕が、「空は色《しき》〔物質的なるもの〕であり、色は空である」〔空即是色、色即是空〕と言っているのはそのためです。絶対的な視点からみれば、世界は実質的、具体的な存在をもっていません。したがって、相対的な側面が現象界であり、絶対的な側面が空なのです。

J・F　しかし、現象の側面は完全に具体的で、感知できる！

M　空の概念は、自我、意識、および現象を物象化しようとする私たちの生来の性向に反するものです。仏教が「空は色であり、色は空である」というとき、私は、概念上は「物質はエネルギーであり、エネルギーは物質である」という表現と、それほど違いはないと思います。これは、私たちが現象にかんして抱く、通常の認識を否定するものではありません。そうではなくて、この世界が、結局は本質的な実在性をもつことを否定するのです。ハイゼンベルクの表現を借りれば、もしも原子が物でないとするならば、いかにして、大量の原子——目に見える現象——が「物」になるのだろうか、ということです。

J・F　しかし仏教は、たとえばこう教えていないかな？　世界はそれ自身、存在をもたない、なぜならばそれは私たちの知覚の産物にすぎないから、と。これは西洋の認識論にある、絶対的観念論〔唯心論〕と呼ばれているものではないのだろうか？

M　たしかに、仏教には「唯識」と呼ばれる一派があって、「究極的には、意識だけが存在する。他のすべては意識の投影である」と主張しています。この一元論は、仏教の内部でも論駁されています。

J・F　それは西洋の認識論のなかで唯心論と呼ばれているものだよ。バークリー〔一六八五―一七五三。イギリスの経験論哲学者〕あるいはアムラン〔一八五六―一九〇七。フランスの哲学者〕の考えだよ。

M　これにたいして、仏教の他の宗派は、たしかに現象界の認識は感覚器官を経由しなければならず、これらの器官からの情報をとらえる意識によって刻々と翻訳される、と答えています。したがって、私たちはあるがままの世界を認識しているのではありません。私たちの意識に反映されるものしか認識していないのです。

J・F　それはエマニュエル・カントの「超越論的」と呼ばれる観念論だよ。

M　一個の物体は、百個の鏡のなかの百通りの像のように、百人の人間によって百通りに異なって見られます。

J・F　それでいて、それは同じ物体なわけだね？

M　ちょっと見たところでは同じ物体です。しかし、さきに私たちがガラスのコップの例でみたように、人それぞれによって、まったく異なったやり方で認識されるのです。《悟り》に達した者だけが、目には見えても本質的な存在を欠く、物体の究極の本性をみとめることができます。仏教の最終的な立場は、「中道」の立場です。つまり、世界は私たちの心の投影ではありませんが、しかし、私たちの心からまったく独立したものでもありません。というのは、あらゆる概念、あらゆる知性のはたらき、あらゆる観察者から独立した、不変で、独自の現実というのは、ほとんど意味をもたず、相互の依存関係があるからです。こうして、仏教はニヒリズムあるいは永遠主義におちいることを避けています。現象は原因と条件の相互依存のプロセスから出現しますが、何ものもそれ自体で、それだけで存在はしません。要するに、絶対的真理の直接的な観想は、あらゆる知的概念、あらゆる主体と客体のあいだの二元性を超越するものです。

J・F　世界は私たちから独立しては存在しない、と言うんだね？

M　色や音や匂いや味や感触は、私たちの感覚から独立して存在する客観的世界の本来の特性ではありません。私たちが感知する物体は、私たちにはまったく「外的な」ものに見えますが、しかしそれらは、その真の性質を規定する本来の特性をもっているのでしょうか？　私たちから独立して存在する世界の実際の本質とは何でしょうか？　それは絶対にわかりません。なぜなら、私たちは概念を通してそれを理解するしかないのですから。ですから、仏教によれば、あらゆる概念上の指示から独立した「世界」というのは、だれにとっても意味をもたないのです。例を挙げれば、白い物体とはなんでしょうか？　その粒子とはエネルギーなのでしょうか、質量なのでしょうか？　波長とは、色温度〔発光体の温度を示す基準〕とは、運動する粒子とはなんでしょうか？　これらの特性の何ひとつとして、物体に本質的に属しているものはありません。それらは単にそれぞれ個々の探究方法による説明の結果にすぎません。仏教の経典のなかに、色の説明を求める二人の目の見えない男の話がでてきます。彼らのひとりにたいして、人は「白とは雪の色だ」と答えます。その目の見えない男は雪を一握り手にとって、白とは「冷たい」と判断しました。もうひとりの男にたいして、人は「白とは白鳥の色だ」と語りました。男は飛んでいる白鳥の羽ばたきの音を聞いて、白とは「フルー、フルー」と音を立てるものだ、と判断しました。要するに、世界はそれだけで独立しては決まりません。もし、そうなら、私たちみなが、同じやり方で世界を知覚するでしょう。観察可能な現実を否定するのでもないし、また、私たちの精神の外側には現実は存在しないと言っているのでもありません。ただ、「現実それ自体」は存在しない、と言っているだけです。現象は、他の現象に依存してのみ存在するのですが、他の現象もまた相互に依存し合っています。

J・F　したがってそれが、仏教の宇宙論であり、物理学であり、認識の理論でもあると言っていいものなんだね。私は、そうした分析や教義の独創性に異議を申し立てようなんて思わない。そもそもこれらは、西洋哲学に先んじているのだからね。私としてはそれでも、ここに見られる共通点の多さにショックを受けるよ。西洋哲学全体のなかのこれこれの学説と共通する、というのではなくて、ターレス〔紀元前六世紀前半の、ギリシャ最古の哲学者。万物の根源は水であると説いた〕からカントまでの西洋哲学の展開の、いろんな段階と共通しているんだ。

M　私としては、仏教は自分だけが真理を保有しているとも、また仏教がひとつの「新機軸」であるとも主張していない、ということをつけ加えたいと思います。仏教にとって大事なのは、教義を築き上げることではなく、精神の科学、つまり人格の変革と、瞑想による事物の究極の本性の実現に、同時に導くような精神の科学を重んじることです。

J・F　いずれにせよ、仏教は私が列挙した学説に先んじている。ギリシャ哲学のあらゆる始まりよりも前だからね。だから、およそ借用なんて問題にならない。興味深いのは、人間が現実とは何か、意識とは何か、真理とは何かについて、また世界の解釈のしかたについて考えるとき、みながいくつかの可能な仮説を検討している、というのがわかることだね。厳密な意味での実験科学が介入してくるまでは、人々は長いあいだ現実や、意識と現実の関係、あるいは人間の運命を支配するもっともすぐれた方法について考え、納得できるような可能な解釈を作り上げるだけだった。そのあいだに、人間の考えついた解決策の数には限りがある、ということに気づくね。たがいにほとんど影響をもちえない、遠く離れた文化どうしが、同じ仮説を検討している。仏教は西洋に影響を及ぼすことができたが、西洋は仏教の起源にたいして影響を与えることはできなかった。それでも人間の精神は、かなり限定された数の一連の仮説を考えつくように、導かれているんだよ。

M　実際、正統な瞑想の伝統は、みなひとつの同じ結果にいたることが期待されています。

J・F　私たちが最初に出した疑問——宗教なのか、哲学なのか?——について、私としては、その答えはいまや明らかになった、と言いたいね。仏教は哲学であって、宗教ではない。仏教は、特別に重要な形而上的な次元を含んでいる哲学だ。この次元は、信仰の実践に類似するような儀礼的側面を含んでいるとしても、啓示に属するものではなく、哲学のなかに組み込まれた形而上学であることに違いはない。これらの側面は、たとえば新プラトン主義のような、古代ギリシャの哲学にも見られるものだ。

M　ちょうどいい比較があります。あなたは著書『哲学史』のなかで、アリストテレスがエレア学派〔古代ギリシャの哲学の一派。南イタリアのエレアでパルメニデスによって開かれた〕の哲学を要約した文章を引用していますね。この哲学は紀元前六世紀のもので、仏陀と同時代です。「存在するいかなるものも、存在にいたることがないかまたは滅びることがないか、のどちらかである。なぜなら、存在から生じたものは、その起源をもたなければならず、それは、存在するものにもとづくか、あるいは存在しないものにもとづくかのいずれかであるからだ。そして、この二つのプロセスは不可能である。あるものは、すでにあるのであるから、生成することはなく、ないものからは何ものも生じえない」。私はここで、存在と非-存在について語っている仏教の経典に飛んでみます。こう言われてます――「存在するものにとって原因はなんになろうか？　もしも、物が存在していなければ、原因は、なおのこと、なんになろうか？　数十億の原因も無を変えることはできないであろう。無はその本質を失わずして存在となることはできない。だが、他の何が存在に到達しうるであろうか？　もはや現実も非-現実も心に現れないとき、およそ他のいかなる思考のはたらきもないから、心は概念から解き放たれて、しずまる[2]」。

J・F　この二つの引用文はとても素晴らしい文だ。しかし、パルメニデスの哲学は、まさに仏教と反対のことを主張している。パルメニデスが論証したかったのは、変化は不可能である、ということなんだ。進化は不可能である、流動性は不可能である、ということだ。パルメニデスの言う《存在》は、決定的に完全に定まった、不動のものだ。ところが仏教では、存在はたえざる流れだね。例の有名なエレアのゼノンの「逆説」は、運動の存在を論駁するためのものだ。矢はけっして動かない。なぜなら、その軌道の一瞬ごとを考えると、その瞬間においては矢は不動であるから。同様に、ウサギはけっしてカメに追いつけない。なぜなら、ウサギがカメのほうに進むたびごとに、追いつくべき距離の半分が、どんなに縮まっても、つねに残っているから。というわけで、これらの「逆説」はすべて、運動を分解して、運動は存在しないということを論証しようとするものだ。

M　ルネ・ゲノン〔一八八六―一九五一。フランスの哲学者。ヒンドゥー教、道教、イスラム教の神秘主義的経典を研究〕は、『微積分学原理』のなかで、ゼノンの逆説は、連続性の概念を想定しなければ、およそ運動というものはありえない、また、極限値は変数の連続する値の級数には属さないということを単に論証しようとしているにすぎない、と述べています。極限値はこの級数の外部にあり、極限値への移行は不連続性を必要とする、というものです。仏教は、相対的真理の観点から、因果法則のはたらきのように見えるものは現実の存在をもっていない、ということを論証するために、ゼノンの論理に似た論理を使用しています。つまり、絶対的な観点からすれば、物には始まりも、現実の存在も、停止もありえないということになります。この目的は、私たちが認識する現象界、仏教で「慣例的な真理」と呼ぶものを否定するのではなく、この世界は人がそう信じるほどに現実のものではないことを論証することです。存在に達することは、実際のところ、不可能に見えます。というのは、繰り返しになりますが、《存在》は《無》から生じえないし、もしすでに存在しているのなら、生まれる必要はないからです。と同時に、それは「停止する」ことはありません。なぜなら、まだ一度も存在に達したことがないからです。だからこそ、仏教では世界は夢か幻のようなものだ、と言うのです。世界は夢か幻である、とは言っていません。というのは、そう言ってしまえばニヒリズムに落ち込むことになります。この「中道」によれば、外観の世界〔仮象〕は空であり、この空から仮象が生まれるのです。

J・F　それでは、この考えでは、たとえ現象界の相対的な現実をみとめるとしても、世界は幻のようなものであり、つまり結局のところ、世界は存在しないということなのだろうか？

M　世界はそれ自体としての、現実の、自律的な存在をもちません。

J・F　それは無為の哲学に通じるのではないだろうか？　存在をもたないものに働きかけてなんになるだろう？

M　絶対にそんなことはありません！　その反対に、これは、他者にたいして開かれた、はるかに大きな行動の自由へ通じるものです。なぜなら、私たちはもはや自我への執着にも、現象の堅牢さにもとらわれることがないからです。実際、一部のヒンドゥー教の哲学者が、いまあなたが提起された議論を仏教にぶつけてきました。もしも、すべてが夢のようなものだとしたら、もしも、あなたがたの苦しみが夢のようなものだとしたら、その苦しみから身を解き放つことがなんになるのか？　《悟り》の境地に達しようと努めることがなんになるのか、と。これにたいする答えは、人間は苦しみを体験しているのだから、たとえその苦しみが幻のようなものであっても、それを一掃するのは当然である、というものです。もし、ヒンドゥー教の哲学者と一致するあなたの議論が根拠のあるものならば、それを科学にも同じように適用できるでしょう。私たちは、一連のニューロンに管理される細胞の大きな塊にすぎないのだから、行動することがなんになるのか？　私たちは、「物ではない」、また、いずれにせよ「私たち」ではない原子や粒子で構成されているのだから、行動することがなんになるのか、と。

第6章　世界への働きかけと自己への働きかけ

Ｊ・Ｆ　信者ではない私の理解がまちがっていなければ、仏教では、私たちの日常生活の中身はすべて苦痛であるとか、そこから解放されるためには、私たちは実体のある永続的な存在であり世界とは別個の時間のなかで継続する自我である、という誤った意識から脱却しなければならない、ということになるね。この幻の自我が、私たちの苦しみを生みだす所有欲、欲求、野心、嫉妬の源である。したがって、そこからの脱却というのは、自我の幻想的な本質を自覚することにあるというわけだ。このきわめて手短かな要約から、仏教は西洋におけるひとつの支配的な傾向に対するアンチテーゼである、ということがわかる。たとえ西洋の多くの哲学者やモラリスト、宗教的指導者たちも仏教徒と同じように、ひんぱんに、権力欲の幻想性や、超然とした態度、中立の立場の有効性を明らかにしてきたとはいえ、やはり、西洋の思考の主流は、補い合う本質的な二本の軸のまわりに形成されている。第一の軸は、意識ある主体、決定を下す中心としての、人間の自律性を獲得することであり、個体性、個の判断力、意志を強化することである。第二の軸は、世界への働きかけだ。西洋は、世界を変えて、人間の必要に従わせることができると確信する積極的活動の文明であって、政治技術を媒介として人間の歴史に働きかけ、自然の法則の知識を媒介として、世界に働きかける文明なのだ。これは、私には、無執着という仏教の理想とは調和しないように見える。このように仏教と西洋の態度には、妥協不能な根本的な対立があるのじゃないだろうか？

M　まず最初に、日常生活の中身は苦痛だ、とあなたは再度おっしゃいましたが、仏陀が最初の説教で語った苦の真理というのは、相対的真理に属するもので、事物の究極の本性を説明しているものではない、ということをはっきりさせておく必要があります。というのは、精神的完成を実現した者は、永遠の至福を享受し、現象の無限の清浄さを知覚します。彼の内部では、苦しみのすべての原因が消滅してしまったのです。それでは、なぜこれほどまでに苦しみを強調するのでしょうか？　それは、制約あるこの世界の不完全性をまず最初に意識するためです。この無知の世界では、苦しみはたがいに重なり合って生じます。私たちの近親者のひとりが死ぬと、その数週間後に他のひとりがそのあとにつづいて死ぬということが起きます。つかの間の喜びは苦痛に変わります。家族で楽しいピクニックに出かけます。すると子供が蛇に噛まれます。苦痛について熟考することは、ですから、私たちに認識への道をとるように促すはずです。しばしば、仏教は苦しみの哲学だと言われますが、実際は、この道を進めば進むほど、この苦しみの感覚は、私たちの内面にしみわたる至福に取って代わられます。仏教は、ペシミズムと無関心の正反対にあります。というのは、苦しみがひとたび確認されるや、仏教はその原因を正しく探りだして、精力的にその治療に取り組むのです。修行者は、自分を病人、仏陀を医者、彼の教えを治療、そして精神の修行を回復の過程とみなします。

J・M　仏教が苦しみを逃れる方法だとすれば、西洋はそのために外部の世界と人間社会を変革させるという、他のもうひとつの方法を検討したのではなかっただろうか？

M　外部の世界を変革することには、限度があります。また、これらの外部の変革が私たちの内面の幸せにたいしてもつ効果にも限度があります。たしかに、外部の環境や物質的条件の向上あるいは悪化は、私たちの生活の安らぎに大いに影響を及ぼしますが、しかし結局のところ、私たちは機械ではありません。幸せであったり、あるいは不幸せであったりするのは精神なのです。

J・F　仏教は世界にたいする無為をすすめるのだろうか?

M　全然違います。そうではなくて、仏教は、自分自身が変革されないままに世界にたいして働きかけようとすることは、永続的な幸せにも、本当に深い幸せにもつながるものではない、と考えるのです。世界にたいする働きかけは望ましいことであるが、一方、内面の変革は不可欠なことである、とも言えると思います。

西洋で奨励されているような個性の強化について言えば、これはもちろん、「エゴの欺瞞性」を暴くという、仏教の意志の反対側にあるものです。このエゴは、それ自身ではいかなる存在ももっていないのに、たいへん強力に見え、私たちに多くの苦痛を引き起こすものです。しかし、まず第一に、「自我」のすべての特性を明確にするために、この「自我」の意識を安定させなければなりません。逆説的に、まず最初に、それが存在しないということを理解するためにエゴをもたねばならない、と言うこともできるでしょう。その個性が不安定で、一貫性を欠き、とらえどころのないような人は、この「自我」の意識をしっかり見定めることや、これがどんな実体にも対応していないのをみとめるようになることはまずないでしょう。ですから、この「自我」を分析することができるためには、正常で一貫性のある「自我」から出発しなくてはなりません。矢は的に向かって射ることはできますが、霧に向かっては射れません。

J・F　しかしそれは単にひとつの段階にすぎないね。それでもなお、その目的は、君の言うように、エゴとは欺瞞性である、ということの確認にあるのかな?

M　そうです。しかし、エゴの欺瞞性があらわにされたからといって、私たちは内面の無のなかに突然落ち込んで個性が破壊され、行動することも意思を疎通させることもできなくなるなどと思うべきではありません！　人間が空箱になるわけではありません。むしろその反対に、プラトンの洞窟の影のように、幻の専制君主にもてあそばれることをやめて、私たちの知恵、他者への愛、慈悲は、自由に表現されることができるようになります。これは、「自我」への執着による制限からの解放であって、いささかも意志の麻痺などではありません。この「英知の目」を開くことは、私たちの精神力、熱意を高め、利他主義にもとづき正しく行動する能力を高めるものです。

J・F　モーリス・バレス〔一八六二―一九二三。フランスの作家。自我の追求から熱狂的な国家主義へ進む〕の言うような「自我の礼賛」は利己主義的な礼賛で、これは仏教と対立する目標だ。西洋文明は、その逆に、強烈な個性に一種の恩典というか、高級な価値を与えているんだよ。あらゆる分野において、例外的な時代にその足跡を刻しているのは、秀でた人たちだ。一八六〇年に出版された古典的な著作『イタリアにおけるルネサンス文化』のなかでヤコブ・ブルクハルト〔一八一八―一八九七。スイスの文化史家〕は、当然のことながら、西洋文明のひとつのきわめて重要な時期とみなされているイタリアにおけるこのルネサンスを、ウルビノのフェデリゴ三世〔一四二二―一四八二。公爵。芸術の庇護者〕のような教養豊かな君主や、あるいはレオナルド・ダ・ヴィンチのような芸術家といった一連の強烈な個性の持主たちの功績に帰している。ブルクハルトがニーチェに影響を与えたのも偶然ではないね。同様に、西洋で崇拝の的になっている人物は、良きにつけ悪しきにつけ、行動の英雄だ。アレクサンドロス大王、ジュリアス・シーザー、クリストファ・コロンブス、ナポレオン一世といった人物が、アッシジの聖フランチェスコのような人たちよりも、はるかに多く顔を連ねている。もちろん、偉大な哲学者、偉大な芸術家、偉大な作家も敬愛されてはいるが、西洋には、行動する人間、世界を変革する人間、社会の改革を組織する人間に与えられる一種の恩典が存在しているんだよ。私には、この基本的な色調のなかに、仏教の精神とコントラストをなす何かがあるように思えるね。そして、この二つの型の感性がまた新たに出会っている今日にあって、二つの精神傾向がめざすまったく異なる方向から見て、この出会いは何を期待させるだろう？

M　個性という言葉が、もしもエゴの激化を意味するのであれば、強烈な個性をもつという事実は、それだけでは残念ながら、きわめて疑わしい成功の尺度のように思えます。ヒトラーと毛沢東はまさに強烈な個性をもっていたわけですから！

J・F　残念ながら、そのとおりだね！

M　ですから、取り消しのできない、阻止することが不可能な決定というのも、それ自体は、プラスの価値ではありません。すべては、それを突き動かす動機によるわけです。

J・F　これはきわめて納得のいく反論だ！

M　強烈な個性と、精神の強さとを混同すべきではありません。私が出会うことができた賢者たちは、不屈の精神力をもった人たちでした。彼らは、とても印象的な個性の持主で、彼らを取り巻く人すべてが感知できる、自然に発せられる力で輝いていたと言えます。しかし、大きな相違点は、そこにはいささかのエゴの痕跡さえもみとめられなかったということです。私が言うのは、利己主義と自己中心主義を生みだすエゴ、と言う意味です。彼らの精神力は、認識と心の静寂と内面的な自由に由来するものですが、それは外面的には揺るぎない確信となって現れ出ていました。彼らとヒトラーや毛沢東およびその同類たちのあいだには、深淵があります。後者の人間たちの強力な個性は、支配への激しい欲望、傲慢、貪欲、あるいは憎悪から生まれています。これらの二つのケースにおいて、私たちは途方もない力に直面するわけですが、前者のケースでは、その力はあふれんばかりの建設的な利他主義であるのにたいして、後者のケースでは、それは否定的で破壊的な力になっています。

J・F　たしかにそのとおりだね。しかし、西洋の思考に本質的に結びつく、この行動への欲求には、二つの側面がある。ひとつは死の側面で、これは実際にヒトラーやスターリンを生みだした。もうひとつは生の側面で、これはアインシュタインやモーツァルト、パラーディオ〔一五〇八―八〇。イタリア後期ルネサンスの建築家〕、トルストイ、あるいはマチスを生みだした。彼らは世界に真理と美を与えている。しかしながら、共通点は、西洋の大思想家の多くは、つねに、ある程度において自分たちの思想を行動のなかで現実化したいという欲求をもっている、ということだね。プラトンは彼の『国家』のなかで憲法を作ったが、それは社会を変革したいと望んだからだ。デカルトは、人間は「自然の主人でその所有者」になるべきだ、と言っている。ルソーは社会契約の概念を練り上げた。カール・マルクスはプラクシス〔実践、とくにマルクス主義で人間の認識や行為の基盤となる生産活動の総体を指す〕、つまり、思考を行動によって表現することを確立した。行動は真理の最高の尺度である、というわけだ。ここで、私は自分の質問にもどりたい。仏教では、この世界のなかでの生を、囚われの身の境遇としてとらえ、転生のサイクルを免れるようにすることで、そこから抜け出なければならない、としている。西洋人にとっては、その反対に、この世界を変革し、社会を改革することによって人間の苦しみを和らげようとする。ここには、克服困難なアンチテーゼがあるのではないだろうか？

M　もしもひとりの囚人が、同じ境遇に苦しむ人間を自由にしてやりたいと望むなら、まず最初に、自分自身の鎖を壊すことが必要です。それが唯一の方法です。正しいやり方で行動するためには、私たちは力を手に入れなければなりません。芸術家はまず自分の芸術の根源を発見し、巧みな技を身につけ、自分の霊感を高め、それを世界に投影させることができなければなりません。賢者の活動も、その目的は同一ではないとしても、これと似ています。精神の道は、世界から身を引く時期から始まります。傷ついた鹿が、その傷をいやすために、ひっそりした静かな場所を探すように。ここで言う傷は、無知から生まれる傷のことです。人を早まって手助けすることは、穂が出ないうちに麦を刈り取るようなものです。あるいは、自分に聞こえない素晴らしい音楽を演奏する、耳の不自由な音楽家のようなものです。人を手助けすることができるためには、自分が教える内容と自分のあり方のあいだに、もはやどんなずれもない、ということでなければなりません。始めたばかりの修行者は、他人の手助けをしたいという大きな望みを強く感じるものですが、たいてい、そうするために充分な精神修行の域に達しておりません。しかしながら、意志のあるところには道があります。そして、他人を助けたいとするこの願いの強さは、いつか実を結ぶはずです。チベットのもっとも偉大な隠者のひとりであるミラレパは、洞窟のなかで孤独な隠遁生活を送った十二年のあいだに、人々の幸福のために捧げなかった一瞬の瞑想、ただひとつの祈りもなかった、と語りました。

Ｊ・Ｆ　おそらくそうなのだろうね。しかし、この利他主義は、行動というより理解だろう。

Ｍ　チベットの偉大な賢者たちは、自分の弟子たちだけでなく、社会全体にたいして、たいへんな影響力をもってきました。彼らの強力な個性は、そのまわりに生活する人たちによって、完全に肯定的に感じとられていました。私がもっとも長いあいだそのそばで暮らした賢者、キェンツェ・リンポチェについて言いますと、彼は若いとき、十七年近くのあいだ、孤独な隠遁生活を送りました。それは、自分の信仰の師たちを訪れるときしか中断されませんでした。次いで、三十七歳になったとき、彼の師は彼に次のように言いました――「いまや、この知識と経験を他人に伝えるべきときがやってきた」。このとき以来、彼は倦むことなく、死ぬときまで、たえず教えました。夜の明けるよりもずっと早くに起きて、キェンツェ・リンポチェは数時間を祈りと瞑想をして過ごしました。朝八時ころになると、彼は沈黙を破り、門前に集まったたくさんの訪問客を迎えました。彼は、これらの人たちの必要に応じて、具体的な助言や教えを授け、あるいは祝福を与えるだけのこともありました。数カ月にわたって、一日中教えを垂れることもありました。その相手は十二人くらいのときも、数千人のときもありました。日中にこれほど多忙でも、彼はさらに個人的な懇請に答え、夜も遅くまでひとりの人間あるいは小さなグループに説いて聞かせました。彼はどんな依頼も退けることをしませんでした。ですから、このような人物は彼を取り巻く社会にたいして、たしかにきわめて大きな影響を与えます。彼は社会の中心でさえあります。

Ｊ・Ｆ　このような態度は、やはり西洋の学者の態度とも、芸術家の態度とも違うね。というのは、西洋人の行動は、自分が理解したことを他の人たちに教える、ということに限られるものではないからだ！　西洋の芸術家を特徴づけているのは、自我は幻想で欺瞞である、と考えることではなくて、まさにその反対に、芸術家の創造の独創性は、彼の自我が何かユニークなもの、すべての他の自我と比肩しえないものであり、その結果、この自我は文学あるいは音楽の分野で、自分に代わって他のだれも思いつくことができないような何かを新しく作りだすことができる、と考えることなんだよ。だから、あるいはこう言ったほうがよければ、西洋ではすべてが二つの明確な目的に収斂する。ひとつは、自我をそれ自体価値あるものとみなすこと。これは仏教の教えと対立するものだね。西洋流のこの自我の価値づけは、次に他の人に知の伝授がおこなわれるべき一段階、といったものではないのだから。二つ目は、この創意に富む独創性が生みだす発見を、政治、経済、芸術、あるいは認識の分野で活用すること、つまり、これらの発見を現実にたいして適用することなんだ。私の考えでは、これが両者の方向の根本的な相違点だと思うね。

M　仏教では、この自我の価値づけに相当する考えは、人間の生命が生みだす途方もない潜在能力を、可能なかぎり完全に活用すること、ということになります。そして創造性にかんしては、認識に到達するために必要なあらゆる手段を実行に移すこと、ということになります。それに反して、自分自身にうぬぼれている自我の価値づけは、どんな代価を払ってでも何か独創的なものを作りだしたい、何か違ったことをしたい、と望むように個人を突き動かすものですが、これは子供じみたおこないであるとみなされます。これは、とくに、思想の分野においてあてはまります。自我それ自体の過度の価値づけについて言えば、それは、涼をとろうとして火のなかに手を入れることに他なりません。自我の存在にたいする心の執着を解消しようとすれば、たしかに、他のものもいっしょに消してしまいます。しかし、消滅するのは傲慢、虚栄、妄想、傷つきやすさ、敵意です。そして、この解消は、やさしさ、謙譲、利他主義には生き生きと働く余地を残します。自我にこだわったり、自我を保護することをやめれば、人は世界についての、もっとずっと広くて深い見方を獲得します。賢者は、目を大きく開けて泳ぐ魚のようなものだ、と言われています。つまり、賢者は、認識の目を大きく開けて現象界を渡っていくのです。自我にたいする執着は、人を完全に自己中心的にして、他人よりも自分自身により多くの重要性を与え、もっぱら、この自我の気に入るか、気に入らないかによってだけ対応し、「名を残す」ことを欲するようにさせるのです。このような態度は、私たちの行動の場を著しく制限するものです。自己中心的な認識から解放されている人が世界にたいして行動する場は、これよりもはるかに広範囲なものです。あなたは、賢者の援助は教育に限定されている、とおっしゃいましたが、しかし、この教育が苦しみの原因そのものを直すのです。ですから、これは、苦しみの一時的な表出しか和らげない物質的な療法よりも、ずっと根本的なものです。そのうえこれは、他の形態の行動を排除するものではありません。チベット文明において、建築、絵画、文学の開花はとてつもないものがあります！　たとえば、キェンツェ・リンポチェは二十五巻の詩、瞑想生活に関する論文、聖人伝を著しました。彼がネパールに私たちの僧院を建立させたとき、彼のまわりには五十人にものぼる芸術家たち——画家、彫刻家、金銀細工師、石工など——がいました。

J・F　ちょっと待った！　私は、「世界にたいする働きかけ」と呼ばれるものについて、私たちのあいだに誤解があるのだと思う。君は、賢者が同胞に与えうる影響のことを語った。だが、話を具体的にしようじゃないか。西洋は行動の文明だと言うとき、私は世界の法則を知って世界を変えることを考えているのだよ。私は技術の発明、つまり、蒸気機関の発明、電気の利用、望遠鏡と顕微鏡の発明、良きにつけ悪しきにつけ核エネルギーの利用のことを考えているのだよ。核のエネルギーは原子爆弾になるが、しかし電気にもなる。これらのすべては西洋起源のものだ。だから、世界にたいする行動について語るときは、単に、同胞にたいする精神的な影響だけでなく、私たちを取り巻く全世界の物質性そのものの実質的な変革、そして、いまから五世紀前にはまったく思いもつかなかった器具、人間の生活を根本的に変えた道具の創造が問題なんだよ。私がよく理解したとすれば、仏教にとっては、この種の世界にたいする働きかけは、実際は余計なものになるのだろうか？　いずれにせよ、仏教はこういう行動をけっして発展させてこなかったね。

M　私がすでに引用した表現をふたたび使うなら、西洋の効率性は、二次的な必要性に対する重要な貢献である、ということです。

J・F　二次的な必要性とは！　それは早まった言い方だ。

M　ある視点からすれば、そういうことになるでしょう。技術の進歩から生まれる生活環境の改善がもたらす充足感は、軽視されるべきではありません。その正反対です！　人類の安らかな暮らしに貢献するものはすべて歓迎されます。しかし、この進歩は二次的な問題、つまり、より迅速に移動する、もっと遠くが見える、より高く上る、より低く降りるなどといった問題しか解決しないということで、それは経験の示すところです。

J・F　もっと長く生きる、より多くの病気を治す……もう一度、具体的な例を挙げよう。私たちのいる隣の国のインドでは、一九〇〇年と現在のあいだで、人間の寿命は二十九歳から五十三歳になった。もちろん、あまりにも不幸せなら、長生きをすることに関心はもたないものだ。そのような場合は五十三歳よりも二十九歳で死ぬほうがよいのだ、とも言えよう！　しかし、こうした進歩を享受している人にとっては、その人生はより長くなり、より耐えうるものになる。このことは、古代の哲学には存在しなかった次元を導入するものだ。病気にかからない、二十九歳では死なない、ということは、苦しみを免れることでもあるのだ！　西洋における幸福の観念は、なかんずく、人間の寿命の延長、病気をより効果的に和らげることができるという事実、五十キロの距離を、埃のなかを二日かかって歩かなくても移動できるという事実、あるいは、その他、盲腸のために十歳で死ぬとか──外科の技術と近代的な無菌法による医療がなされなかったら、私はおそらくそういう目に遭っていただろう──、そうした悲惨な事態がなくなったというような二次的な側面から構成されるものだ。もし、このような西洋流の幸福は興味のないものだというのなら、なぜ、東洋はこれをそれほどまでに熱中して模倣し、取り入れてきたのだろうか？

M　正しい道は、しばしば真ん中の道です。医学の進歩のおかげによる長い人生を生きましょう。そして、その長い人生を、精神的な価値のおかげによって、正しく活かして使いましょう！　苦しみを和らげる物質的な進歩の重要性を、過小評価すべきではありません！　東洋は、医学の進歩、寿命の延長にかんして、西洋に感謝しています。これらはみなが喜ぶことのできるものです。しかし、一方では、この種の世界にたいする働きかけにだけ目を向ける文明は、明らかに、本質的な何かを欠いているものであり、この欠けている何かは、物質的な進歩では得られないものです。というのは、それが物質的進歩の使命ではないからです。その証拠に、西洋社会は、この欠如を強く感じて、ときとしてぎこちないほど熱狂して、東洋あるいは過去から取り入れたあらゆる形の知恵を探し求めています。この欠如は、これほど多くの人たちがおちいっている心の混乱や都会を支配する暴力のなかに、あるいはこれほど多くの人間関係を支配しているエゴイズムや、養老院で孤独のうちに人生を終える老人たちの悲しい諦めの気持ち、みずから命を断つ人たちの絶望のなかに、はっきりと現れています。もしも精神的な価値が社会を導くことをやめるならば、物質的な進歩は、生きていることのむなしさをおおい隠す、一種の見せかけになってしまいます。より長く生きることはもちろんのこと、生きることに意味を与えるさらに多くの好機を享受することです。人がもし、快適な長命を切望するだけで、この好機をなおざりにするならば、人間が生きていることの価値は、まったく空疎なものになるでしょう。細胞レベルの老化プロセスの研究は、著しい進歩をとげています。いまや、実験室では線虫類あるいはハエの寿命を二倍に延ばすことができます。したがって、いつの日か、人間の寿命を二倍あるいは三倍に延ばすことができるようになる、ということは考えられないことではありません。この展望は、人生に意味を与える必要をより一層強調するものです。そうしなければ、人は意気消沈した二百年、不機嫌な三百年を生きる、ということになりかねません。さらに、技術の進歩のもたらす破壊的な側面が、その有益な側面と同じような大きさを伴って拡大してきました。それは大気汚染など、ケースによっては有益な側面を上回ってさえいます。

J・F　技術社会から生まれた工業文明が、大気汚染の一大要因であることは明白なことだね。しかし同時に、私たちはこの汚染に対する解毒剤を作りだしつつあり、こういうことは過去においては考えられなかったことだ。というのは、大気汚染ともっとも闘っているのは、いまや産業社会なのだ。これは産業社会の主要産業のひとつにさえなっている！

M　取るに足らない慰めです！

J・F　環境保護は発展を妨げると主張して、これに抗議して、環境保護対策を実施したがらないのは、逆に発展の遅れている社会だ。

M　不幸なことに、彼らにはその資金がないのです。彼らは、野蛮な工業発展と、その二次的影響を回避できないことの板挟みになっているのです。インドやネパールでは、乗用車やトラックの新車を買うまで、恐るべき排気ガスをまき散らす車を二十年ものあいだ、修理しつつ使っています。

J・F　もっと根本的な質問に立ちもどるよ。私は、テクノロジー文明の否定的な側面にかんしておこなわれるすべての批判を完全にみとめる者だ。そもそもこれは、西洋において、ジャン＝ジャック・ルソーからオルダス・ハクスリー〔一八九四―一九六三。イギリスの小説家・評論家〕にいたる、きわめて多数の著作者たちによって、そしてまた、ヨーロッパで一九六八年五月の精神〔学生運動の根底にあった消費文明批判〕と呼ばるもの、あるいは一九六〇年代のアメリカのカウンターカルチャーと呼ばれるものによっておこなわれてきたものだ。私はまた、ヨーロッパで不当にも過小評価されている思想家、ジャック・エリュル〔一九一二―一九四。フランスの法学者・政治思想家〕の名を挙げることもできる。彼の本『技術――現代の争点』は、『工業社会』の題名のもとに六〇年代のアメリカで大ベストセラーになったんだよ。彼は、いま君が語った批判を述べたのだよ。しかし、私は君に、二つの文化に参加しているまさに君に、質問したいのだ。仏教が西洋に広まっているこの時点において、東洋が西洋のある種の価値を吸収し、逆に西洋も同様にする、という一種の妥協の大枠の概略を示すことができるだろうか、と。

M 「妥協」をする必要はありません。「妥協」は双方が自分のもつ価値のあるものを放棄する、ということを意味しますが、そうではなくて、必要なことはむしろ物事をその正当な場所に位置づけつつ、物質的な進歩におけるすべての有益なものを活用する、ということです。医学や衛生の進歩を望まない者がいるでしょうか？ この相互の利益は、私がいまお話してきた、そして仏教がつねに立ちもどる「中道」の代表的なものでしょう。たとえば、医者は仏教の利他主義の原則を、つねに深く身につけることによって、自分の使命の意味の理解をますます深めることができます。しかし、全精力を物質的な進歩の方向だけに注ぐという極端のなかにおちいってはいけません。西洋は、いささか、こちらの活動に心をとらえられてきました。西洋の物質的な快適さと所有を求める欲求は、度が過ぎています。チベットの諺では、「ひとつをもっているとき、二つを欲することは、悪魔に戸を開けることだ」と言います。仏教のような伝統的文化が、外部の世界にたいする働きかけよりも、自分自身にたいする働きかけに優越性をみとめてきたというのは確かなことです。この選択に関連して、ひとつの興味深い例があります。十九世紀に、チベットのレオナルド・ダ・ヴィンチとでも言うべき人がおりました。ラマ・ミパンと呼ばれた賢者です。人が、彼のノートに、空飛ぶ機械の図面や奇想天外なあらゆる種類の発明の図面があるのを見つけました。しかし、彼は、自分の生活を機械の発明に費やして、たくさんの外面的な用事に没頭するよりも、内面的な変革に身を捧げることのほうが価値があると説明して、その下描きの大部分を燃やしてしまいました。この二世紀以来、西洋がその努力の多くを、自然の力を利用し、これを支配するための技術の発明に費やしてきたことは確かです。人は月に行くこと、そして平均寿命を著しく延ばすことができるようになりました。この同じ期間に、そしてそれに先立つ数世紀のあいだに、チベット文化は瞑想生活に己れを捧げ、そして、精神の機能のしかたと、苦しみからの解放の方法についての、きわめて実用的な知識を発展させることに献身してきました。

西洋は、人の生命を救う抗生物質を作りだしました。そしてチベットは、生きることに意味を与えることに専念してきました。医学の理想とするところは、一人ひとりが、自分の歯を保ちながら、百年あるいはそれ以上を生きることができるようにすることです！　精神の道の目的は、意識の流れから、傲慢と、嫉妬と、憎悪と金銭欲などのあらゆる痕跡を取り除くことです。それは、他人にたいして、いささかの悪も引き起こさないような人間になることです。私たちの西洋の社会は、もはや、この種の探究を中心として展開されてはおりません。このようなことは、西洋社会にとって理解を超えたことなのです。なぜ人々は、この二つの取り組み方を結びつけようとしないのでしょうか。賢者が医学の恩恵を利用し、飛行機を使うことを妨げるものは何もありません。しかし、彼はけっして、これらの利便性を精神の探究と同一レベルに位置づけることはしないでしょう。精神的なものと物質的なものを、知的で建設的なやり方で結合させることはできるでしょうが、それには、それぞれの重要性についての自覚をもつということが条件になります。

J・F　したがって、君には、相互の寛容というだけでなく、この二つの総合は可能だと思えるわけだね。西洋の仏教徒、あるいは西洋に移り住んだチベット人、日本人、ベトナム人などは、単に尊敬される、やや風変わりな一派ではなく、西洋社会が二千五百年にわたって中心路線としてきたものを放棄することなしに、自分たちの物の見方と行動を内側から変革することに貢献できると思えるわけだね？

M　もちろんそうです。言うまでもなく、すべては西洋が仏教にたいして示す関心次第です。欠如を埋めるのに貢献することができるのは、仏教の思想であって、仏教文化ではありません。西洋世界は、チベットのじつに独創的な、長さが五メートルもあるラッパを必要とはしないでしょう。しかしその一方で、認識〔智慧〕の探究は苦しみを根絶しますから、どんな人にもかかわりをもつのです。

J・F　君が言おうとしているのは、仏教の文化的背景、つまり仏教が生まれ、東洋で発展することができた文化的状況を吸収することは、仏教徒になるのにかならずしも必要ない、ということだね。

M　私が言いたいのは、仏教の本質は「仏教的なもの」ではなく普遍的なものだ、なぜなら、それは人間の精神の根本的なメカニズムにかかわるものだから、ということなんです。仏教は、一人ひとりが自分がいまあるところから出発しなければならない、そして、自然ならびに自分の能力に合致した方法を取り入れなければならない、と考えます。この柔軟性、この可能性の豊かさは、西洋にとって役に立つはずですが、だからといって、仏教がその根本的な価値を放棄することもありません。そしてまた大事なのは、仏教の教えを西洋流に変えるということではなく、その本質を理解させることなのです。この本質は、いささかも変える必要はありません。なぜならそれは、いたる所であらゆる人間のもっとも深い関心事に答えるものだからです。

J・F　すると、仏教が西洋に呼び起こした関心は、君には、すぐ限界にぶつかるはずの単なる流行以上のものであると思えるんだね。君によれば、仏教は西洋の人生にたいする全体的な態度と両立するのだね。

M　これは流行ではありません。私が思うに、人生のさまざまな問題にたいする、とりわけ明晰なとらえ方にたいして接しようとしているのです。仏教は、私たち一人ひとりの深い願望と両立します。仏教が変えることができるのは、「心」よりも「物」を優先させている全体的な態度です。こうした態度は当人にだってそれほど健全なものとは思われていません。それゆえ、価値の序列体系を再確立し、内面の幸せを優先させるのです。

J・F　もっと照準の幅の狭い、もうひとつの問題も検討する必要があるね。つまり、西洋の宗教、さまざまな形態のキリスト教と、彼らの「領分」で対決する仏教との問題だ。いずれ、東方教会の国々がやはり仏教と交渉をもつようになるとすれば、それも含まれる。

M　それはずっと以前から、旧ソ連内部でおこなわれていますよ。仏教徒のブリアート人やモンゴル人が、ロシアの東方正教徒たちと接触しています。

J・F　ユダヤ教とイスラム教もあるよ。というのは、イスラム教はいまやある程度西洋の宗教のひとつになっているからね。たとえば、フランスではイスラム教は第二位の宗教だよ。プロテスタントやユダヤ教徒よりもイスラム教徒の数は多いんだ。これは私が個人的に、まったく冷静な立場で出す質問なんだが、というのは、カトリック教徒に生まれついてはいても、私はまったく信者じゃないんだからね。何よりもまず文化上の好奇心からの質問として。つまり、西洋の宗教とは反対に、仏教は、あの世での個の不滅を願うことのできる実体としての魂も、あるいはこの世での生活に介入して、あの世では私たちを迎えてくれるよう祈りを捧げるべき神もみとめないのだから、仏教の潮流と西洋の既存の諸宗教とのあいだに、衝突あるいは少なくとも競合の危険はないのだろうか？

M　そうした競合が生じる理由はどこにもありません。音を立てるには、両手で打たなければなりません！　ですから、一方で競合状態に入ろうとしなければ、他方で起きている競合はおのずからやむわけです。

J・F　それは確かなことではないな。たとえ一方がその影響を広めようとしなくても、ある宗教が競争者として反応し、他方の影響を不安がることだってありうるからね。

M　すべては精神の寛容の度合いいかんです。仏教は、だれをも改宗させようとするものではありません。ますます多くの西洋人が仏教にたいする親近性を強く感じているという事実は、ある人たちを苛立たせるかもしれませんが、衝突の危険はごく小さなものです。と言いますのは、仏教徒はつねにあらゆる不調和、あらゆる摩擦を避けよう、そして相互の尊重を促進しようと努めているからです。私はダライ・ラマ猊下とともにグランド・カルトゥジオ会修道院〔一〇八四年、聖ブルーノがフランス南東部グルノーブル市北方のシャルトルーズ山地の谷間に設立〕のなかに入るという幸運に恵まれたことがありました。十一世紀にさかのぼるその設立以来、この修道院のなかに入ることを許された人は、修道士以外ではおよそ二十人しかいないとのことでした。

ダライ・ラマはグルノーブルの学術関係者のグループと会って、大学で講演をすることになっていました。そのグルノーブルに向かうTGVの列車のなかで、私は彼に、列車がその縁を走っている山地の裏側で、修道士たちが沈黙のうちに隠遁生活を送っているということを教えてあげました。彼は即座にこれに興味を示し、グルノーブル市長にその修道者たちに会うことが可能かどうかたずねました。グランド・カルトゥジオ会修道院に伝言が伝えられ、修道院長は、これが宣伝の目的でないのなら（！）、ダライ・ラマに喜んでお会いすると答えました。ジャーナリストたちを避けるために、グルノーブル市長はダライ・ラマのために公邸での昼食会を偽装しました。次いで、私たち――ダライ・ラマ、お付きの僧侶一人、そして通訳としての私――は市長邸に行く代わりに、ヘリコプターに乗り、修道院から数百メートルのところに降り立ちました。

修道院長とひとりの修道士が、入口のところで私たちを待っていました。あっという間に過ぎた一時間のあいだ、私たちは小さな部屋のなかで話し合いました。主題はもっぱら、シャルトルーズとチベットにおける瞑想生活や祈りの時間はどれくらいか、修道士が死ぬとき、どのようなことがおこなわれるのか、祈りはどのようにして純粋な瞑想に変わるのか、などに向けられました。彼らは、たがいの隠遁生活の様態がきわめて似ていることに気がつきました。修道院長は、冗談に、「キリスト教徒の瞑想者とチベットの瞑想者は、いまから千年以上も前に付き合いがあったのか、あるいは、天から同じ祝福を受けたかのどちらかですね」とさえ言いました。ですから、この出会いは楽しいものであると同時に、有益なものでした。彼らは、瞑想生活の言語、という同一言語を話したのです。そのあと、ダライ・ラマは、自分たちが礼拝堂のなかで黙想してもよろしいかとたずね、私たちは十五分のあいだこれをおこないました。次いで、彼は美しい記譜で飾られた時禱書を見つめ、それからいとまごいをしました。

あとになって、ダライ・ラマは私に、このときが自分のフランス滞在のもっとも興味深い時間だったと語りました。彼ら精神の修行者とのあいだには、いかなる障壁も感じられませんでした。彼らは完全に理解し合いました。

ですから、支障が生じるとすれば、それは瞑想生活をおろそかにして、不寛容な、理知的な視点に立つ人たちの場合だと私は思いました。

J・F　とても興味深く、また力づけられもするね、このグランド・カルトゥジオ会修道院訪問の話は。しかしながら、修道院という枠の外部で、人間の行動一般から、不寛容なものの見方を取り除くことは厳しい仕事になるよ。君たちの努力でそれが実現することを期待しよう。

M　ダライ・ラマは行く先々どこででも、その場所のあらゆる宗教の代表者たちを招待するよう主催者に要求します。そうして、私たちが訪れたフランスのグルノーブル、マルセイユ、トゥールーズなどで最初に会った著名人は、市長や知事とともに、いつもカトリックの司教やユダヤ教シナゴーグのラビ、イスラム教の指導者イマーム、あるいはギリシャ正教の司祭でした。ダライ・ラマはすぐさま彼らの手を取ります。すると雰囲気がほぐれるのでした。彼は、宗教間を分け隔てているように見える溝はコミュニケーションの欠如によるものでしかない、と考えています。

J・F　それはちょっと楽観的だが、ダライ・ラマの態度は称賛に価するものだ。残念なことに、宗教は、まあ哲学もそうだが、その交流と寛容の精神よりも、偏狭な性格をあらわにして、世界史に登場することが多かったんだよ。

M　宗教にたいする理解がだんだんおろそかになったために、時代とともに、一部の民族は抑圧と征服の目的のためにこれらの宗教を利用するようになっていったのです。キリスト自身は、隣人にたいする愛以外のことは唱えませんでした。私個人としては、彼が十字軍や宗教戦争を承認しただろうとは思いません。異端審問にかんして言えば、はたしてこれに携わった人たちはキリスト教徒と自称できるでしょうか？

J・F　しかし、君が答えていない質問がひとつあるよ。このグランド・カルトゥジオ会修道院の訪問は、要するに、仏教の理想は修道者の生活である、という事実を強調しているように見える。隠者の生活とは言わないが。だって、隠者の生活というのは放浪の生活だと思うけど、違うかな？

M　チベットの僧侶は、世を捨て、家族生活を捨て、文字どおり家庭を出て、家庭のない生活へ移り替わった人です。しかし、僧院は開かれた共同体です。多数の一般信者が、精神的指導者に会って、その教えを聞くためにやってきます。一方、隠者は瞑想生活に完全に身を捧げて、山や森のなかなど、きわめて辺鄙な場所で、ひとりきりで、あるいは瞑想生活に参加する小グループの人たちといっしょに生活します。修行僧であれ、そうでない人であれ、隠者はふつう三年、五年、あるいはそれ以上の期間、隠遁所をともにする人たち以外とはだれとも会わず、引きこもったままでいる決意をします。また、どこにも身を落ち着けることなく、隠遁所を移り替わる人たちもいます。

J・F　だから、僧院での生活であれ、隠者の生活であれ、私には、自分の読んだわずかばかりの仏教の経典や、私の旅――君のおかげで行ったダージリンやブータン、そしてここネパール、あるいは私が行ってきた日本への旅――で見たことからわかったのだが、僧院での生活と隠者の生活は、結局のところ、どうも仏教の知恵の理想らしい。そうなると、仏教は、西欧文明のように本質的に世俗の文明のあらゆる面に浸透していく力がおのずと制限されるのではないだろうか？　そうなると、仏教は、西欧では二義的な役割しかもてない現象になってしまうのではないだろうか？

M　僧院での生活、あるいは隠者の生活を選ぶのは、私たちの心が全面的に精神の修行に向かったことのあかしです。私が僧院に入る決心をしたとき、果てしない自由の感覚を強く感じました。私は、ついに人生の一瞬一瞬を自分の願うことに捧げることができるのだ、と思ったのです。その日、師は言いました。「決心できたのは、すごく幸運なことだよ」。しかし、禁欲生活と西洋人の通常の生活のあいだには、じつに多くの段階があります。仏教の思想は、私たちがふだんの活動をやめなくても、私たちの精神に影響を与え、大きな幸せをもたらすことができます。チベットでは、僧院での生活は非常に広まっています。中国の侵略以前は、人口の二〇パーセントまでもの人たちが僧院に入っていました。西洋では、およそこんなことは想像を越えているだろうと、私も思います。しかし、私は、こうしたことが西洋諸国での仏教の理解の障壁になるとは思いません。瞑想の修行に、一日に数分あるいは一時間しか充てなくても、人はとても豊かな精神生活を充分にもてるものです。

J・F　それを、日常の活動とどうやって両立させることができるのだろうか？

M　「瞑想」と「瞑想後」に分かれます。瞑想というのは、満ち足りた心の安らぎを得るために、単にしばらくのあいだ座るということではありません。これは、精神のはたらきと性質を理解し、事物の存在するしかたをとらえられるようにする、分析的で観想的な方法なのです。瞑想後と呼ばれるのは、自分の習慣を、以前とまったく同じようにふたたび繰り返すことを避けることから成り立ちます。それは、精神のより大きな解放、さらなる慈しみの心と忍耐心を獲得するために、つまり、より良き人間になるために、瞑想のあいだに修得した理解力を日常生活のなかに活かせるようにすることです。これは、チベットの一般の村社会でおこなわれていることでもあります。この社会は、僧院社会や精神的指導者たちとの共生関係にあり、毎日の生活をより良く生きるために、彼らから深い影響を受けて暮らしています。

J・F　しかし、原則的には、西洋の哲学や宗教もまた、人々が世俗社会で活躍し、同時に自分が選んだ哲学や宗教にしたがって生きる可能性を与えてくれるよ。多くの僧侶たちが、その宗教を離れてでも、政治家、作家、芸術家、哲学者、研究者になってきた。プラトンの夢は、都市国家の正しい統治を保証する哲学者 - 王になることだった。もしも、仏教が主張するように、世界が幻影でしかなく、実在性をもたない一連の像にすぎないとすれば、さらに自我もまたそうだとすれば、企業のトップ、政治の指導者、科学の研究者になることが、なんになるだろうか？　なんの役にも立たない！　偽りの幻影の共犯者になるだけのことだろう。

M　じつを言いますと、修行者にとって、世俗の活動はほとんど意味をもちません。まあ子供の遊びのようなものです。しかし、私はここで、「幻影」ということばの意味をはっきりさせておきたいと思います。西洋では理解しにくいようですから。この幻影を生きている私たちにとって、世界はそれなりに現実のものです。しかし、氷が固体化した水にすぎないのと同様に、私たちは世界が堅固であると思っていますが、その堅固さは世界の究極の現実ではありません。世界のこの幻の性質にもかかわらず、因果法則はかならず働きます。物理学者はまた、電子は小さな砲弾ではなくて、エネルギーの凝縮であると言います。しかし、だからといってこの説明は、医学を発達させ、苦しみを和らげ、毎日の苦労をなくす必要性をいささかも減ずるものではありません！　たとえ自我が偽りにすぎないとしても、また外部の世界が固有の実体をそなえた存在物でできていないとしても、できるかぎりの手を尽くして苦しみをいやし、さらに安定した暮らしにするためにあらゆる可能な手段を用いることは、しごく当然です。同様に、私たちがエネルギーに還元される粒子でできた存在にすぎないことを理解している学者も、だからといって、幸せと苦しみに無関心でいることはできないでしょう。

J・F　こうした仏教の理論とカント思想はじつによく似ているね。あらためて驚くよ。現象は物自体ではない。しかし、それは私たちの現実であるというわけだね。君は、私の質問に答えてくれたね。さて、これから最後の質問をしたい。これはちょっと形式だけの質問だと私も思うけど、それでも仏教の注釈者や仏教史家のあいだでは古典的な質問らしいからね。つまり、もし活動する自我、自我が現実世界に及ぼす影響が幻想でしかないとすれば、道徳上の責任はどうなるのだろうか？　自分は何者でもない、したがって、自分には責任はない。私には、ここから、倫理、道徳としての仏教と、形而上学としての仏教のあいだに矛盾が生じるような気がする。見かけだけの矛盾だといいのだが。

Ｍ　仏教の修行は、洞察、瞑想、行動という、三つの相補的な側面を含みます。「洞察」とは、形而上学的な視点に対応するもので、事物の究極の本性、現象界、そして精神の探究です。「瞑想」とは、この洞察を獲得したあと、これに慣れ、これを精神の訓練によって私たちの意識の流れのなかに組み入れて、第二の本性になるようにすることです。「行動」とは、洞察と瞑想によって獲得された内面の知識を、外部の世界に表現することです。この知識をどんな状況でも、適用し、保持するということです。倫理あるいは道徳が問題になるのはこのときです。この倫理は、人が世界の幻の本性に気がつけば、もう通用しないといったものではありません。認識にたいする目が開かれている人は、より一層明確に、そしてさらに鋭敏に、因果関係のメカニズムを感知し、何を取り入れ、何を避けるべきかを知って、道をさらに歩みつつ、他者に幸せをもたらすのです。

Ｊ・Ｆ　ちょっと待った！　もしも「自我」としての私が何者でもないとすれば、私は道徳上の行為者ではない。そして、もしも私が道徳上の行為者でないとすれば、どうして私が他者にたいして引き起こす悪に責任があることになるの？

Ｍ　あなたが引用されたカントの考えを移し替えれば、「自我はそれ自体として存在をもたない。しかしながら、それはわれわれの現実である」と言えるわけです。私たちは前に、「自我」のない意識の流れを、小舟のない川になぞらえましたね。この小舟のように、この流れを旅する確固たる永続的な自我は存在しません。でもそうは言っても、川の水がシアン化合物で毒されることもあれば、山の急流のように澄んだ、清らかな、渇きをいやす水のままであることもあります。ですから、個人のアイデンティティが存在しないからといって、一つひとつの行動がその結果を生みださないということにはならないのです。

Ｊ・Ｆ　それはそうだが、注意しなくちゃ！　道徳上の責任は、不可避的な因果関係から生まれるのではないよ。道徳上の責任の概念は、その反対に、行為者とその行為の結果のあいだに関係があるときに生じるもので、不可避的なんていうものではない。行為者は、行動のいくつもの可能性のなかから選べるんだよ。

M　意識の継続性が、行為のときと、その好都合あるいは不都合な結果のときの結びつきを確かなものにします。ヒンドゥー教の哲学も、仏教にたいして、同様な議論を突きつけました。もしも自我が存在しないのなら、その行為の結果を体験するのは、もはや同じ人間ではない。それゆえ、悪を避け、善を実現することがなんになろうか、と。仏教はこれにたいして、寓話で答えます。ひとりの男が、夕食をとっているテラスの上から手燭を落としてしまいます。火は彼の家のわらぶき屋根を燃やし、しだいに村全体に燃え広がりました。告発された彼は裁判官に答えます。「私に責任はありません。私が食事をしたときの明かりの火と、この集落を焼いた火は同じものではありません」。しかしながら、彼はたしかに火事の責任者です。自律的な実体であると考えられる個人としての自我は存在しないとはいえ、現在ある私たちは、私たちの過去に由来しています。ですから、行為の報いというのはたしかに存在するのです。したがって、いちばん重要な点は、継続性であって、自己同一性ではありません。否定的な行為が幸福となって現れるということはありません。それはちょうど、毒ニンジンの種は毒ニンジンを作り、菩提樹を作らないのと同じです。つまり、肯定的あるいは否定的な行動が、それに対応して幸せあるいは苦しみという結果を生むからこそ、たとえ幸せあるいは苦しみを味わう人間がつねに変わらぬ自我をもっていなくても、そうした行動をおこなったり、避けたりするのです。

第7章　仏教と西洋

J・F　私たちが取り上げてきたすべての問題、君が説明してくれた形而上学、認識の理論、仏教の宇宙論、こうした哲学と形而上学の壮大な体系の人間の行動にたいする影響などは、みな現代の仏教徒のあいだで活発でにぎやかな議論の対象になっている。彼らにとって、それは哲学の歴史や思想の歴史ではなく、紀元前五世紀および四世紀のアテネにおけるソクラテスやプラトンの弟子たちとまったく同じように、現在みずから体験しつつある哲学そのもの、形而上学そのものなんだね。この種のテーマにかんするこれほどの広がりをもつ公開の議論は、西洋では、はるか以前から姿を消してしまっている。哲学者たちはいまもいるが、彼らはもはや、このようなやり方では登場しない。たしかに、パリでは最近、一般公開で無料の講義をする「カフェの哲学者」の出現があったが、彼らが引きだした議論のレベルは、ほとんどカフェのカウンターの高さも越えない程度のものだった。他の分野、他の部門では、西洋は文句のつけようのない成功をおさめたけれど、こうした空白、興味を引く議論の欠如という原因があるから、仏教にたいして驚くほどの好奇心が最近見られるようになったのではないだろうか？　この事態は、私にイギリスの歴史家アーノルド・トインビー〔一八八九―一九七五。イギリスの歴史家・文明批評家〕の言葉を思い起こさせるよ。彼は、「二十世紀のもっとも重要な出来事のひとつは、仏教の西洋への到来となるだろう」と言ったのだ。

Ｍ　仏教にたいするこの関心は、いくつかの要因にもとづくものです。まず最初に、仏教は、みずから精神生活に入ってこの生活を自分の人生の中心にしたいと願う人たちに、生き生きとした形而上学と知恵だけでなく、この知恵を自分の内面に組み入れる方法をも与えてくれます。次に、そしてこれがおそらく仏教が西洋にもたらしうる最上のものでしょうが、仏教は、信者であろうとなかろうとすべての人に、寛容、開かれた精神、利他主義、静かな信頼にもとづくものの見方を提供してくれます。それは、私たちが自分の内面の平和を築き、他者の内面の発展を可能にするのを助けてくれる精神の科学です。さらに仏教は、その思想を提供してくれますが、それを強制しようとはしません。ましてや、だれであれ、改宗させようなどとはいたしません。仏教は、それを望む人たちとのあいだで、ひとつの経験を分かち合おうとすすめるだけです。

Ｊ・Ｆ　仏教には折伏活動もなければ、ましてや強制的な改宗もないんだね？

Ｍ　ダライ・ラマはしばしばこう言ってます。「私が西洋にきたのは、もうひとりあるいは二人の仏教徒を増やすためにではなく、ただ、仏教が何世紀にもわたって深めてきた知恵にかんする、私の体験を分かち合うためです」と。そして、彼は講演の終わりにこうつけ加えます。「もしも皆さんが、私がお話してきたことのなかに、何か有益なことを見つけたら、それを利用してください。さもなければ、忘れてください！」。彼は旅をしているラマ僧に次のような忠告を与えることまでもします。「仏教の教えを強調してはいけない。人間から人間に、あなたの体験を提供しなさい」。さらに、もしだれかを改宗させようと試みるならば、失敗だけではすまされず、その人が自分の宗教に抱いている信仰心を心ならずも弱めることになるかもしれません。ですから、このような行動は避けるべきです。それぞれ自分の宗教を深めるように、その信者たちを励ますほうがいいのです。要するに、問題は改宗させることではなく、他者の幸せに貢献することなのです。でももちろん、もし仏教に特別の親近性を感じる人がいれば、だれでも自由にこの信仰の道に入ることができます。そのときは、その人は井戸を掘って水脈に達するまで頑張りぬく人のように、真剣に勉強と修行をおこない、最後までやりぬかねばなりません。仏教以外の他の信仰生活にたいして、開かれた寛容の心を保ちつつも、自分が選んだ信仰生活に打ち込むことが必要です。欲しい水を一度も手に入れないで、十もの井戸を中途まで掘るというのは、無益なことです。

何百人もの西欧の人間が、瞑想を重んじるチベット仏教の修行者がおこなう三年と三カ月と三日の伝統的な隠遁生活をやりとげています。小グループでの三年の隠遁生活です。この三年のあいだ、志願者たちは世間から隔絶して、熱心に修行に打ち込みます。この期間に、一日に一時間か二時間、彼らは哲学や瞑想生活にかんする経典を学び、ときにはチベット語を習います。夜明けから日没までの残りの時間は、彼らは学んだことを、自分の内なる存在に、自分の奥深くにまで取り込もうと試みるのです。

Ｊ・Ｆ　自分の存在に？　どんな存在だろう？

Ｍ　いうなれば、彼らの思考の流れです。要は、哲学が死文化して、単なる理論にとどまることのないように気をつけることです。すでに述べましたが、たとえば、想念が浮かんだときに、それらがたがいに結びつかぬよう、また、増えつづけて精神のなかに入ってこないよう、想念を「解き放つ」ことを狙う技法がそうです。

Ｊ・Ｆ　解き放つ？　むしろ、制御する、じゃないのかな？

Ｍ　私たちは、否定的な感情にたいする特殊な解毒剤を用いて、いかに思考を制御することができるかを見てきました。しかしまた、これはより根本的な方法なのですが、ひとつの想念を、それが現れる瞬間に「見つめながら」、その源にまで降りて行って、そこにはまったく確実な根がないことを確認することで解き放つこともできます。人がこのように想念に目を向けると、あたかも空の虹が消えてなくなるように、その想念が溶解します。これが、想念がもはや連鎖反応を引き起こさなくなるという意味で、想念を「解き放つ」あるいは「解きほどく」と言うことなのです。想念は跡形もなく消え去り、もはや、怒り、欲望など感情の通常の表れであることばや行為が現れることはありません。どういう状況のもとであれ、人はもはや想念の束縛におちいることはありません。それはまるで、最初は鞍にまたがるのに苦労したものの、やがてチベットの騎士のように、全速力で駆ける馬から落ちもせずに、地上に置かれた物を拾い上げることができる練達の騎士になるようなものです。

J・F　じゃあここで、ひとつ小さな注釈を入れてみよう。仏教がこの自己制御を、西洋にとっては新しいやり方と新しいことばで提示している、ということはみとめよう。しかし、こういった訓練自体は西洋でもおなじみのものだよ！　どんな西洋の哲学の学説でも、組み立てられていない思考と組み立てられた思考ははっきり区別されている。一方に、連想の流れを偶然にまかせる、組み立てられていない思考があり、他方に、たとえば数学的思考や構築された思考の論理に導かれるあらゆる推論のような、組み立てられた思考、あるいは導かれ、方向づけられ、制御された思考があることはよく知られている。西洋人は偉大な論理家だよ。アリストテレスからライプニッツを経て、バートランド・ラッセルまで、思考を連想のおもむくままにせず、これを律する技法は、いつの時代でもひとつの学問だった。それは、哲学の教育の主要目標のひとつでさえあったんだよ！

M　あなたは、数学者や論理学者が、心をかき乱す感情にとらわれにくいと思いますか？　そうあってほしいものですよ。いずれにせよ、仏教は、私がすでに強調したように、何か新しいことを発見するなどとは言いません。現代の他の精神的あるいは哲学的な伝統とは違って、理論的、知的に理解したことを、きわめて生き生きとした力強いやり方で実践に移すものです。形而上学的な見方に関心をもちながらも、内面の平和を見出すために、それをどうやって日常生活に適用すればよいのかがわからずにいた人たちを引きつけたのは、おそらく、仏教のこうした現実の成果の面でしょう。

J・F　仏教は隠遁生活や僧院での生活を選べない、あるいは選びたくない人たちにも、だれにでも応じられるのだろうか？

M　それは、もうひとつの興味ある側面です。みな家庭や仕事に縛られていますから、三年間の隠遁生活をしたり、あるいは僧院に入るために引きこもったりすることなどとうていできませんし、また望めもしません！　しかし、この同じ精神変革の技法は、生活のどんなときにも役立ち、まったくふつうの生活を送らざるをえない人たちでももっとも有効に使えるのです。仏教は、まずは精神の科学ですが、だからこそ、その寛容の精神と、人間と環境にたいする非暴力についての考察によって、多くの社会問題に答えることができます。ですから、修行僧であれ一般信徒であれ、それぞれの道があるわけです。アジアでは、仏教は大きな力を発揮しつづけています。たとえば、インドやネパールにいるチベット難民たちは、いまから三十年前の亡命当初は、無一物の状態であったのに、その資金ができるとすぐに僧院を再建しました。これらの僧院はいま、そこで学びたいとする志願者たちで満ちあふれています。そして、インドにいる十三万人のチベット難民のうち、一〇パーセントはふたたび僧院に入っています。

J・F　それで、西洋では？

M　仏教は、交流と開かれた心への願いに支えられて、ますます多くの関心を呼び起こしています。人々はかならずしも仏教徒になるために仏教を学んでいるわけではなく、ときとして、自分自身の宗教の実践についてもっとよく理解するためであったり、あるいは、おそらく仏教からある種の技法を借りて、自分の宗教の真理、内面的な力を再発見するためであったりします。

J・F　それは、いわゆるシンクレティズム〔混淆主義〕ではないだろうか？　つまり、さまざまな教義から借り集めたものの混合ではないのだろうか？　シンクレティズムは思考の最高水準というわけではないよ。

M　たしかに違いますね。ダライ・ラマは、「羊の胴体にヤクの頭をくっつけ」ようとしてもなんの役にも立たない、とはっきり言っています。シンクレティズムは、混ぜ合わせようとする精神的伝統を薄め、おまけにその本質を変えるだけです。私は、ある種の精神制御の技法、瞑想について触れましたが、これは普遍的な価値をもつものです。ダライ・ラマは一九九四年に一週間、福音書の注釈をするようにとイギリスに招待されました。最初、彼は自問しました。「私は福音書を研究したことがないのだから、どうやって取りかかればいいいんだろう？　私は、創造主である神の原理から、どうやって話を進めたらいいいんだろう？　こんな原理は仏教にはないのに。これは私にはすこしむずかしい問題だ。しかし、やってみよう！　やらないわけにはいかない！」。こうして、彼は聖職者や一般信者の前で、福音書の数節を注釈しました。じつに驚くべきことに、彼が福音書を読み、注釈を始めると、キリスト教の司祭、修道士、修道女たちは、感激のあまり目に涙を浮かべ、自分たちが生涯を通じて読んできたいくつかの節を初めて耳にしたかのような気がしたということです。なぜでしょうか？　それは、ダライ・ラマが、愛とか慈悲について語ると、みなが、その言葉は彼の体験を直接に表現している、彼は自分が述べていることを体験してきたのだ、ということがよく感じとれたからです。(1)西洋人は、伝統のこういったなまの姿には感じやすいのです。ソギャル・リンポチェの『チベットの生と死の書』は百万部近く発行され、二十の言語に翻訳されました。

J・F　それは古い本、古典的な本なの？

M　いいえ、これは、死んだのち次の生を受けるまでの過度的な段階の説明をしている古典的な『チベットの死者の書』（『バルド・トゥドゥル』）の翻訳ではありません。『チベットの生と死の書』は、チベットの知恵についての、簡明、直截な説明書で、ソギャル・リンポチェの自分の導師たちとの出会いにまつわる自伝的な挿話が随所に入っている本です。しかし、とりわけ、この本は生活の手引き書です。自分の人生をどう生きるか？　死とどのように向き合うか？　死にゆく人をどうやって手助けするか？　つまり、どのようにして、人生に意味を与え、良き死が良き生の頂点となるようにすることができるか？

J・F　フランスで、新しい世代の哲学者たちが、ますますひんぱんに、仏教に拠り所を求めるようになっていることもまた意味深いものだね。私は、リュック・フェリー〔一九五一年生まれ。フランスの哲学者〕の本『神に代わる人、あるいは人生の意味』をもっているが、これはみごとな評論で、一九九六年の初めに出版され、大評判になったものだ。この本は、君の挙げた『チベットの生と死の書』を引用することから始まり、仏教のいくつかの考え方を発展させていている。著者はこうした考え方に真摯な関心を示している。しかしながら、数ページ話が進んだところで、著者は根本的な反論を提示している。彼はこういう意味のことを言っている。「わかった！　それは素晴らしいことだ。自分自身のなかへの隠遁、世界の外への遁走……悪くない。しかし、人類全体にたいして深い慈悲を抱いたとしても、それでアウシュヴィッツやボスニアの問題は解決できない！」。君ならこの反論にどのように答えるだろうか？

M　誤解を解く必要があります。この誤解は、法王ヨハネ・パウロ二世にも同様に見られるものです。彼はその著書『希望のなかに入れ』で、仏教によれば、「私たちは外部の現実との結びつきを断ち切らなければならない」、そして、「この解放が進むにつれて、私たちはますます世界のすべてのものに無関心になっていく……」と述べ、また、ニルヴァーナ〔涅槃〕を「世界にたいする完全な無関心」であると記しています。これらは逆の解釈なんですが、情報不足によるものですから、まあしかたがないでしょう。多くのキリスト教徒も仏教徒も遺憾に思ったところです。というのは、仏教の目的は、内部と外部の両方の現象界の究極の理解をめざすものだからです。現実から身を引くことは何も解決するものではありません。ニルヴァーナは、世界にたいする無関心の反対そのもので、人間全体にたいする無限の慈悲と愛なのです。慈悲は、それが知恵から――人間はそれぞれ、本質的に、「ブッダになるべき本性」を所有しているという理解から――生まれるものだけに、そしてまた、この慈悲は、ふつうの愛情のように、一部の人たちだけに限られるものでないだけに、それだけ一層強力なものなのです。唯一、断ち切るべきもの、それは快楽、所有欲、名声などの追求の果てしなき魅惑にたいする子供じみた自己中心的な執着です。

J・F　ヨハネ・パウロ二世はまた、「感覚の世界から遠ざかること」が仏教にとっての本来の目的である、と考えているね。

M　本当は、感覚の世界にもはや縛られないこと、炎に引き寄せられる蛾がそこに飛び込んで死ぬような、そういった感覚世界にはもう苦しまないことが目的です。あらゆる執着から解き放たれた人は、世界の美しさと人間の美しさを自由に楽しむことができるだけでなく、まさにこの世界のなかにもどってきて、自分の否定的な感情にあやつられることなく、そこで無限の慈悲を発揮するのです。

J・F　法王はまた、仏教にとっては、「救済とは、何よりも悪からの解放であり、それは悪の根源があるこの世界からの完全な離脱によって得られる」、と断言しているね。

M　すべては、何を世界と呼ぶかで変わってきます。もしもそれが、無知のいけにえになっている人たちの、苦痛に満ちた、制約あるこの世界であるならば、だれがそこからの解放を望まないでしょうか？　しかし、世界はそれ自体、悪いものではありません。なぜなら、目覚めた人、悟りに達した仏陀にとって、世界は「無限の清らかさ」、「不変の完璧さ」だからです。要するに、ヨハネ・パウロ二世のように、カルメル派の神秘神学は仏陀の省察がやむところから始まる、と主張するのはすこし軽率のように思われます。どうやって、外部から、仏陀の《悟り》の深さが判断できるでしょう？　経典のことばによってでしょうか？　「私が見た真理は深く、静かで、無条件で、まばゆく輝き、知性のこしらえたものにとらわれない」、仏陀は《悟り》を開いたあとで、そう言いました。これは、「省察」とは違う性質のもののように思われます。

ですから、法王は、十九世紀と二十世紀初めの、仏教の経典の初期の翻訳にさかのぼる時代遅れの理解を借用しているのです。これらの初期の翻訳者たちは、部分的な知識にもとづいて、仏陀が、制約あるこの世界の苦しみを強調している点を取り上げて、苦しみの終わりを消滅として理解しました。じつは、ここでの終わりは、自分のためにも他者のためにもなる理解の帰結なのです。幸いなことに、トーマス・マートン〔一九一五—六八。アメリカの修道士・宗教作家〕のような多くのすぐれたキリスト教徒が、仏教について高い見識を抱くようになりました。彼は、アメリカのトラピスト会の有名な修道士で、その著作はアメリカで大きな影響力をもっています。彼は法王ヨハネ二十三世によって、東洋に派遣されました。マートンは仏教の本質を求めて努力を重ねました。彼は、仏教の導師たちのそばにしばらく滞在したあとで、『アジア日記』[2]のなかに次のように記しています。「経験によって何かを学ぶということは、私にとってたしかにうれしいことである。私には、チベットの仏教徒たちだけが、今日まで、瞑想と観想の驚くべき高みに達したかなり多くの人たちを集めているように思われる」。

さきにお話しました福音書にかんする注目すべきセミナー、主催者のベネディクト会のローレンス・フリーマン神父によれば、「相互に耳を傾け合う対話の模範例」だったセミナーで、ダライ・ラマはいつもの開かれた心をいかんなく発揮して、こう宣言しました。「私は、仏教とキリスト教の伝統のあいだには、例外的な一致があり、対話によってたがいに豊かになる可能性があると思います。それは、とりわけ、倫理と精神の修行の面、それに、慈悲と愛と瞑想の実践の面、寛容の心を伸ばすという面にあてはまります。私はまた、この対話は、さらに進展し、きわめて深いレベルにまで到達しうると思います」。しかし、彼は同時に、聴衆にたいして、無益なシンクレティズムの誘惑をつねに警戒するように呼びかけました。

Ｊ・Ｆ　ここで、ボスニアのような問題を前にした仏教の無力さの問題にもどることにしよう。よく非難の対象になるよね（じつを言うと、仏教だけではないのだが）。

Ｍ　「ボスニア問題をどう説明するのですか？」と人々がダライ・ラマに質問するたびに、彼は、あらゆる抑制が効かなくなるほどにこの問題を大きくしたのは、否定的な感情、憎しみです、と答えます。

Ｊ・Ｆ　その説明はすこしレトリックめいているね。説明というより、事実を述べているだけだ。

M　しかし、仏教はボスニアの惨状の前では無力である、と言うのもレトリックめいていませんか？　なぜなら、そういう状況を作りだしたのは、仏教の価値観ではなく、西洋の価値観だからです。もしも、ボスニアがいまから数世紀前に、仏教の価値観のようなものを取り入れていて、それが文化に浸透していたならば、この種の紛争はまずおそらくは起きなかっただろうと想像することもできます。実際、ボスニア紛争のそもそもの原因は不寛容にあるのです。この紛争は、宗教を、民族間の調和をうながすためではなく、憎悪をかき立てることによって、たがいに敵対させるために利用してきました。たしかに、戦争は、スリランカやビルマのようないくつかの仏教国を痛めつけてきました。しかし、これらの戦争はけっして仏教の名においておこなわれたものではありません。これらの戦争の責任は、仏教とは距離のある人たち、仏教を攻撃さえした人たちに帰せられるべきものです。たとえばベトナムにおける共産主義者、スリランカにおけるタミール人など。

J・F　君は、私がこれから言うことに無理に同意してくれなくてもいいんだが、個人的には、私はボスニアと旧ユーゴスラヴィア全域に共存している三つの宗教、つまり、イスラム教、カトリック教、ギリシャ正教は三つとも、他の宗教にたいして、そしてまた自由思想家たちにたいして、数知れぬ不寛容の例を示してきた、とどうしても考えたくなるんだよ。これらは征服の宗教だ。そのうえ、これら三つの宗教の、ボスニアでの代表者たちの筆になる多数の文章は、他の宗教にたいするなかば公然とした破壊の意志を表明している。リュック・フェリーに同意してもいいのは、仏教はボスニア問題あるいは同種の他の悲劇にたいして、実践的な解決策をもたらすことはできない、という点だ。私は、だいたいにして、合理的で実行力があるとされる西欧人なら、この長期にわたる紛争もうまく収められたはずなのに、そうできなかったのは、よくわからない。

M　ダライ・ラマが参加したあらゆる宗教間会議で、彼はつねに、宗教を抑圧の目的に利用するのは自分自身の宗教の精神をゆがめている人たちである、という事実を強調します。隣人にたいする愛は、あらゆる宗教における共通点です。それは、宗教間の違いを棚上げにするのに充分なはずのものですが。

Ｊ・Ｆ　愛にかんしていうと、世界を支配する大宗教は、その始まり以来、二つの憎しみの対象をもっている。つまり、異教徒と異端者だ。そして、これらの大宗教は、異教徒と異端者たちを、遠慮することなく、それは入念なやり方で虐殺している。

Ｍ　仏教によれば、他の宗教を軽蔑することは、たとえ、その形而上の見解にくみしない場合でも大きな過ちです。

Ｊ・Ｆ　ときどき次のようなことばを聞くね。「仏教は世界の平和にどういうことで役立つことができるのか？これは、社会にたいして無関心になる、離脱の哲学だ。修行僧は山中で一人暮らしをして、他者のために祈るが、実際は、彼らは人類のために何もすることはできない。彼らは個人的な完成に向けて専念するが、それがなんになるのだ？」と。

Ｍ　隠遁者は、一時的に世間から身を引きますが、それは他者をよりよく手助けするための、精神の力を身につけるためです。精神の道は、内面の変革から始まります。これが成就できて、はじめて個人が社会の変革に有効な貢献ができます。仏教はどういうことで世界の平和に役立ちうるのでしょうか？　チベットの例をとりましょう。チベットは仏教国として一度も宗教戦争をしたことがなく、ダライ・ラマは変わることなく非暴力を説き、きわめて具体的なやり方で、自分の国を——もしも、共産主義中国が支配の爪をひっこめてくれるなら——平和地帯にすることを提案しています。彼は、東洋の列強のあいだに緩衝国家を作ろうとしているのです。この「世界の屋根」は、事実、中国、ビルマ、インド、パキスタン、モンゴル、そしてロシアのあいだに位置しています。もしもチベットが独立を回復して、その中立を明言すれば、世界のこの地域における重要な安定要因となるでしょう。チベットはまた、環境保護地域になるでしょう。アジアの最大の川——黄河、揚子江（長江）、メコン河、ガンジス河、インダス河などはチベットに源を発しています。ダライ・ラマはこの考えを何度となく提案しています。

J・F　失礼だが、それはだれもが提案するけれど、だれも実行していない種類の案だよ。

M　これが実現できるかどうかは、もっぱら、チベットの、中国による占領のくびきからの解放にかかっています。これらの案があまりにもしばしば失敗に終わるのは、単に、西欧の指導者が、平和のために全力を尽くすという深い不屈の決意に欠けているからにすぎません。核軍縮や国家の非武装化に到達するのに、なぜこれほどの時間がかかるのでしょうか？　各国の軍隊をなくしてもはや多国籍軍しか存在しない、これが戦争をするためではなく、諸国家の戦争能力の再構築を阻止するためにだけ存在する、というようになるのに、なぜこれほどの時間がかかるのでしょうか？

J・F　それは国連の目標だ！　国連はなぜ失敗しているのだろう？

M　ダライ・ラマは、外面的な武装解除は内面的な武装の解除なしにはなしえない、と言っています。個人が平和主義者にならなければ、これら個人の集合体である社会は、けっして平和主義にならないでしょう。仏教の理想を理解し、これをはぐくむ人々は、故意に他人を苦しめるという考えを抱くことはありえません。本当の仏教徒が多数を占める社会が戦争を生みだすことはありえません。

J・F　ということは、永続的な平和の目標は、個人の改革によってしか実現しえない、ということになるね？

M　その逆のほうが幻想でしょう。もちろんこの個人の改革は、まず最初に西欧の指導者を含まなければなりません！　ダライ・ラマはいつも、西欧諸国が武器の取り引きに従事している――売却した武器で、次には自分が撃たれる危険を冒してまでも！――という容認しがたい事実を強調しています。みずからを「文明人」と言い、世界平和の樹立を主張している西欧諸国が、商業目的のために死の道具を売るというのは許しがたいことです！　私は先月、ラオスで地雷の撤去作業に従事している人に会いました。彼は私に、フィアット社が世界の対人地雷の主要製造会社のひとつであると言いました。この会社は、いまや、探知されないように金属製の部品をひとつも使わない――進歩に栄光あれ、です――プラスチック製の地雷を製造しています。フィアット社の社長と株主たちは、戦争後何年もたっているのに、こうした地雷の被害に遭っている女性や子供たちの人数を知って、さぞ喜んでいることでしょう。もしかしたら、フィアット社は爆発の生存者に義肢を売って、もうすこし多くお金を稼いでいるかもしれません。カブール地域で、地雷のために毎月手足を切断される八十五人のアフガニスタン人のうち、六十五人が子供です。まだ一千万個の地雷が彼らを待ち受けています。イギリスのロイヤル・オーディナンス社とアメリカのアイ・ビー・エム社もまた、これらの地雷の交換部品を作っています。これらの会社は、乗用車とコンピューターの販売で儲けるだけで充分でしょうに。

J・F　文句なしに賛成だね！　これはおぞましいことだ。

M　いまこうしてあなたにお話しているときに、八百万人の中国人が、千にものぼるラオガイ〔労改〕[3]〔中国の強制労働収容所〕で一日十時間から十五時間の労働をしています。中国が輸出するいくつかの加工品の三分の一は、これらの収容所で作られています。ラオガイで十九年を過ごした中国の反体制活動家ハリー・ユー〔呉〕は、これらの数字を詳細に明らかにしました。このような商品の輸入をどんな種類の指導者が許可するのでしょうか？　あなたなら、クリスマスに、監獄でこれほどの苦しみを払って作られた玩具を自分の子供にプレゼントしたいと思いますか？　真の倫理は、内面の変革からしか生まれません。それ以外はすべて見せかけにすぎません。ダライ・ラマは、ジャーナリストたちにしばしばこう言ってます。「鋭い嗅覚をもって、国家のスキャンダルを暴くのは、たいへんいいことです。本物の政治家なら、何も隠すべきものはないはずです」。中国のグラーグ〔旧ソ連の強制収容所〕のことを公然と話題にするには、このアジア共産主義の最終的な崩壊を待たなければならないのでしょうか？　第二次世界大戦の前は、ちょうど現在の指導者たちが李鵬とその同輩たちにおもねているように、ヒトラーにおもねり、手心を加え、大目に見ていました。

こうしたことはみな、環境問題にかんしてもあてはまります。ダライ・ラマは、人間にたいしてだけでなく、自然にたいしても非暴力を説きます。ブータンでは、釣りと狩猟は国全体で禁止されています。これは、仏教の理想が社会レベルで実行されるやり方の良い例です。仏教国家なら、魚ばかりか、亀やイルカをも捕まえて海の生息場所を荒らしてしまう四十キロの長さの流し網の使用を禁止するのに、一瞬たりともためらうことはないでしょう。これら環境にたいする非道な行為は、金儲けのためですし、また、人間に数え切れないほどの動物たちを殺す力があるというだけで、殺す権利を不当にも手にしているのです。

J・F　ヨーロッパ連合は、原則として、これらの網は禁止しているね。

M　しかし、日本と台湾は、とりわけ、海洋を荒らしつづけています。

J・F　君がいまこうして話してきたことのうちで、いくつかの考えは仏教固有のものだが、他の考えは、善意の心をもつあらゆる人たちによって、すでに表明されているものだ。国家の戦力を抑制する多国籍軍の創設の考えは、両大戦間の国際連盟のアイデアだったし、今日の国連の考えでもある。それはまた、各国の軍隊が統合された一種のヨーロッパ軍を作ろうとするヨーロッパ連合（ＥＵ）の考えだ。この理想は、ある周期で軍縮会議が開かれるのと同じように、ある周期でよみがえる。もっと先を行っているのが君の指摘、つまり個人の内面の変革がまずおこなわれないかぎり、あるいは個人一人ひとりを非暴力派にしないかぎり、人間集団が殺し合いするボスニアのような事態を阻止することは問題外だという指摘だ。しかし、そこまでいくとね！　世界平和への期待を人間性の変革の上に築く哲学は数多くある。さらに、あらゆる知恵、偉大なユートピア理論、あらゆる偉大な宗教もまた、この可能性に期待してきたと言ってもいい。現在までのところ、それはつねに失敗だった！　人間一人ひとりを平和主義者にして、その総和が、全面的に暴力に敵対する人類に集約されるという考えは、実際上実現不可能のように思われる。少なくとも二十世紀は、この方向での前進はほとんどなかった。

M　たしかにそうです。しかし、「外部」からの変革という選択肢、これは言うことを聞かない個人に、ますます強制的な法律や、全体主義的システムさえをも課すというものですが、これは長期的には現実不可能なものであるばかりか、その出発点からすでに欠陥があります。ある期間、厳しく締めつけることはできますが、抑圧された側の人たちは、いつも最後には不満を表明し、平和的なやり方にせよ暴力的やり方にせよ、抑圧者のくびきから脱するようになります。彼らは武器を手に入れ、その使用手段を見つけだすのです。

J・F　抑圧された側の人たちだけではないけどね、残念ながら！

M　もちろん人間は完全なものではなく、仏教国でも、いつも仏教の原理を実行に移してはいません。しかしながら、チベットは本質的に平和な文明でした。数多くの旅行者たちが、「仏教徒の穏やかさ」を強調してきました。アンドレ・ミゴによれば、これは「空疎な表現ではない。自分のまわりに息づいているこの穏やかさは、仏教の国で生活したすべての人々を感動させてきた。それは、あらゆる人間に向けられる心のこもった親切な態度である」(4)。

J・F　この態度が、人類全体に取り入れられるという希望はあるだろうか？

M　ひとつの例を挙げましょう。一九八九年の三月十七日、ダライ・ラマがノーベル平和賞を受賞した数カ月後のことですが、ラサの人たちはチベットの独立のためのデモをおこなうことを決めました。もちろん、だれが彼らを待ち受けているかをよく知ったうえでのことです。なぜなら、ラサは中国軍の駐屯部隊で包囲されているからです。これは天安門事件のわずかばかり前のことでした。このときラサでは、約二百人の死者が出ました。警察が群衆に向かって発砲したのです。もちろん、中国人たちはこう言いました。「煽動者たちが警察を襲撃した」。とりわけ、治安部隊のなかに負傷者が出て、全部で十一名が死亡した」。みなが彼らの言うことを信じました。私はここネパールで、ラサを逃れてきた証人たちと、カトマンズを旅行中のフランスのジャーナリストたちとの会見を設定しました。しかしジャーナリストたちは、この会見によって自分たちがあまりにも偏った情報を入手したのではないかと恐れて、このことをあえて伝えようとはしませんでした。二カ月後に、天安門事件が起きて、数千人のデモの参加者が殺されました。その一週間後に中国政府は、事件は何も起きなかった、軍は発砲しなかった、などと宣言しました。最近もまた、犠牲者は出なかったと再度断言しています。思い返してみますと、天安門の血はラサの血の代弁をしてくれました。ラサではたしかに二百人の死者が出たのです。

しかし、このときに起きたもっとも驚くべきことは、チベット人たちが中国人の武器を奪い取ったとき、中国軍に向けて発砲するのではなしに、その武器を破壊したということです！ ですから、激動のさなかにあっても、彼らはダライ・ラマが語ったことを思いだしていたのです。「とりわけ、暴力行為はいけない。それは、抑圧の拡大を引き起こすだけだ」。非暴力は彼らの頭にしみ込んでいました。この例は、ダライ・ラマを大いに励ますものとなりました。彼のメッセージが聞き入れられていたのです。またあるときは、中国の監獄で二十年を過ごしたひとりの老修行僧が、インドにいるダライ・ラマに会いにやってきました。会話のなかで、ダライ・ラマは彼に、拷問と洗脳をあいだにはさむ長い投獄生活のなかで、恐怖心をもたなかったかとたずねました。修行僧は答えました。「私の最大の恐れは、私を拷問している人たちにたいする、私の愛と慈悲を失うことにありました」。

J・F　たしかにこのような実例で明らかだね。仏教は暴力に訴えることを嫌う、自分の見解を押しつけるためでも、またたとえ自分を守るためでも。それにたいして、私たちが知っている大宗教は、あまりにもしばしば、自分たちの理想にたいして背を向けてきた。たとえば、キリスト教は、同様に非暴力に基礎を置いている。キリストは、「たがいに愛し合いなさい」と言わなかっただろうか？ それにもかかわらず、ローマ・カトリック教会は、キリスト教への改宗を拒む人たち、あるいは法王の理論と異なる理論をあえて公言する異端者たちを、皆殺しにすることに時間を費やしてきた。教会は、自分には何もわからない問題、たとえばガリレイの時代には、地球は自転しているのか否かという問題にさえも介入したよ。このように、みずからかかげる理想とあからさまに矛盾する行動をとりたがる人間の性向は、《歴史》を通じてつねに見られた。これは、仏教がこれから西洋に影響を及ぼしていくさい、制約を加えることにならないかな？

M　おそらく反対に、仏教をみずからの規範とする人たちが、これらの寛容の原理を実践に移そうと努めれば、こうした実践者たちは西洋において好感をもって受け入れられるでしょう。いずれにしても、まず最初に、自分自身との宥和——内面の武装解除——を確立しなければなりません。その次に自分の家庭内での平和、次に村のなかでの平和、最後に国内での平和、そして国を越えて……ダライ・ラマは、これらの考えを表明しつつ、人々それぞれが自分の精神的伝統を再発見する手助けをしたいと望んでいます。ですから私たちは、伝道者のような態度とはほど遠いのです。宗教の過激主義、原理主義の再出現は、おそらく、伝統的な価値が私たちの時代にどうしようもないほどに欠けている、という意識から生まれています。しかし、こういう意識があるからといって、原理主義者が、まさに精神的な道標を失っているために迷っている人たちを残酷に排除することは許されません。彼らの側からのこのような反応は、知恵も良識さえも欠いているものです。なぜなら、必要なのは人々をあるがままに、いまいるその場所で受け入れること、彼らが人生の本質を知るのをやさしく手助けすることであって、けっして皆殺しにすることではないからです。

第8章　宗教的精神性と脱宗教的精神性

J・F　今日、西洋で仏教が広まっている状況のなか、いまの時代の実情の興味深い一面がことのほか鮮明に浮かび上がった例が出てきている。仏教と、新しい世代の一部の哲学の著作との関係だ。私はすでにリュック・フェリーの名を挙げた。ここで、同じくアンドレ・コント＝スポンヴィル〔一九五二年生まれ。フランスの哲学者〕の名を挙げたい。彼は二年前、『偉大な徳にかんする小さな概論』と題された一冊の本を出版した。これは、実用的な知恵にかんする一連の助言、フランスでは、私たちがモラリストの伝統と呼んでいるものに似ている。著者は、人間の行動や、人間の心理学についての観察を述べて、ときとして月並みになることを恐れずに、人間生活の日常のふるまいにかんする実用的な助言を与えている。これは、この二十世紀末における一種の思考革命だよ。なぜなら、モラリストというのは、つねに専門の学者たちから極度に軽視されてきたからだ。彼らは、モラリストには軽い逸話的な寸言集しかないと思っていた。私の若いときは、哲学を支配していた体系好きの大先生たちは、偉大なモラリストたちを世俗文学として片づけていた。彼らの言によれば、それはいかなる体系化にもつながらない、とりとめのない評言、気まぐれな経験による観察だ、というわけだった。ところでいまや一般読者は、いまだ「哲学」書に興味をもつかぎりにおいては、人間という動物の日常の動きにかんして、きわめてつつしみ深く実践的感覚で助言を与えてくれるモラリストの、古い方法にもどる著作のほうに向かっている。

現代のモラリストのなかでもっとも独創的な、また、非凡な芸術家であり、名文家でもあるE・M・シオラン〔一九一一—九七。ルーマニア生まれのフランスの評論家〕は、四十年間、二千ないし三千人の読者しかもたないマイナーな作家にとどまっていた。そのあと突然一九八五年頃になって、みなが彼を引き合いに出しはじめた。さらにつけ加えると、コント＝スポンヴィルの本がフランスで大成功をおさめたのは象徴的なことだ。これは、みなが指導原理を求めている証拠であり、いかに生きるか、いかにして生きる知恵をふたたび手に入れるか、自分の人生の指針を教えてもらいたがっていることの表れだよ。これらの問いは、わが哲学者たちが、もはや久しく答えていなかったものだ。ところで、コント＝スポンヴィルもまた、よく仏教を拠り所にしている。次の文章はおもしろいよ、慈悲と隣人愛《カリタス》〔愛徳〕について、仏教とキリスト教のあいだの比較・対比がおこなわれているからね。引用してみるよ。「慈悲は、仏教を信じる東洋の偉大な徳である。隣人愛は、キリスト教を信じる西洋の偉大な徳——少なくともことばの上では——であることはよく知られている。どちらを選ぶべきであろうか？　そんな必要もない。この二つの徳は、たがいに排斥し合うものではないからだ。それでも、もし選ばなければならないとしたら、次のように言えるのではないかと思う。もし私たちにそうできるのなら、たしかに、隣人愛のほうがよい。しかし、慈悲は、より近づきやすい。それは、穏やかさという点で隣人愛に似ており、私たちを隣人愛へと導くことができる。あるいは、違う言い方をすれば、愛にもとづくキリストのメッセージのほうが心を熱くさせるが、慈悲にもとづく仏陀の教えのほうが現実的なものである」。そこで、これについて二つ指摘したいことがある。コント＝スポンヴィルが、「少なくともことばの上では」隣人愛はキリスト教を信じる西洋の偉大な徳である、と言っているのはもっともだ。なにしろ、この隣人愛は現実には、しばしば、新大陸の先住民の皆殺し、あるいは、異端審問における異端者の火刑台への連行、さらには、ユダヤ教徒やプロテスタントにたいする迫害となって現れているのだからね。二番目の指摘は、慈悲についての仏教の考えに敬意を表しながらも、コント＝スポンヴィルはその考察の最後のところで、結局、それはキリスト教の隣人愛よりもすこし劣るものであると言っているようだ。それで、君はこれをどう思うだろうか？　また、仏教の慈悲をどのように定義づければいいだろうか？

Ｍ　まず最初に、あなたの質問の最初の点について、すこしお話したいと思います。なぜ、実用的な知恵を助言する本への関心がよみがえってきたのでしょうか？　おそらくそれは、いまの時代では、よりすぐれた人間になるということが私たちの教育システムにほとんど無縁のものとなっている、という点を正そうとするためでしょう。何よりも脱宗教的な現代の教育は、実際、主として知性の発達と知識の蓄積を目的としています。

Ｊ・Ｆ　それに現代教育は、その面でも、完全な成功ではないよ。

Ｍ　知性は両刃の剣です。知性は、多くの良いことも悪いこともおこなうし、建設のためにも破壊のためにも利用されます。過去において、宗教は人々に、より良き人間になれ、隣人への愛、善意、公明正大、寛大、高潔……を実践せよと教えてきました。宗教がみずからの理想を裏切らなかったときのことですが。もしも、いまこのような徳を学校で教えるべきだという要求が出たら、いっせいに抗議の叫びが上がることでしょう。こうしたことがらは、個人が努力して身につけるものだ、人間らしい価値を子供に教えるのは親の役割だ、という答えが返ってくることでしょう。ところで、新しい世代について言えば、だいたい現在の親たちの世代が、この種のことがらについてもはや何も教えない学校を出ており、したがって、彼らのなかで宗教教育を受けた人、あるいは精神修行をした人はほとんどおりません。愛と慈悲は宗教の問題だ、とまで言われるようになっています。ダライ・ラマはよく言います。宗教なしですますことはできても、だれも愛と慈悲なしではすませられない、と。彼は好んで宗教的な精神性と脱宗教的な精神性とを区別します。宗教色を排したほうの精神性とは、私たちをより良い人間にすること、宗教を信じていようといまいと、本来、私たちのなかにある人間としての特性を伸ばすことだけをめざすものです。もしどんな種類の精神性もなければ、たまたま読む本以外にはもはや何も、だれも、若者たちに人間らしい価値とはどういうものかとか、それをどうやって育てるのかを教えてはくれないのです。ですから、こうした関心のよみがえりが見られることは、大いに心強いことです。

J・F　私は、君が「脱宗教的な精神性」というダライ・ラマの発言に言及したことをうれしく思うよ。というのは、いま私は、脱宗教性は道徳教育と対立するものではない、と君に答えようとしていたんだ。脱宗教性とは、宗教上のものであれ政治的なものであれ、いかなる教義〔ドグマ〕にも従わない、教育の中立という意味だ。これは、法律と他者の尊重、社会契約と自由の正しい使用、つまりモンテスキューが共和主義的な徳と呼んだものを中心とする道徳の育成を、排除するどころか、その逆に、これを要求するものだ。最近、脱宗教性の概念が逸脱している。

M　真の脱宗教性というのは、宗教教育を廃止することではありません。実際にそうなってしまいましたが。それは、学校であらゆる宗教と哲学理論――もちろんそこには唯物論も入ります――を教えることであり、生徒たちに、これらの授業に出席するかどうかの選択の自由を与えることです。そうすれば、子供も若者も、自分たちの前に出されているのが何かわかるはずです。彼らに人間らしい価値の基礎を教えるのに、十六歳の哲学クラスの時期まで待つ必要があるのでしょうか？

J・F　これは、国民教育に熱心なお偉方たちに、活発な議論を呼び起こすことになるだろうね。それはそうと、キリスト教の隣人愛と仏教の慈悲の比較はどうなったの？

M　慈悲の概念は、東洋的な考え方を西洋のことばに翻訳するときのむずかしさを典型的に表しているものです。

西洋では、「慈悲」ということばは、ときとして、恩きせがましい同情の概念、苦しんでいる人にたいして距離を置くことを想定する憐憫の概念を思い起こさせます。ところで、「慈悲」と訳されるチベット語のニンジェという ことばは、「心の主」、つまり、私たちの想念を支配すべき人を意味します。仏教によれば、慈悲は、あらゆる形の苦しみと、とりわけそれらの原因——無知、憎しみ、貪欲など——をいやそうとする願望です。ですから、この慈悲は、一方で、苦しんでいる人たちに、他方では、認識〔智慧〕に、かかわりをもつのです。

J・F　君は慈悲を隣人愛と同じと見るのかな？

M　隣人愛は、慈悲のひとつの表れです。布施の実践はもちろん仏教の基本的な徳です。いくつかの布施の形態があります。物質——食料・お金・衣服——の布施。「恐怖にたいする保護」の布施、これは、危険な状態にある他者を保護する、あるいは、他者の生命を救うことから成り立ちます。そして、人が無知のくびきから自由になるための手段を与える、教育の布施があります。これらのさまざまな形の布施は、仏教の社会ではつねに実践されており、与える側が自分の持ち物すべてを困っている人に与えてしまう、ということも起こります。チベットの歴史では、この慈悲の理想の影響を受けて、他者の命を救うために、みずからの命を捧げた数多くの実例が存在しています。これは、キリスト教の隣人愛に対応するものです。次に、長期にわたる苦しみを取り除くためには、苦しみの源についてよく考えることが必要です。そのとき人は、戦争、復讐の渇望、妄想、その他人間を苦しませるあらゆるものをはぐくむのは無知である、ということを自覚します。

J・F　慈悲と愛のあいだには、どんな違いがあるのだろうか？

M　愛は慈悲の不可欠な補完物です。慈悲は愛がなければ、生きることも、ましてや育つこともできません。愛というものは、すべての人間が幸せとその原因を見つけてほしいという願い、として定義されています。ここでいう愛とは、条件のつかない、全面的な、あらゆる人に分け隔てなく向けられる愛という意味です。男と女のあいだの愛や、近親者への愛は、しばしば独占欲の強い、排他的な、制限された、エゴイズムの感情が混ざり合ったものです。人は、少なくとも、与えるものと同等のものを期待します。このような愛は、深いようには見えますが、もしも私たちの期待にもう答えなくなると、簡単に消え去ってしまいます。さらに、近親者への愛は、私たちにとって脅威となりかねない人と、私たちが愛する人とを隔てる意識を伴います。「見知らぬ者〔外国人〕」にたいしては敵意さえ生みます。真の愛、真の慈悲は、私たちに敵対する人々にまで広がりますが、一方、執着の混じった愛や慈悲は、私たちが敵とみなす人を包み込むことはできません。

J・F　つまり、愛の概念はキリスト教だけでなく、仏教においても重要なわけだね？

M　信仰の道の根本にあります。しかし、特定のひとりまたは何人かに限定され、偏ったえこひいきのある愛は、真の愛にはなれません。さらに、この愛は完全に無私無欲であり、見返りに何も期待してはいけません。こうして、瞑想の主要なテーマのひとつは、まず深く愛するだれかのことを考えることからはじめ、この寛大な愛の感情が私たちの精神を満たすがままにすることにあります。次に、そうした制約の檻を打ち破り、この愛を私たちが中立の感情を抱いている人々に広げます。最後に、私たちの敵とみなされているすべての人たちを、私たちの愛のなかに包み込みます。これが真の愛です。だれかが私たちに悪意を抱いていると知っても、真の慈悲に影響を与えることはありえません。なぜなら、この慈悲は、この「敵」も私たちとまったく同様に、幸せを願い、苦しみを恐れていることを深く理解することから生まれているのです。

J・F　それでは、仏教の慈悲とキリスト教の隣人愛のあいだに、どんな違いがあるのだろうか？

M　聖書に書かれている隣人愛は、仏教の愛と慈悲にそのままあてはまります。もっとも、この愛は、理論上はすべての大宗教に共通しています。仏教では、愛と慈悲に、さらに二つの徳を結びつけます。ひとつは、他者の美点と幸せを喜び、その幸せが存続し、増大するように願うことです。他者の幸せを前にして喜ぶことは、嫉妬の解毒剤になります。もうひとつは、公平さと平静さです。それは愛と慈悲と思いやりを、私たちにとって大事な人たちにも、見知らぬ人たちにも、また私たちの敵にも同じように向けることです。私たち自身の利益と無数の人々の利益を比べれば、前者は後者に比べて取るに足らない重要性しかもたないことは明らかです。さらに、私たちの喜びも、苦しみも、他者の喜びと苦しみに密接に結びつけられている、ということを理解しなければなりません。私たちは毎日の生活のなかで、まったく自分自身のことしか頭にない人たちと、精神がつねに他者に向けられている人たちのあいだに違いがあることを確認できます。前者はつねに心が落ち着かず、不満を抱いています。心の狭さが、彼らの他者との関係に害を及ぼし、彼らは他者から、およそ何かを得ることはむずかしい。彼らは閉ざされているドアをつねに叩きつづけています。それに反して、開かれた精神をもち、自分のことはほとんど頭にない人は、つねに他者の幸せに注意を向けています。彼は、自分の問題には影響を受けないほどの精神力をもっています。そして、そう望まなくとも、他者のほうが彼に注意を向けてくれるのです。

要するに、すでに述べてきたように、仏教の愛と慈悲は、知恵、つまり事物の本性の認識〔智慧〕と不可分なので、他者を、不幸せの第一原因である無知から解放することをめざします。慈悲が充分に働くには、この知恵と聡明さが必要です。

J・F　そういったことはどれも、具体性に欠けるという反論が出てきやしないだろうか？　私たちの時代には、いわゆる社会問題、不平等や非行や麻薬や中絶や死刑などのむずかしい問題が存在する。本質的に取り返しのつかない懲罰である死刑をどう考えるか、それよりもまず、罪を犯した未成年者を監獄に入れるべきか、それとも再教育すべきか？　また、君がさきほど教育について提起した問題もある。教育は強制的であるべきか、あるいは、もっぱら生徒の熱意にのみもとづくべきなのか？

M　教育の問題は、学生が聞きたいことを教えるべきなのか、それとも、本当に聞く必要があることを教えるべきなのか、ということです。前者の場合は安易な解決策で、後者の場合は責任ある態度でしょう。

J・F　さらにまた社会的保護、失業、暴力、移民の同化、現代の大都市のなかでの人種間の対立など、あらゆる問題がある。仏教はこれらの問題について考えてきたのだろうか？　また、その答えをもっているのだろうか？

M　西洋の社会は、外的な条件から生まれる苦しみに対処するための手段をより多くもっています。しかし、内面の幸せを築く手段にはおそろしく欠けています。また、人生と社会の具体的な問題について考える手がかりにも欠けています。というのは、精神の原理が私たちにとってますますわかりにくくなってきているからです。一九九三年に、ダライ・ラマがフランスを三週間訪問したとき、私は通訳として随行しましたが、ダライ・ラマが学生の側から受けた歓迎にとても感動しました。ダライ・ラマがいちばん熱狂的な歓迎を受けたのは、大学でした。グルノーブルでは、十二月の夜の八時で、とても寒かったのですが、講堂はぎっしり満員で、屋外では寒さのなかを三千ないし四千人が立ったままで、大スクリーン上のダライ・ラマを見つめ、彼の教えに聞き入っていました。ボルドーでも同じ現象でした。大講堂は満員で、数千人の若者が外にいました。ダライ・ラマが応じた質疑のやりとりの折りの熱気と興奮にはまったくびっくりしました。彼は二十分ほど話をしました。それから、あらゆる種類の質問が噴きだしました――死刑、中絶、産児制限、暴力、愛、などなど。若者たちはやっと話し相手を見つけた、といった感じでした！

J・F　で、答えはどんなものだったの？

M　産児制限にかんしては、ダライ・ラマは生命は私たちがもつもっとも高価な財産である、と言いました。人間の生命の一つひとつが、何にもまして貴重なものです。生命は私たちを認識へ向かって運んでくれる船のようなものだからです。しかし、この貴重な生命の数があまりにも多くなりすぎると、人類全体にとって問題を生むことになります。というのは、地球の資源は、数十億もの人間が、まともな生活を送れるほどにはないからです。唯一の解決策は、産児制限によって人口増大を抑えることです。ダライ・ラマが奨励するのは、彼が呼ぶところの「非暴力的な」産児制限です。つまり、可能な避妊法は何でも利用することです。

J・F　生まれないようにする？

M　過剰な出生率を非暴力的な方法で下げるために、できることはなんでもする、ということです。

J・F　でも、彼は中絶にはどちらかといえば賛成ではないらしいね。

M　仏教は殺害するという行為を、「生きるもの、あるいは生まれつつある生きものから生命を奪う」ことと定義しています。これは、再生の考えから生まれる論理的な帰結です。なぜなら、妊娠とともに、きわめて原初的な、ほとんどわからないような形ですが、前世に由来する意識が現れるからです。母親の命が危険にさらされたり、あるいは、子供が恐るべき奇形で生まれてこようとしている場合は、中絶が正当化されますが、両親が予防策をとらないとか、子供をもつのは面倒だからというエゴイズム、個人的便宜だけの理由では、これはみとめられません。これから開発すべきものは、中絶に頼らなくてもいいような、効果的な避妊手段です。この答えは聴衆を満足させたようでした。そして彼は、次のジョークをつけ加えたのです。「人口増大を抑制する最良の方法は、もはや僧侶と修道女しか存在しなくなることです」。これはもちろん聴衆を笑わせました。

J・F　出生率が人口維持限度以下に落ち込んでいる先進国では、人口過剰の議論はもう意味をもたない、ということをつけ加えておくよ。あと議論すべきことは、個人の自由、個人の選択の自由だけだ。しかし、ここでもうひとつの社会問題、死刑の問題を挙げておくと、この問題は西洋の現代社会の大部分では解決されている。死刑を残している社会はもうほとんどない。そして、アメリカにおいてさえ、死刑を残しているのは数州だけだ。もっとも、いくつかの州では復活させているが。一般的に見て、あと残るのは非行、軽犯罪の防止と組織犯罪の鎮圧だ。組織犯罪にたいしては、非暴力だけを考慮に入れるというわけにはいかないね。もし、暴力を用いず、犯罪人を監獄に収監せず、彼らが悪さをしない状態に置かないとしたら、どうやってマフィアから身を守ることができるだろうか？

Ｍ　非暴力は弱さとはなんら関係がありません。目的は他者の苦しみをなんとしても減らすということです。ですから、適切な手段によって犯罪者を無力化させることは必要です。しかし、だからといって、復讐や、憎悪と残忍性にかき立てられた懲罰は正当化できません。私は最近ラジオで、襲撃されて殺されたある子供の両親が、その殺人テロリストの刑の宣告前夜に語った感動的なことばを聞きました。「私たちは、さらにもうひとつの死は要りません」。犯罪者がふたたび害を及ぼさないようにする終身禁固に比べ、死刑はまさしく復讐の行為のように思われます。これにかんして、ダライ・ラマが『神の土地と人間の不幸』(1)のなかで次のように言っています。「ひとりの人間に死刑を宣告するというのは、重大な行為です。これは、ひとりの人間を消すということ以外の何ものでもありません。ところで、大事なのは、その人間が生きつづけて改心し、その行動を改める可能性をもてるようにすることです。私は、もっとも危険な犯罪者にさえも、変革と改悛の機会はあると確信しています。その人間を生かすことで、私たちすべての人間のなかにある変化の可能性を実現する機会を彼に残してやれるのです」。

最近、一九九六年に、アメリカのアーカンソー州で、ひとりの囚人が死刑宣告の十二年後に処刑されました。そのあいだ、彼は自分の罪の恐ろしさを実感して、他者のために自分の残りの人生を捧げて、犯した罪をできるかぎり償いたいと願っていました。彼はまた、拘留中に修道士の誓いを立てました。彼は地元のラジオ局に電話で話を聞いてもらうことに成功して、次のように言明しました。「私は別の人間になりました。私の贖いの気持ちを受け入れてください。私を殺さないでください。私たちは人間的な社会に生きているのだと、信じたいのです。しかし、実際はそうではありません。政府は、おおやけに、死刑は復讐であると言うべきです。死刑が見せしめの罰として、犯罪の発生率を効果的に減らす機能を果たさないことは、明らかです」。そして彼は次のようにたずねました。「なぜあなた方は、みなが知らないうちに受刑者を夜中に処刑するのですか？　もしも、あなた方がこうして犯す行為が非人間的なものでないとすれば、そしてもしも、あなた方が自分をとがむべきだと感じないのなら、私たちを日中テレビカメラの前で処刑しないのはなぜですか？」。かつて牧師だったアーカンソー州知事は彼の恩赦を拒み、この受刑者にもう一度自分の意見を訴える機会は与えず、処刑日を一カ月早めました。

J・F　この問題にかんしては、かなり一般的な合意が存在する、と私は思うね。死刑を残している唯一の大きな民主主義社会は、アメリカだ。もっとも少数の州でだが。そしてこのことは、現在、多くの異論を引き起こしている。ヨーロッパでは、死刑は現実に姿を消している。今日では、死刑はもはや、全体主義の国、たとえば中国、いくつかのアフリカの国、マレーシア、シンガポール、イラク、そしてもちろんのことイランなどにしか存在していない。

M　中国では一日に百人が処刑されていますよ……おまけに、刑務所はしばしば処刑された者の器官を香港の闇市場で売って、受刑者の家族に死刑に使われた銃弾の費用を負担させています。

J・F　中国で一日に百人の処刑とは！　しかし、法治国家のほとんどすべての国で、死刑の問題は解決されている。その代わりに、依然として、犯罪の予防と処罰についての議論がある。私たちは、軽罪あるいは重罪を犯す側の人々から見た立場につねに身を置くわけにはいかない。犠牲者から見た立場にも立つ必要がある。つまりできるかぎり人々を累犯者から守らなければならない。とくに、テロリストグループと組織犯罪から社会を守る場合がこれにあたる。この点にかんしては、厳密に非暴力的な解決を考えるのはかなりむずかしい。

M　犠牲者よりも犯罪者のほうに、危険で非現実的なやり方で同情するべきだと言うのではありません。大事なことは、悪い人間が害をなしつづけないようにすることです。

J・F　これが悪をなす組織の場合は、なおさらのことだよ！

M　非暴力の目的は、まさに暴力を減らすことです。これは消極的な行動ではありません。だから、問題になっている苦しみがどのようなものかを判断することが非常に重要になります。最良の解決策は、他人に大きな害を及ぼしている人を、なんらかの方法でさらに別の形の暴力を使うことはせずに無力化することです。ソルボンヌでの学術論文賞受賞者の集まりで、聴衆のひとりがダライ・ラマに、「もしもチベットが自由を回復したあかつきには、いつかニュルンベルク裁判がおこなわれることになるのでしょうか?」とたずねました。ダライ・ラマは、「おそらくそれはないでしょう、もしあるとしても、裁判の目的はチベットで犯された残虐行為を明らかにする、ということでしょう。チベットでは、百万人以上の人間が、中国による占領以来死亡しています。しかし、中国人たちに協力したチベット人にたいする復讐の行為はないでしょう」。ダライ・ラマは次のような例を挙げました。だれにでも嚙みつく犬はどうしても力をそがなければなりません。その犬に口輪をはめ、もしずっと危険があるなら、死ぬまで隔離しておきます。しかし、その犬が年をとって、歯が抜け、片隅で静かにまどろんでいるときには、その犬が十年前に十五人の人に嚙みついたからといって、頭に銃弾を打ち込む人はいないでしょう、と。

J・F　ここで提起されているのは、たしかに、計り知れない教育的価値をもったニュルンベルク法廷の問題ではなく、ニュルンベルクの犯罪者の処刑の問題だね。当時、彼らの大半は処刑された。現在、ハーグでボスニア紛争の戦争犯罪人を裁くもうひとつの裁判がおこなわれている。私は、これらの犯罪者たちのだれひとりとして死刑を宣告されないし、処刑もされないだろうと思う。それに、そういうことは、関係諸国の法制度では不可能なことなのだ。この立場は、ダライ・ラマが表明した立場にまったく合致するね。

M　ダライ・ラマは英語できわめて感動的な表現を用いました。「私たちは許さなければなりません。しかし忘れてはなりません」。

J・F　そう……忘れてはいけない。これはまったく正しいよ。しかし、この論法は個人にたいして適用されるものだね。ところで、今日、犯罪は本質的に組織化されたものになっている。政治犯罪がそうであり、軍事組織「バスクの祖国と自由」、ＩＲＡ（北アイルランドのカトリック系軍事組織「アイルランド共和軍」）、あるいは、数年前のインドのシーク教徒の分離主義者のようなテロリストたちがそうだ。また、イタリア、ロシア、中国、あるいはコロンビアのマフィアたちもそうだ。つまり、利益によってであれ、イデオロギーの狂信によってであれ、自分たちには犯罪を犯す権利があると考える集団が問題なのだ。そうなってくれば、ある個人を改心させればすむということではなくなってくる。シチリアのマフィアのボスのトト・リナがパレルモで逮捕されたとき、イタリア警察にとっては一大成功だったわけだが、その三十秒後にはマフィアのボスの座は他のだれかに取って代わられたのだ。だから、真の敵は組織であって、個人ではない。社会には、金儲け、あるいは政治的影響力、あるいはこれらの両方を目的とする悪者たちの団体をたえず分泌する傾向があるが、これにたいする自己防衛の手段としては、まず暴力の利用しかない。これは対抗暴力だ。

Ｍ　組織化された犯罪は、結局のところ、犯罪者の集団にすぎません。犯罪者たちを悪いことができない状態にしたとしても、それは悪を一時的に押さえ込み、症状をなくすことにすぎません。しかし、もしその原因を直そうとするなら、どうしても個人を改心させ、自己改革を手助けしてやらなければなりません。

第9章　暴力はどこから生まれるか？

J・F　私たちが語り合ってきたことは、形而上学の問題――ただしマフィアが形而上学の問題に通じるとすればだが――、つまり悪の問題にたどり着く。このテーマにかんしては、私としては仏教の立場をぜひとも知りたいところだよ。なぜなら、西洋の主な哲学や主な大宗教を特徴づけるのは、《悪》の問題を提起することを受け入れる、という立場だから。つまり、《悪》それ自体が存在するという考えを受け入れている。これは同時に、哲学でも宗教でも、形而上学と道徳の大問題のひとつになっている。とくにキリスト教では、《悪》の概念は原罪の概念に結びつけられているからね。また、主な哲学においては――古典派哲学、デカルト哲学、ライプニッツを取り上げてみよう――《悪》が存在しうるということが、これらの哲学者たちの心をさいなむ問題になっている。彼らは、哲学者であると同時にキリスト教徒であり、その哲学体系そのものが、神性の考え、最高の知性と同時に至高の善と一体である全能の神という考えに基礎を置いているからだ。どうやって《悪》をみとめるか？　これが、大部分の哲学者たち、とりわけ神学者たちが、あたかも乗り越えられない障害物のようにぶつかった問題であり、これを設定した形而上学の枠組み、表現のなかでは解決されたためしがない。この矛盾を克服するために提案された解決案はどれも、もっともらしいものばかりだ。仏教では、《悪》それ自体の存在をみとめているのだろうか?

Ｍ　いいえ。本質的に、《悪》は錯誤と同じく実在性がありません。そしてあらゆる人間の究極の本性は完全性です。この完全性は、たとえ無知、欲望、憎しみで曇らされても、私たち自身の内奥にあります。天地創造を神の直接の仕事と考え、その結果、神には《善》にも《悪》にも責任があるとせざるをえない人たちにとっては、《悪》の問題はことのほか解決不能のように思われます。仏教によれば、ブッダの本性は、ゴマの実のなかの油のように、一人ひとりの内面に存在しています。これが人間の真の本性です。一人ひとりに生まれつきそなわっているこの完全性は、ヴェールをかぶっていることもありますが、人が無知のヴェールと、無知の影響で作りだされる心を乱す感情のヴェールを取り除くにつれてあらわになり、実現されていきます。これらのヴェールはブッダの本性に属するものではありません。それをおおい隠しはしますが、変質させることはできません。しかし、人間は簡単に、この本性を見失い、有害なことばと行為、つまり苦しみとなって表れる否定的な二元論的思考にはまってしまいます。

《善》と《悪》の外見上の対立は、実際には存在しないもので、それは、私たちの物の見方から生まれているにすぎず、私たちには存在しますが、私たちにとってしか存在しません。これは一種の幻覚です。偽物は現実の存在をもちませんし、本物を構成する要素ではありません。ですから、錯誤が現実の不正確な認識にすぎないのと同じように、《悪》はひとつの逸脱にすぎません。この混同というか、私たちがそのなかで生きている相対的真理とも言えますが、これは、真理の細分化、つまり人間と現象の原初の純粋さ以外に何かがあると考えてしまうことから生まれるのです。《悪》はしたがって、幻としてしか存在しません。この混同はひとつのとらえ方ですが、しかし人がブッダの本性に目覚めるとき、錯誤は本当は存在しなかったのだ、ということに気がつくわけです。

J・F　するとキリスト教のように、原罪へ落ちる、ということはなかったのだね？

M　原罪も堕落もありません。あるのは単に、この原初の本性の忘却、まどろみ、記憶喪失だけです。そしてひとたびこの本性が忘れられると、自己と他者の区別が現れ、引力と反発、自己中心主義に結びつくあらゆる強力な傾向が生じ、これが否定的な感情と激しい苦しみを生みだします。

J・F　そうしたものはどこからくるのだろうか？　もしも人間が本質的に善ならば、どうしてそうした否定的な傾向が現れるのだろうか？

M　じつを言いますと、感情と苦しみは一度も「生みだされた」ことはないのです。何ものも堅固な実在をもっていないし、悟りの境地に達すれば、人は一種の悪い夢から目覚めるのですから。無知は一度も本当に存在したことはありません。仏陀のように目覚めた人は、眠って悪夢に襲われている人の思いを読みとる人のように、人々の無知が見えるのです。彼は悪夢の本性を知っていて、それにだまされることはありません。

J・F　見事なたとえだね！　しかし、たとえ悪が仮象にすぎないとしても、それは私たちを苦しめる。その言い方では、問題をそらすだけだよ。現実界においてすべてが本質的に善であるとすれば、どうして《悪》が現れるのだろうか？

M　《悪》はたしかに「姿を現します」が、だからといって固有の存在をもっているわけではありません。人が縄を蛇だと思い違いをするとき、蛇は幻覚以外には、いかなる瞬間にも、いかなるしかたでも、存在したためしはないのです。ですから、錯誤はまったく否定的な存在のしかたしかなく、固有の存在はありません。なぜなら、無知をつきつめていけば、無知は解消しうることを知るからです。金塊を洗うことはできますが、石炭の塊を白くすることはできないでしょう。

J・M　キリスト教や十七世紀と十八世紀始めの古典的形而上学と比べると、表現法は異なるけれど、問題そのものはすこし似たところがあるね。私たち西洋の哲学者たちは、善性そのものである神が、いかにして自然のなかに《悪》の存在を許すことができたかを説明するのに苦慮している。《悪》は幻覚にすぎない、それはある状況との関係においてのみあるのであって、それ自体本当には存在しない——、どんなに言ったって、やはりこの答えは満足できるものではない。

M　人が事物の真の本性を自覚しないときは、その外見の姿に執着します。自己と他者、美と醜、快と不快、などの対立が広がっていき、心を乱す一連の精神的要因がいっせいに働きだします。こういうわけで無知は、ヴェールのようにかかり、人間に自分の真の本性を忘れさせ、その深い本性とは逆の行動をとるようにさせます。それは、まるで精神を、自分にも他人にも害を与えるもののほうへ引き寄せる迂回路か蜃気楼のようなものです。

J・F　しかし、なぜそうした否定的な要因、それらの「悪の工作員」が現れるのだろうか？　もしも人間のなかに根本的な善があるならば、かならず外に現れてくるはずじゃないだろうか？

M　無知はひとつの「可能なあり方」です。だから、おのずと自己を外に表そうとします。無知は認識のなかから現れてきますが、しかし認識の究極の本性に属するものではありません。その本質は幻です。したがって、認識が現実化されても、実際には、何も起きていないのです。もしあなたが月を眺めるとき、眼球を強く押すと、月が二個見えるでしょう。この二つ目の月をだれが、あるいは何が作ったかと考えるのは無益なことですね。でも、ずっと自分の目を強く押しつづけて、ついに、月はたしかに二つ存在すると確信するようになる人のことを想像してみてください。それは彼にとって真実なのです。彼は、二つ目の月の起源と本性について、あらゆる種類の理論を打ち立てることでしょう。しかし、ふつうに月を眺めている人にとっては、二つ目の月の存在など問題になりもしないでしょう。それでもやはり、その強情者にそれを理解させるには、彼が自分の目を押すのをやめないかぎりは、大変な苦労を要するでしょう。悪と苦しみのみなもとである無知は、偶然起きる勘違い、不意の忘却であって、これは精神の究極の本性をなんら変えるものではありませんが、しかし苦しみの連鎖を作りだすものです。それは、ちょうど悪夢を見ているとき、ベッドに心地よく寝ているという事実はまったく変わらないのに、大きな精神的な苦しみをもたらすようなものです。これは、苦しい説明のように見えるかもしれませんが、観想的体験にもとづくものです。目覚めた人は、自分の夢が幻のものであることを理解するのに、なんの説明も必要としません。

J・F　しかし、存在しない出来事によって、やはり彼は苦しめられたのだろう?

M　たしかにそうです。夢のなかでさえ、それを体験する人にとっては、苦しみはまちがいなく苦しみであり、苦しみが幻だからといっても、それをいやしてあげなければならないことには変わりありません。だから、利他的な行動、人々が味わっている苦しみをなくすためのはたらき、憎しみやその他の苦しみの原因を除くことをめざす精神の道が当然必要になるわけです。苦しみの出現にかんして言えば、それは因果法則に支配されています。つまり、私たちの行為、ことば、思考の結果です。苦しみがどんなに悲惨であるとしても、結局、つねにあるのはただひとつ、本来の完全性です。黄金は、たとえ泥のなかに埋まっていても変化しません。太陽はたとえ雲におおわれていても、輝きつづけています。

J・F　うーん、そうかなあ……その答えには満足できないな。《悪》が存在する世界と、その創造者である至高の善としての神とのあいだの二律背反を解決しようとして考えたライプニッツの答えにすこし似ているね。世界における《悪》の出現は、神自身に起因するのではなく、あらゆる種類の付随的な要因によるものだ、と説明するのに骨を折るのだ。ところで、要は二つにひとつだ。神は全能であり、だから神は《悪》に責任があるのか、それとも神は全能でなく、だから神ではない!

M　それはまさに、仏教が全能なる創造者という考えに反論するのに用いる論法のひとつですよ。

J・F　ライプニッツは、まったく尽きることのない想像力で、あの有名な、可能ないくつもの世界のなかの最良の世界という理論を編みだした。ヴォルテールは『カンディード』のなかでこれを嘲笑したけどね。ヴォルテールは、カンディードとライプニッツ派の哲学者パングロスを登場させる。地震で破壊されたばかりのリスボンの廃墟のなかで、煙を上げる瓦礫の下で犠牲者たちが呻いているとき、この先生は弟子に、われわれは可能な世界のなかの最良の世界に生きている、と説明する。これは、まさに解決不能な問題が本当に存在するということを、皮肉たっぷりだが、じつに鮮やかに例証している。マーニー〔二一六—二七七。ペルシャのゾロアスター教を基本とし、キリスト教と仏教の要素をも加味したマニ教を創始。ゾロアスター教の圧迫で磔刑に処せられた〕はその有名な理論のなかで、世界には《善》の原理と《悪》の原理という、二つの自立した、異なった力が存在すると主張し、これがマニ教と呼ばれる教義を生みだした。この主張は、ローマ・カトリック教会からの論駁にあって異端と宣告され、また、多くの学者から、とくにエマニュエル・カントから否定された。これは、単にことばによる表現としても、解決するのがきわめてむずかしい形而上学の問題だね。いずれにせよ、仏教がキリスト教と違うのは、罪、とくに原罪という概念をみとめないことなんだね。

M　もし過ちというか、キリスト教の「罪」に大きな「長所」があるとすれば、まさにそれが実際には存在しない、という点です。したがって、解消し、浄化し、修復することができない、否定的な行為や思考は存在しません。

J・F　もう一方で、神は《悪》の創造者として非難されることはありえない、なぜなら神は存在しないのだから、というわけか！

M　私たち自身に、私たちの悪行にたいする責任があるのです。私たちは過去の相続人であり、未来の主人です。「善」も「悪」もそれ自体としては存在しません。あるのは、苦しみあるいは幸せに導く行為と思考です。重要なことは、苦しみや悪の形而上的問題よりも、それらをいやす方法です。仏陀はある日、ひとつかみの木の葉を手にとって弟子たちにたずねました。「木の葉は、私の手のなかと森のなかのどちらにたくさんあるか？」。弟子たちは彼に、もちろん森のなかのほうが多いと答えました。仏陀は続けました。「同じように、私はお前たちに教えたよりも多くのことを達成してきたが、苦しみを終わらせ、《悟り》に達するのには役立たない多くの知識がある」。

J・F　もし人間が「善」であるなら、これほど多くの暴力をどのように説明すればいいのだろうか？

M　この「真の本性」という考えは、人間の平衡状態という意味で、また暴力は、平衡を失った状態として理解することができます。暴力は人間の深い本性のなかにはないということの証拠は、これをこうむる側にも、これを加える側にも同時に苦しみを引き起こすということにあります。人間の本来の願いは幸せです。憎しみに支配された人のことを、あの人は「我を忘れている」「もはやいつものあの人ではない」とは言わないでしょうか？　だれかを殺して自分の憎しみを満足させても、殺人者は心の安らぎとか充足感など得られるはずもありません。ときとして短い時間、不健全な喜びを感じるかもしれませんが。まったくその反対に、殺人者は深刻な混乱と苦悩状態におちいり、ときにはそれで自殺することもあります。

人はまた、アフリカの子供たちのように、犯罪にたいして無感覚になることもあります。そこでは、傭兵たちが、子供のあらゆる感受性を破壊し、子供を冷酷な殺人者に仕立て上げるために、まず最初にその子に家族の一員を無理やり処刑させるのです。あるサラエボのセルビア人ゲリラ兵は、人を殺すことがあまりにも自然なことになってしまい、他の行為を考えることができないほどだ、と語っていました。「もしも、あなたのかつてのモスレム人の友人があなたの銃の照準範囲のなかを通過したら、あなたは撃つか」と聞かれて、彼は「撃つ」と答えました。これらのゲリラ兵たちが自分の真の本性とのつながりを失ってしまったことは明らかです。人は犯罪の常習犯にかんして、「彼らにはもはや人間らしさの何ものもない」と言わないでしょうか？　それに反して、長年たがいに激しい憎しみを抱き合ってきた不具戴天の敵どうしが和解すると、彼らは果てしない安堵感、大きな喜びを感じるということがあります。この喜びは、おそらく、彼らが自分の真の本性を取りもどしたことから生まれるものです。

J・F　私は、極悪犯罪者を自殺に導くような悔恨にかんしては、君ほど楽観的にはなれないな。私が確認する事実は、スターリンは自分のベッドで死に、毛沢東もフランコも自分のベッドで死んだことだ。ヒトラーは自殺したが、自分が犯した罪をすこしでも悔いたからではまったくなくて、自分が戦いに敗れたからだった。私が遺憾ながら確認するのは、サダム・フセインがいまだに自殺をせず、毎日人々を銃殺しつづけ、新方式だと称して人の耳を削ぎ落としつづけているという事実だ。彼は脱走者の耳を削ぎ落とさせ、この役を拒否する医者や外科医をつるし首にしている。犯罪者を自殺に追い込むような悔悟は、統計上はきわめて少ないものだ。

M　問題は悔恨ではなくて、苦しみであり、内面の平和がまったく欠けているということです。毛沢東はほとんど精神錯乱の状態で死に、彼の妻は自殺しました。スターリンは死の床で自分の愛人を殺すように要求しました。彼女が他のだれかといっしょになることは耐えられない、との理由からです。

J・F　私は、悪の抜本的解消にかんしてはきわめて悲観的だよ。ルソーが信じたのとは反対に、人間は悪いものであり、良いものにするのは社会、法に従って組織された社会である、と私は思うね。ときどきいくつかのタイプの社会が、人間をすこしばかり良くすることがある。これはなぜか？　それは、悪が非合理的なものだからだ。

M　そして、自然に反するものだからです。

J・F　暴力と悪の実行でも、なんと言うかな、現実的と定義しうるようなものがあるとすれば——もちろんそれは道徳上は断罪すべきものだが、しかし少なくとも議論の余地はあるのではないだろうか！　現実的というのはこういう意味だ。もし人々が一定の目的を達成するための計算に従って、自分の利益のためにのみ暴力を使うとした場合だ。これは暴力の利己的な厚かましい使用ではあるが、合理的とは言える。すでにこれだけで暴力の使用に制限はかかる。とりわけ、これはたしかに道徳を無視した論理にもとづいているが、これに対抗したさらにもっと現実的な、もうひとつの論理をぶつけることもできる。

不幸にも、暴力の使用は、多くの場合まったく常軌を逸していて、現実的な目的追求をはるかに越えたものになっている。暴力のもっとも恐るべき使用については、アルジェリア、旧ユーゴスラヴィア、あるいはルワンダの例をふたたび挙げると、もう病的な使用になっている。ユーゴスラヴィアを構成するさまざまな民族の真の利益は、現実的な交渉を進めることにあったはずだ。多くの戦争を取り上げてみよう。戦争の煽動者たちは、当初定めたはずの政治的、戦略的目的をはるかに越えていく。ヒトラーがライン右岸の奪還を望んだことや、ドイツ領とみなしたチェコスロバキア内のいくつかの地域を回復しようとしたことは、レアルポリティク〔現実的外交政策〕とみなしてもいい。しかし、全世界を相手に全面的な戦争に突入したことや、ヨーロッパのみならず、ほとんどすべてのユダヤ人を絶滅させようとしたこと、次いで、同盟国であったソ連にたいする無謀な遠征に突き進んだこと、これはどれも自殺的な行動として説明するしかない。ドイツ国民の行動でもあったんだけどね。ちょっとでも合理的な分析をしてみれば、この作戦が成功するはずのないことは明らかだったよ。

暴力を使用する人たちは、しばしば、具体的な目的を越えてはるか先に進んでいく。フランスでは、国民公会〔フランス革命時、一七九二―一九五年に開かれた〕がヴァンデの反乱〔一七九三年、フランス南西部のヴァンデ地方で飢餓と革命政権の宗教政策への反発から起こった反革命蜂起。死者三十万人を出した〕を鎮圧し、国境地帯にいかなる危険もなくなったときに、民間人にたいする最悪の虐殺が起きた。中国の歴史には一万人、一万五千人、あるいは三万人の首をはねさせた皇帝や封建領主の話が無数に出てくるが、現実的な目的の観点から見れば、これらは完全に無益なものだった。血を流させるという、まったくサディスト的な欲望だ。同じくリュック・フェリーがその本のなかで挙げている他の例にもどれば、ルワンダの虐殺があるが、彼は、仏教はこれにたいして影響力をもちえないだろうと言っている。

Ｍ　さしあたって、仏教がルワンダの集団大虐殺になんの影響力ももてない、というのは明らかです！　しかし指摘しておきたいのは、だれも大虐殺にたいして何もできなかったし、現実的と称する立派な政策や、西欧諸国の立派な《新国際秩序》にしろ、これを予防し、やめさせることには無力だったということです。

J・F　しかしさらにいっそう驚くことは、このルワンダの集団大虐殺には、その合目的性がまったく見えないということだね。犯罪者が何か自分の利益になる犯罪を犯すとき、私は彼を非難するが、しかし彼を理解はできる。私は、ともかく、彼の行為を貪欲、権力欲、現実的打算によって説明する。しかしその行為がいかなる意味ももたないとき、あるいは人間にたいするこの集団絶滅が、だれにとってもまったく利益がなく、何ももたらさないとき、たしかに《悪》それ自体の存在というか、《悪》の人間の内部における存在を考えざるをえなくなる。

M　問題はむしろ、あらゆる目印の喪失であって、それは私たちが真の本性から逸脱するときに生じます。そのとき、あらゆることが可能になります。それは一種の根の深い誤解、異常な逸脱です。あなたが言われることは、一部の人類学者の考えと一致していますね。彼らは歴史上のこの種の出来事を研究して、ある集団内の個人を、どんな調整要因——精神の原理あるいは人間どうしの協約——もないままに完全に好きなようにさせておくと、ついには殺し合うようになる、という結論を出しました。

J・F　その学者たちはどうやってそれを証明したのかな？

M　ボスニアやルワンダのような例によってです。人は自分の隣人を殺すことが許されるようになったときから、すべての隣人たちを殺しはじめます。そのときまで良好な関係にあった人たちまでも。戦艦バウンティ号の反乱〔一七八九年、タヒチと西インド諸島のあいだを科学調査中に乗組員が反乱を起こす〕の生存者は、当初は同じ戦いで団結していたのに、彼らが住みついた島では、たがいに殺し合いました。たがいに滅ぼし合う集団の形成は、おそらく有史以前の部族時代には生物学上の存在理由があったでしょうが、私たちの現代社会では、こうした行動の特徴はまったく非合理的なものです。

J・F　おのおのが、自分の行為を正当化するために、正当防衛の状態にあると主張するわけだ。たしかなことは、どんな論理もこのような個人の集団には影響力をもたない、ということだね。

M　しかし、たとえこのような暴力への傾向が存在するとしても、知性の本来の務めはそれを正すこと、その影響に屈しないことです。この憎しみはどこからやってくるのでしょうか？　憎しみの源泉そのものにまでさかのぼれば、すべてはひとつの単純な考えから始まったのです。

J・F　そうだね。ルワンダでは、純粋な憎しみ以外の何ものでもない。ボスニアの例をふたたび取り上げると、最初はおのおのが、領土の返還要求をもっていた。それは歴史、地理、自民族の構成員による占有、などの理由から正当化されると考えたのだ。私たちはまず古典的な地政学の問題にぶつかる。これにかんしては、議論の余地はあった。だが、だれも交渉をしようとはしなかった。それで戦争になった。ここまではまだ合理的と呼んでもいい戦争だった。クラウゼウィッツ〔一七八〇―一八三一。プロイセンの軍人・軍事学者〕によれば、戦争は他の手段によって継続される政治だ。次に、どこからどう見ても正当化できない大殺戮がはじまった。これは、彼らみずからが定めた政治的目標を越えてしまっただけでなく、この目標を達成不可能なものにした。殺戮がついに容認しがたいものになったので、国際社会が介入し、各勢力をその監視下に置こうとして、現地に軍隊を派遣した。それなのに、血まみれの完全な無政府状態に入り、クロアチア人がモスレム人を殺し、モスレム人がクロアチア人を殺し、セルビア人はみなを殺している。そして何年たっても、ささやかな和平協定ひとつ守らせることができないでいる。だから、事実上は、関係するすべての共同体の自己崩壊が進行していたようなものだよ。

M　私は、この問題を政治的、地政学的原因の分析という面でなく、憎しみの爆発に導く精神的プロセスの面で考えてみたいと思います。

J・F　私も、政治的、地政学的原因ではなんの説明にもならないと言いたいね。もしそういう要素しか考慮に入れなかったなら、合理的な解決に取りかかることすらできなかっただろうね。

M　領土の返還要求であれ、灌漑用水の分配であれ、世界のなかのあらゆる紛争の原因は、「私は被害を受けている」という考えから生じ、そのあとに憎しみの感情が続きます。この否定的な考えは自然な状態からの逸脱であり、そのため、苦しみの源泉になります。だから、想念が精神をおおい尽くさぬように、これを制御しなければならないのは明らかです。ちょうど火が森全体に広がる前に、最初の炎ですぐに消さなければならないようなものです。私たちはいとも簡単に、自分の内部にある「基本的善」から大幅に外れてしまうのです。

J・F　しかし、人はその善に忠実でいるよりも、そこから離れてしまうほうがずっと多いのは、どう説明すればいいのだろうか？

M　山道を登っているとき、足を踏みはずして斜面を転げ落ちることがよくあります。精神の「規律」を求める根本的な目的は、つねに完全な警戒状態に置くことです。注意をおこたらず、目覚めた状態にいること、これは人間の基本的な資質であって、信仰生活はこれを伸ばすよう助けてくれます。

J・F　それはわかる。しかし、もし世界から悪を撲滅するために、六十億の人々がこの信仰生活に到達するまで待たなければならないとすると、ずいぶん長いこと待つはめになりそうだな！

M　東洋の諺が言うように、「忍耐心があれば、果樹園はジャムになる」のです。長くかかるからといって、他に解決策がないという事実がすこしも変わるものではありません。世界中で暴力がやまないとしても、それを正す唯一の方法は、個人の変革です。この変革は、個人からその家族へ、次いでその村へ、そして社会へと拡大しうるはずです。一部の社会はその歴史のある時点において、ミクロの平和環境を築くことに成功してきました。このような目的は、各人が自分の持ち分を出して、人間どうしの「みなに共通した責任」感が広がりさえすれば達せられるのです。

第10章　知恵、科学、政治

M　あなたは、一九三三年にノーベル物理学賞を受賞した偉大な物理学者エルヴィーン・シュレーディンガーからの次の引用文をどう思いますか？　「私の周囲の世界について科学が与えるイメージは、きわめて欠陥のあるものだ。それは事実にかんする多量の情報を与え、私たちのあらゆる経験をみごとに一貫性のある秩序のなかに整理してくれるが、本当に私たちの心の近くにあるもの、私たちにとって本当に重要なことについてはいっさい何も言わない」。

J・F　それはじつに平凡なことを言ってると思うよ。科学が個人の幸福の探究において、私たち一人ひとりの心に語りかけるものではないというのは、そんなに独創的な考えとは言えない！　そのうえ、科学はみずから、おそらく人文科学を除いては、こういう問題に答えると主張したことはなかった。西洋の失敗は、科学ではない。その反対に、科学こそは西洋の成功だよ。問題は、科学だけで充分かどうかということだよ。ところで、科学だけでは明らかに充分ではない、という分野がひとつある。西洋の失敗というのは、まず最初に、科学以外の西洋文化の失敗であり、とりわけ哲学の失敗なんだ。どういう意味で西洋の哲学は失敗だったのか？　おおざっぱに言って、十七世紀、つまりデカルトとスピノザまでは、哲学にはその誕生以来実践されてきた二つの側面がまだ残っていた。ひとつは、科学の側面――というか科学的野心だ。もうひとつの側面は、知恵の獲得、人生、ときには人生の彼岸の生に与えられる意味の発見だ。哲学のこの二つの側面は、デカルトにもまだ見られるよ。もっとも、彼は「暫定的」道徳について語っているけどね。しかし彼の場合は、哲学はまだ、科学であると同時に知恵なんだ。しかし、これらの二つが共存し、しかも合流している最後の哲学は、スピノザの哲学だ。至高の知識が賢者の喜びと一体化するという考えが述べられている最後のケースだ。賢者は現実世界がどのように機能しているのかを理解している、それゆえに至福と最高善を知ることができる、というわけだ。

M　それでは、哲学はなぜもはや人生の模範を示してくれないのでしょうか？

J・F　この三世紀のあいだに、哲学はその知恵という機能を放棄してきた。哲学はみずからを知識に限定してきた。しかし、そのあいだに、哲学は科学という機能でも、自然科学にしだいにその地位を奪われていった。天文学、物理学、化学、生物学が出現して、これらの学問が発達し、自立し、もはや哲学の思考方法となんの関係ももたない基準に従うようになるにつれて、そのときから――カントが『純粋理性批判』のなかでいみじくも述べているように、その後、哲学者自身そのことをほとんど考慮に入れなくなったのだけれど――哲学の科学面での機能は、いわばその目標を失ってしまう。この機能は、結局はみずからの成功によって消えていく。なぜなら、その目的は、これらのさまざまな科学を生みだすことだったのだから。もう一方の側面、つまり正義と幸福を追求する知恵の面について言えば、個人のレベル、一人ひとりの知恵の獲得のレベルではもう機能しなくなった。モンテーニュやスピノザの場合にはまだ有効だったのだが。

M　それが西洋の大問題なのではないでしょうか？

Ｊ・Ｆ　かならずしもそうではないよ。というのは、この二番目の面は、十八世紀に政治の領域に移行するからだ。正義の獲得、そして幸福は、構成員を集団的正義を通して幸せにするような公正な社会を組織する技術になっていく。別の言い方をすれば、善と正義と幸福を同時に獲得するということは、社会、文化、政治の《革命》にたどり着く。そのとき、哲学のなかの道徳という部門はすべて、政治システムのなかで具体化されることになる。十九世紀になると、社会を全面的に建てなおそうとする大ユートピアの時代に入る。

これらのユートピアの根幹をなすのが社会主義、とりわけマルクス主義であり、これがほぼ二十世紀の末まで政治思想を支配することになる。こうしたなか、哲学の道徳面の機能は、完全に公正な社会をゼロから作り上げるという目標をかかげる。この意味における最初の大規模な試みがフランス革命で、そのなかから革命の近代的な概念が現れてくる。革命の主導者たちは、頭のなかに完璧だと思う社会のモデルを描いたときから、人にそれを強制し、必要な場合には、この試みに反対する人たちを抹殺する権利があると考えるようになる。これがもっとはっきりしてくるのは、マルクス・レーニン主義がボルシェビキ革命によって、またその後、毛沢東が中国において、具体的な実現を試みたときだよ。これらの体制はすべて共通して、ひとつの中心的な思想をもっている。つまり、善の探究、「新しい人間」作りは、権力をもったユートピア社会の革命的な変革の段階を経て実現する、というものだ。

Ｍ　もし、個人の自由と責任の意味が政治体制によって無効になるのなら、道徳というのは何を基にするわけですか？

Ｊ・Ｆ　この理想に奉仕すること、人々が完全な「革命」を実現できるようにすることさ。したがって、もう個人の道徳も、個人の知恵の探究もなくなる。個人の道徳とは、集団の道徳への参加だ。ファシズムとナチズムにおいてもまた、この人間再生の考えが見られる。ヒトラーにとってもムッソリーニにとっても、金銭や金権政治、ユダヤ人に隷属した議会制度をもつブルジョワ資本主義社会は、不道徳なものだ。彼らにとって大切なのは、ゼロから無限大にまで、完全に新しい社会を建設し、それに反対する疑いのあるすべての者を「清算」することによって、人間を再生させることだった。革命活動が、哲学、さらには宗教に取って代わったわけだよ。

M　ロシアで体験され、不幸にも中国でいまだに体験されている「成功」が、それですね。人間の美点を伸ばすことに基礎を置かないこの種のユートピアの問題点は、たとえばこれらの社会が財産の共有など平等主義を説くときでさえ、その理想はすぐにゆがめられ、権力を握っている者がその理想を「同志たち」にたいする抑圧と搾取の道具にするということです。

J・F　これらの大システムはすべて失敗している。それらは砕け散って、絶対的な《悪》に変わった。さらに、こうした野望の最後の表れは、もっとも過激な特徴をあらわにした――たとえばカンボジアではポル・ポトがこの制度の論理をその極限にまで押し進めた。すなわち、新しい人間を創造し、過去を一掃し、完全に公正な社会を作り上げるには、現に存在している、多かれ少なかれ以前の社会によって汚染しているすべての人間を殲滅することから始めなければならない、という考えだ。死にいたるこれほど極端なカリカチュアにまでは走らないとしても、三百年この方、知識人の多くは、人間の教化と正義の実現は、より公正で、より均衡のとれた、より平等な新しい社会の創造を経て可能になるものと思ってきたんだよ。

政治ユートピア体制の挫折と道徳面での信用失墜は、この二十世紀末の重大な出来事であり、これこそ、私が西洋文明の非‐科学分野における失敗と呼ぶものだよ。社会の変革が道徳の変革の代わりをするはずだったのに、破綻へと導いた。その結果、いまや人々はぽっかりあいた空洞を前にして、完全に途方に暮れている。そのために、もっとつつましい哲学にたいする関心がまたよみがえってきたんだ。日常生活をどう送るか、いくつかの実際的、体験的、精神的、道徳的な助言を与えてくれる哲学さ。また、そのために、仏教のように人間や慈悲について語り、世界を破壊することによって作りなおすとか、人類を殺害することによって生まれ変わらせるといった主張をしない、知恵の教義にたいする好奇心がよみがえってきたんだ。こうしたよみがえりは、私がこれまでざっと述べてきた、大政治体制、大ユートピアのとてつもない破産で説明がつくよ。科学はこの大災厄にはいっさい責任がない。これは科学の外部の狂信主義によって引き起こされたのだから。

Ｍ　仏教徒ならだれも、あなたの分析に異議ははさまないだろうと思います。ただあえて、二、三の考えをつけ足させていただきます。これは科学それ自体を批判するためではなく、性急にも万能薬とみなされてきた科学もまた、どうしてこの知恵の探究面を隠してしまうようなことになったのか、その理由を理解しようとするためです。科学は本質的に分析的なものであり、したがって、現象の無限の複雑性のなかで自分を見失う傾向があります。科学はあまりにも広大な発見の場に近づいたために、現代のもっとも優秀な頭脳の持主たちの関心と好奇心を吸い取ってしまいました。それは、延々と続いたゴールドラッシュを思わせるものです。一方、信仰心〔精神性〕は、きわめて異なった取り組み方をします。それは、知識と無知、あるいは人間の幸せと不幸せの根底にある原理について考えます。科学は物質的な、あるいは数学的な証拠しか考慮に入れませんが、信仰心〔精神性〕のほうは瞑想生活から生まれる内奥の確信の有効性をみとめます。

Ｊ・Ｆ　ちょっと待った！　科学と科学至上主義を区別する必要があるよ。科学が成功をおさめたために、何でも科学のやり方で取り組むことができる、と思わせてしまった面がある。いま私がごく手短かに要約した強制的なユートピアという現象は、「科学的」社会主義と呼ばれていたんだ。これは忘れてはいけない。もちろん、これは科学とはなんの関係もないものだった。まったくその反対だよ。しかし、きわめて興味深いことに、人々は、人間社会の改革に科学の基準を適用すると主張したんだ。こうした逸脱した科学観が、大きな災いのもとになったんだよ。

Ｍ　科学の危険、たとえ本物の科学であってももっている危険は、分析に熱中するあまり、遠くに進みすぎたり、知識の領域が拡散してしまうことです。アラブの諺は、人は数えだすともう止まらない、と言ってます。私が理学部で地質学を勉強したとき、砂粒の形態論にかんする実習をやったことがあります。「磨かれた球体」、「光沢のある球体」などがありました。そこから、川の年代、あるいはそれが川からきたものか、海洋からきたものかという砂粒の起源を推論することができました。この研究は夢中になるほどおもしろいかもしれませんが、しかし本当にそれだけ価値のある研究なのでしょうか？

J・F　砂粒の研究は、地球と気候の歴史、温暖期と氷河期の交代の歴史をたどるにはきわめて役に立つ、ということはあるね。それに、自然の法則を知るということは、まちがいなく、人間のもつ願望のひとつだね。哲学もそこから生まれている。

M　こうした研究は、どんなに興味深いものであるとしても、知恵の探究より優先すべきだとは、私は思いません。

J・F　科学、それもすぐれた科学が知恵のひとつの形態になるのは、それがまったく利害を超越している場合だ。科学上の大発見は、しばしば、あなたが苦労してやっている分野は何の役にも立ちませんよ、と人から言われた研究者たちによっておこなわれてきたんだよ。ところで、研究というのは、まず知りたいという欲求に従うもので、役に立ちたいという欲求はその次にしかこない。さらに、科学の歴史では、研究者たちがもっとも有益な発見をしたのは、いつも、彼らが知的好奇心だけに従ったときだ、ということは明らかだよ。しかも、彼らは、出発点においては有益性を求めたのではなかった。だから、科学の探究には、一種の超然とした態度が存在するし、これが知恵のひとつの形であるわけだね。

M　それでもやはり、この知りたいという欲求は、自分の生活を捧げるに価するものにたいして向けられるべきだし、この「知恵」は、自分も他者もより良い人間になるよう研究者たちを導いてくれるべきものではないでしょうか。もしそうでなければ、この知恵とはどのようなものなのでしょうか？　たとえ利害を超越したものであっても、好奇心というのはそれ自身、ひとつの目的なのでしょうか？

Ｊ・Ｆ　君の考えはパスカルと同じだね……。私の考えでは、西洋社会における科学的文化の限界は、むしろ、みながその利益を受ける可能性をもってはいるが、しかしごくわずかの人々しかそれに参画していない、という点だと思うね。ごくごく少数の人たちだけが、宇宙、物質、生命がどのように機能しているかを知っている。しかし毎日、数百万の人たちが、アスピリンの錠剤を、なぜこれが一時的な体の不調に効くのかを知らないままに――私も含めて――飲んでいる。人類は科学の時代に生きている、と言うが、まったくそうだね。人類は科学の時代と同じ時代に生きているんだ。まったく字の読めない者が大学者と同じ資格で、科学のあらゆる効果を享受している。しかし、古典科学、近代科学を生んだ西欧に住む人間の大部分が、科学的思考に内部から参加していないのだから、彼らには他のものを提供しなければならない。この他のものとは、ごく最近までは宗教だったし、それに政治上のユートピアだった。宗教は、イスラム教を除いては、もはやこの機能を果たしていないし、ユートピアは流血と喜劇のうちに崩壊してしまった。だからいま、空白があるんだよ。

Ｍ　ここで怠惰にかんする仏教の定義に触れてみようと思います。と言いますのは、そこに科学と知恵についての私たちの議論に通じるものがあるからです。怠惰については三つの形態があるとされています。第一は、食べて、眠ることで自分の時間を費やすことです。第二は、「自分のような人間はけっして完全な人間になれないだろう」と考えることです。仏教では、この怠惰は、「やろうとしても無駄なことだ。自分はけっして精神的完成にはいたらないだろう」と考えることを指します。失望すると、私たちは努力しないほうを選ぶようになります。そして第三は、ここではもっとも興味あるものですが、自分の人生を、二次的な重要性をもつ仕事のために使い尽くして、けっして本質に達せずに終わることです。まるで湖面のさざ波のように、とめどなく次から次へと続いて生じる二義的な問題を解こうとして、自分の時間を費やしてしまうものです。人は、「これこれの計画をやり終えたら、自分の人生に意味を与えることに専念しよう」と考えます。知識の領域が拡散するというのは、この怠惰に含まれると思います。たとえ人が一生涯まめまめしく働いても、そういうことになります。

J・F　君は「二義的」問題のことを語った。これは、私の考えでは、正しい分け方ではないと思うな。精神的完成に関係をもつ問題と、関係をもたない問題について語ったほうがいいだろうね。しかし、重要な問題であっても、精神的完成とは関係がないという問題もあるね。

M　人の考え方しだいです。野心的な銀行家にとって、金融破綻は重大な問題ですが、経済情勢なんかにはうんざりしている人にとっては二次的な問題です。しかし、怠惰の問題にもどりましょう。第一の怠惰——食べて眠ることしかしたくない——の対処法は、死と無常についてよく考えることです。人は死の瞬間も、死を引き起こす状況も、予見することはできません。ですから、本質的なことに関心を振り向けるために、一瞬たりとも失うべき時間はありません。第二の怠惰——私たちが精神的探究に乗りだす気力を失わせる怠惰——の対処法は、この内面の変革がもたらす恩恵についてよく考えることです。そして、第三の怠惰——瑣事を本質に優先させる——の対処法は、果てしなく続く私たちの計画を終わらせる唯一の方法が、それらを放りだしてすぐにも生活に意味を与えてくれるもののほうへ向かうことです。人生は短いのですから、もし自分の内面の美点を伸ばしたいと思うなら、そのことに打ち込むのに早すぎるということは決してありません。

J・F　君はまた、ブレーズ・パスカルが「気晴らし」に与えた定義を持ちだしているね。私たちを本質から「逸らせる」もの。彼もまた、科学的探究、知の欲求《リビドー・シエンディ》を気晴らしのなかに分類している。もっとも、彼自身はずばぬけた科学者だったんだが、これは誤りだよ。科学に精神的完成を求めるべきではないのと同様に、精神的完成が科学に取って代わると思うべきでもないな。科学と技術は一定の数の質問には答えてくれる。これらは、まず最初に、知識欲を満たす。この欲望はなんといっても、人間の根本的な要素だからね。また科学と技術は、実際に応用することで、人間のたくさんの問題を解決してくれる。この点にかんしては、私は十八世紀の子だよ。技術の進歩は、正しく方向づけられるなら、人間の条件を改善する、と私は信じている。しかし、この進歩は、私たちが大ざっぱに道徳の分野と呼んでいる知恵の分野や、個人の精神的均衡の探究と救済の分野に空白を作っている。

この空白は、私の考えでは、二つのレベルで埋めることができる。ひとつは、仏教がその一例を示しているレベル。それは、仏教が現在、西欧で普及しつつある事実を説明してくれる。この事実のなかでさらに興味深いのは、仏教が、原理主義のイスラム教とは反対に、いかなる攻撃的な宣伝活動もやらないことだ。仏教がどこかに行くのは、きてもらいたいと頼まれたときか、あるいは不運なことに、排斥されてそこに行くよう強制されるときだけだ。空白を埋めるための二番目の手段、それはやはり政治社会の再組織化だと私は思う。十八世紀の根本的な直観は依然として正しいと思う。ただ、そのあとのやり方がまずかった。私は、民主的な社会の価値を信じる。これには、ダライ・ラマも賛成しているよね。各個人に民主主義の責任を担う能力を身につけさせる深い道徳性、彼が権力行使のために選んだ人々、つまり彼の代理人にたいして説明を求めることができるというしくみを信じるよ。社会主義の逸脱や全体主義システムの崩壊があったからといって、私たちは公正な地球社会の建設という仮説を放棄しなければならないとは思わない。まったくその反対に、全体主義に民主主義の大きな望みをみすみす横取りされたから、この建設に著しい遅れをとってしまった、ということを思い起こすのさ。

Ｍ　この分野で私たちに欠けているものは、もっと広い見方、ダライ・ラマが「みなに共通した責任」感と呼んでいるものです。なぜならば、世界の一部分が他の部分を犠牲にして発展するということは受け入れられないことだからです。

Ｊ・Ｆ　そのとおりだね。しかし、世界のどの部分も、それぞれやりたいことをやり、愚行を繰り返しているよ。

M　話を近代哲学の失敗のことにもどしますと、十七世紀以降の哲学で私をいちばん驚かせるのは、手がかりを探す人たち、人生に意味を与える原理を求める人たちにとって、哲学がほとんど役に立てないでいるということです。これらの哲学は、あらゆる精神の道——その目的は真の内面的な変革をおこなうことにあります——が必要とする実践面での応用から切り離され、なんの拘束も受けない思考や、極端に複雑化され、ほとんど役に立たない知的遊戯がいたずらに増えるのを許しています。思想の世界と存在の世界との分離があまりにも大きくなったので、こうした哲学体系を発表する人たちは、もはや自分がその生きた例証である必要がなくなっています。現在では、個人的な面ではだれも範として仰ぎたいとは思わない人でも、偉大な哲学者でありうるということが、なんの問題もなくみとめられています。賢者の最大の魅力は、自分の完成された教えを実際に生きていることであると、さきに私たちは強調しました。そしてこの完璧さは、思想の体系の一貫性に限られるものではなく、彼の人格のあらゆる面において姿を現し、明らかになります。哲学者は、自分の個人的な問題に、また学者は、自分の感情によって自分を失うことがよくありますが、精神の道に身を投じた弟子は、もしも、自分の人間としての美点——やさしさ、寛容、自分自身と他者との和合——が、歳月を経るにつれて、増すのではなく衰えていくのを確認すれば、自分はまちがった道を歩んでいることを知るでしょう。ですから、私は哲学のこの失敗を、思想が人格にいかなる影響も与えず、からまわりすることがあるという事実によって説明したいと思います。

J・F　いま君が挙げた、西洋の社会に多すぎるほどある例は、たしかに科学の成果が残した空白をまさに物語っている、と思うね。科学の成果は素晴らしく貴重なものにはちがいないのだが。二十世紀において、生き方が自分の書いたものと完全に一致している思想家は、私はひとりしか知らない。それはルーマニア出身のフランスのモラリスト、シオランだよ。シオランはすごいペシミストで、人間の存在の限界——十七世紀のモラリストによれば、有限性——について鋭敏な意識をもって、自分の原則とまったく一致した生き方をした。私の知るかぎりでは、彼は一度も決まった職業活動をおこなわず、つねに名誉を拒否していた。一度、私は彼に、かなり高額の賞金のついた文学賞の受賞をすすめる電話をかけたことがある。彼がとても収入が少ないことを知っていたので、彼はそれを喜んで受けるだろうと思っていた。すると彼は、なんであれ、公的な報酬は絶対に受けたくないと言って、これをきっぱりと断った。これが、自分の原則、というか、ともかくも人間の条件にかんして自分がおこなった分析と一致した生き方をした知識人のひとつの例だよ。

いま君が描いてくれた西欧文明の見取り図は、私たちの本質的な傷口とでも呼びうるものをみごとに浮かび上がらせている。つまり根底には、個人が成しとげる知的・芸術的な成果と、その反面にあるその個人の道徳生活というか、道徳そのものによく現れる貧しさとのあいだに、不調和、対照、矛盾があるんだね。またこの事実は、哲学が個人の知恵の探究を放棄することでできた空白を表してもいるよ。十七世紀以来この空白は、伝統的にモラリストと呼ばれる人たちによって埋められてきた。ラ・ロシュフコー〔一六一三—一六八〇〕、ラ・ブリュイエール〔一六四五—一六九六〕、あるいはシャンフォール〔一七四〇—一七九四〕の書いた至宝とも言える作品は、人間の心理の認識では、この上なく正確な判断を下している。しかし、彼らもまた、いかにふるまうべきかについては、あまり明確な道を示してはいない。彼らは、一種の逃避のモラルにたどり着いた。彼らは、人間はみな気が狂っていることを確認する。この世には野心家、異常な権力指向の政治家、これらの政治家たちから利益を巻き上げようとする卑屈な追従者、自分に才能があると想像するうぬぼれた偽善者、あるいは、つまらない名誉を手に入れるためならどんな苦痛にも耐えるえせ信心家しか存在しないのだ。したがって、すべてこうしたことには介入しないようにしよう、というわけだ。この見世物をあざ笑いながら見物しよう、そしてこの種の奇矯さのなかに落ち込まないように注意しよう、これが知恵のはじまりだ、とも言えようが、しかしこれは残念ながら、みなに役立つ道徳ではない。みなのためになる唯一の道徳は、公正な社会を築くことができる道徳だよ。

全体主義ユートピア体制は、近代政治思想の病理と、近代哲学が道徳に作った空白の最たるものだったが、それが崩壊した今日、人権とか、人道主義とか呼ばれるきわめて漠然とした道徳が現れることになった。これはすでになかなか有効なはたらきをしているが、まだよく定義されていない。不幸せな人々の世話をしに行くことや、彼らに食料をもっていくという人道主義活動はじつに立派な行動で、私はこれらの任務を果たしている人たちに最大の尊敬の念を抱いている。ただ、もし傷口を閉じてやるために何もできないのなら、血をふきとらなくてもいい。もしリベリアのさまざまな反乱集団の首領たちのような、浅ましいごろつきたちを好き勝手にさせ、おまけに武装まで許すなら、リベリアに医師団を派遣しなくてもいい。したがって、状況の根源を把握し、本当に働きかけられるのは、政治改革しかない。この観点から見ると、民主主義諸国家の人権政治というのは、中国やベトナムの指導者を招くたびに、あるいはこちらから訪問するたびに口先だけのあいまいな宣言を発表するけれど、結局商売の契約を取りつけるためなら、彼らの足元にひれ伏すようなことをやっている。これでは充分ではない。

M　みずからの考えと一致する生き方をしているペシミストの哲学者、シオランの例を挙げましたね。私は、そこに賢者との重大な相違点があると思います。賢者たりうるためには、自分の考えと一致した生き方をするだけでは充分ではありません。その考えはまた、真の知恵、つまりあらゆる混乱とあらゆる苦しみから心を解放する認識や、人間としての完璧さのなかに反映される知恵と一致するものでなければなりません。さもなければ、極端な場合、押し込み強盗、あるいはもっと悪い場合には、独裁者もまた、自分の考えと一致した生き方ができるわけです。政治体制にかんして言えば、民主主義の価値観を踏みにじって得する人たちを除いては、私たちの時代では民主主義がもっとも健全な政治体制であることに異議を唱える人はいないでしょう。しかし民主主義というのは少々空っぽの家のようなところがあります……住む人がこの家をどうしようとするつもりかを知らなければなりません。その家をきちんと維持するのか、きれいにするのか、それとも、すこしずつ壊れていくのを放っておくのか。

J・F　まったく正しい意見だな。

M　人権の概念に欠けているのは、社会にたいする個人の責任です。ダライ・ラマは、私たちの世界で特別に必要なものとなっている、みなに共通の責任の概念の重要性を強調しています。世界はいまや一日でやすやすと反対側に行けるほどに「狭まって」います。この地球を分かち合っているすべての個人に、責任感が高まっていかなければ、民主主義の理想を適用することは非常にむずかしくなることは明らかです。

J・F　いま君が説明したのは、簡単に言えば、公民精神ということになるな。

M　公立小学校で受けた公民教育の授業を思いだしてみても、私が得たものは何もありませんでしたよ！　そこでどうしても個人の向上の必要性の話にもどらざるをえません。個人の自分の努力による向上、知恵あるいは精神の道に通じる価値観による向上です。もちろん、ここで言う精神性はかならずしも宗教的なものではありません。

J・F　それをどう定義づけるのかな？

M　これは、利他主義の概念へ結びつきます。この概念はしばしばひどい誤解を受けています。利他主義というのは、ときどき何か良い行いをするということではなくて、つねに他者の幸せに気を配り、かかわっていくことです。これは、私たちの社会では、きわめてまれな態度です。本当に民主的なシステムにおいては、社会は、自分のために最大限のものを手に入れようとする個人の欲望と、そうした欲望が許されなくなる限界を定める一般的コンセンサスとのあいだに、一種の均衡を維持しなければなりません。しかし、他者の利益に真剣にかかわろうとする人は、本当にごくわずかしかいません。こうした傾向は、政治の分野にも影響を及ぼします。なぜなら、みなの生活が良くなるように配慮することを仕事にしている人たちは、しばしば自分の使命を、ひとつの専門的職業と考え、そこで自分がトップの座に就くのです。こうした条件のもとで、いま現在の問題――とりわけ自分の人気を考慮に入れずに、長期的な観点から、みなの利益にとって何が望ましいかを考えるのは、彼らにとって非常にむずかしいことになります。

J・F　実際、政治家にあっては、これはかなりまれなことだね！

M　政治的・社会的生活を選ぶ人ならだれでも、他者の賛辞や謝意を受けることではなく、他者の境遇の改善に真剣に努めることを自分の目標とすべきでしょう。この点にかんしては、環境保護の例は、一般に責任感が欠けていることをよく示しています。大気汚染、動物の種の絶滅、森林と自然の景観の破壊が及ぼす有害な影響は、明白であるばかりか、多くの場合、実証ずみであるのに、大多数の人々は状況が個人的に我慢できないものとならないうちは反応を示さないのです。オゾン層の減少を抑えるための真剣な対策は、おそらく、もはや平均的な市民が日光浴のできない状態となるまでは——オーストラリアでは現実の事態となりはじめています——、あるいは紫外線が子供たちの目にとってあまりにも危険なものであるために、空を見つめることが禁止されるようになるまでは——これもまたパタゴニアでは現実の事態になりはじめています——実施されないでしょう。これらの影響はずっと以前から予見されていました。しかし、個人の利己主義的な安逸にとっては、まださし迫った危険とは感じられていないのです。したがって、この責任感の欠如こそ私たちの時代の一大弱点である、と私は思います。またこの意味でも、個人の知恵と精神の修行が役立つはずです。

J・F　まったく同感だな……しかしながら、西洋で今日いくらかの皮肉をこめて「人権主義」と呼ばれているもの、それに環境保護主義、これらは破産した社会主義政策の理想の代替物になっているところがすこしある。きわめて長いあいだ左翼に属していた人たちが、もはや社会改革にかんする一貫性のある理論がなくなったので、同胞への横暴な支配をつづけるために、人道主義活動と環境保護主義を自分のものにした。

M　環境保護主義をまだ卵のうちにつぶさないようにしましょう！　この運動はなんとしてももっと大きく、力強く、効果のあるものにする必要があります。私が十五歳だったとき、レイチェル・カーソンの『沈黙の春』が出版されたのを覚えていますよ。当時は自然環境の保護に情熱を傾けている人たちは、風変わりな「田舎者」とみなされていました。

J・F　私は人権主義と自然保護には賛成だ。ただ、悲劇的なのは、破産したイデオロギーの重圧が、これらの新しい大義の上にいまも重くのしかかっているということだね。人権と環境保護に携わっている人たちは、概して、御都合主義だという事実があるよ。たとえば、人道主義活動家の大半はどちらかといえば左翼だ。だから、彼らはモロッコの政治犯の存在を暴くことにかけては素早い。なぜか？　モロッコが伝統的な王政の国であり、アメリカの陣営、西側の陣営に属し、資本主義国だからだ。それに反して、彼らはアルジェリアで犯されている、はるかに重大な人権侵害を暴くまでに、ずいぶん長い時間がかかった。

M　あるいはチベットの……。

J・F　あるいはチベットの……。私がアルジェリアのことを話すのは、アルジェリアが進歩的国家とみなされていたからだよ。もちろんこれは辛辣な冗談だったんだけどね。そしてチベットは、もうひとつの「進歩的」国家、中国によって占領されている。ところで、フランスの知識人の三分の二は、十年間にわたって、毛沢東の凍傷にかかった血まみれの足元で喜々として転げ回っていた。環境問題についても同じだよ。チェルノブイリの大惨事のとき、グリーンピースはどこの原子力発電所にたいしてデモをかけたかい？　西側の原子力発電所にだよ！　こちらの発電所ははるかに安全なのに！　しかしグリーンピースはソ連にたいしてはささやかな集会さえ組織しなかった！……グリーンピースが一九九五年のフランスの太平洋での核実験に反対行動を起こしたのは、彼らの権利だ……。だがこの同じ組織が、はるかに重大な汚染、ロシアつまり「旧ソ連」の北極海での核廃棄物による汚染にたいしては、よく言っても控えめな態度だった！　この海には、さらに、ロシアのパイプラインから漏れだした数百万バーレルもの原油が流れ込んでいるのだ。私はもはやこの組織の公正さを信じることはできないね。人権擁護のための、あるいは環境汚染に反対するための闘争が、古いイデオロギーに偏ったり、古い先入観に支配されたりして、「エコロ〔エコロジストの省略形。環境保護運動家〕」と呼ばれる人たちが、だいたい左翼過激派ばかりという状況であるかぎりは、ぜんぜん効果は上がらないだろう！　人種や環境のための闘いは、誤った考えではなく、現実に則して進められるとき、はじめて評価される。

M　ついでに私も、ここで強調したいことがあります。人々はつねに「人間」の権利について語りますが、これらの権利を人間だけに限定するのは、脱宗教を自称する民主主義体制のなかで、いまもかわらず西洋文明の基礎であるユダヤ‐キリスト教の価値観を反映しているものです。この価値観からすれば、動物は魂をもたず、人間に消費されるためにのみ存在するのです。これはいくつかの宗教に固有の考えですが、地球レベルでは受け入れられないものです。私たちの遺伝子は九九パーセントまで類人猿の遺伝子と同じです。この一パーセントの相違が、私たちが実験室や屠殺場で動物たちを単なる物体としてためらうことなく扱うとき、その扱い方を正当化するのでしょうか？

J・F　西洋には、「動物の権利保護協会」があるよ。

M　動物を「農産物」や実験材料とみなしている法律を改正させる力が、この協会にあるとは思えません。また私はここで、レオナルド・ダ・ビンチが手帳に記した次のような文を引用したいと思います。「今日、人間の殺害について考えるように、動物の殺害について人々が私のように考えるときがやってくることだろう」。一方、ジョージ＝バーナード・ショウ〔一八五六―一九五〇。イギリスの劇作家・批評家・小説家〕はこう言いました。「動物は私の友達だ……私は自分の友達は食べない」。これは動物と人間のあいだには知性の違いが存在することや、相対的な観点からみれば、人間の生命は動物の生命よりも多くの価値があることを否定しようというのではありません。しかし、なぜ生きる権利が人間だけの特権になるのでしょうか？　すべての生き物が幸せを願い、苦しみを逃れようとしています。ですから、一年中、数百万もの動物たちを殺害する権利を勝手にわが物にすることは、まったく強者の権利の行使に他なりません。ほんの数世紀前は、人々は「黒壇材」――ブラックアフリカの奴隷――の取り引きは容認できるものと考えていました。現在でも、奴隷はインド、パキスタン、スーダン……にまだ残っていますが、そこでは子供たちが工場あるいは農園での労働のために、また、若い娘は売春のために売られています。しかしそれ以外のところでは、一般的に奴隷制は忌まわしいものとみなされています。人々、民族は、搾取され、抑圧されるとどうするでしょうか？　彼らは、みずからを組織し、組合を結成し、反抗します……。しかし動物はそれができず、だから殺害されてしまいます。私はこれは全面的に考えなおされなければならない問題だと思います。そして、こうした無思慮は、とくに、「狂牛病」事件のときに際立ったものになりました。イギリスの農業大臣と大陸側の大臣たちは、最初、数百万頭の牛を、彼らのことばでは「みな殺しにする」用意がある、と宣言しました！　もしも、一千五百万頭の牛が自分たちの生存権を主張して、ロンドンの通りに押し寄せたなら、政府はきっとその見解を修正したことでしょう。

J・F　それはどうかな！

M　その当時、牛肉を食べて脳神経をやられて死んだとされた十五人から二十人が、本当にこの動物の肉から感染したのかどうかについては、確かでさえなかったのです。もしもそうであったのなら、それは牛の過失ではなく、自然に反する飼料で牛を飼育した畜産業者の過失です。大まかに言って、一頭の牛の命の価値は、人間の命の価値の一千五百万分の一と評価されていました。

J・F　君は、動物を殺すのはあたかも人間だけであるかのように言ってるね。しかし動物たちはたがいに殺し合っているよ！　動物どうしが争い合っているのを確かめるには、海中の生命にかんする映画なら、どんなものでもひとつ見れば充分だよ。それぞれ、たえず相手に飲み込まれるという恐怖のなかで生きている。それで、仏教の視点からこのことを君はどう説明するのかね？

M　この世界にとらわれているあらゆる生き物が味わう苦しみは、仏陀によって教えられた四つの真理の一番目のものです。経典は、あなたがいま言ったことについて述べています。そのひとつに次のようなことばがあります。「大きな動物は無数の小さな動物を飲み込む。多数の小動物たちは、大動物をむさぼり喰うために集団を作る」。人々はいわゆる文明化した世界の「進歩」についてたえず語っているのですから、私の考えでは、この進歩には、私たちが自分の利益のために他の生き物たちに押しつけている苦しみを全面的に減らすことも含められるはずです。動物という種を徹底的に殺す以外にも、栄養をとる方法はあるのです。

J・F　しかし、西洋人全体が菜食主義者になるのを待つあいだ——これはすぐにそうなるものではないが——私たちはともかく、現代の飼育産業のなかで多く見られる環境よりも、もうすこし野蛮でない環境のもとで家畜が飼育されるように闘うことはできるし、また、そうした闘いが始まってもいる。いまの家畜たちの境遇は、私が子供の頃フランシュ＝コンテ地方で知っていた伝統的な飼育方法に比べるとひどいものになっている……。あの当時、動物たちは牧場で穏やかに牧草を食べていた。冬には、牛小屋で干し草を与えられた。人工飼料、化学飼料、あるいは廃棄した羊のくず肉などはけっして与えられなかった。この肉が狂牛病の原因になったんだ。いまや、哀れな動物たちは、ぞっとするような環境のもとで、飼われ、閉じ込められ、輸送されている……。

M　この点にかんしては、技術のえせ進歩が、動物たちの苦しみをさらにひどいものにし、また人間にとって新しい病気の原因を作りだしたようですね。悲しい進歩です。

J・F　君の意見に同感だよ。

第11章　世界の屋根の上の赤旗

J・F　政治のモラルの話にもどることにしよう。私の知るかぎりでは、伝統的な仏教は、政治にかんして特定の主義主張はもっていなかった。たしかに、仏教の影響とダライ・ラマの個人的な影響は、これまでの西欧が伝統的な知恵について考えてこなかった空白を埋めた、というか、埋める力のひとつになりつつある。一方、逆に、ダライ・ラマは西欧の知的・道徳的討論へ参加することで、彼自身、仏教の視点から民主主義と非暴力の関係にしだいに深い政治的省察をおこなうようになっていったという事実は興味深いね。そこでこの具体的なケース、対中国関係におけるチベットにかんして、これまでのように、むなしい抗議の声を上げるだけでなく、具体的な成果を得るためには、どうすればよいのだろうか？

M　ダライ・ラマはしばしば語っています。チベットの悲劇のあとで、彼自身、外部の世界に身をさらすことになり、それによって、新しい考え方を模索し、さまざまな政治体制について判断を下せるようになりました。いまや、彼は亡命チベット人の政治体制を完全に民主化しました。そして、チベットが自由を回復したあかつきには、民主的な政府を樹立するだろうと宣言しました。また、ガンジーがインド独立のときにそうしたように、自分自身は政治の場から身を引き、将来の自由なチベットの政府のなかでいかなる公的な仕事にも携わらないだろうと明言しました。その理由は、まさに彼の闘いが本質的にチベット国民全体の自由と幸せに向けられているというときに、他の政党をさしおいてひとつの政党に参加することは、仏教の僧侶としてはできないということです。しかしまた、仏陀の時代にはインドに、たとえばリッチャヴィ族の制度のような民主的な制度が存在していたということも思いだす必要があります。

J・F　どんな意味での民主主義なの？　選挙制度？

M　経験豊かな人たちで構成される会議が討議をおこない、多数決で決定を下していました。

J・F　つまり、それは専制政治ではなかったわけだね？

M　王国でさえもありませんでした。決定は共同でなされましたが、私は投票制度が存在していたとは思いません。おそらく、それは公開討論で、そこで発言すべき正当な意見をもつ人はだれでも参加できたのです。

J・F　それは完全な民主制ではないな。もっとも、西洋だって普通選挙はごく最近のことだけどね。

M　仏陀はたえず、すべての人間は、生きて、幸せになるための同じ権利をもっていると教えて、社会的・政治的な影響を与えました。彼にとって、人々のあいだにカーストや人種による差別を作るなど論外のことでした。

J・F　彼はカースト制度に反対して闘ったのかな？

M　彼は何人かの下層カースト出身の弟子たちを驚かせました。彼らは自分を不可触賤民と考えていたので、あえて教えを乞おうとはせず、仏陀に近づこうとはしませんでした。仏陀は彼らにこう言いました。「近くにきなさい。あなたがたは私たちみなと同じ人間です。あなたがたは内にブッダになる性質をもっている」。ですから、仏陀の教えをみなに開くことは、真の知的、社会的な革命だったのです。すべての人が幸せになるために同じ権利をもつという考えは、すべての仏教文明に浸透していきました。

J・F　人間の平等、これは単なる原則上の宣言でしかないことも多いね。しかしいまやダライ・ラマは、亡命中のチベット人たちの置かれた状況によって、民主主義と人権という問題の、より現代的な表現にいやでも接することになった。彼は、地政学上の問題と近代国家間の争いという流れのなかに組み込まれてしまった。彼は、その文化を破壊しようともくろむ帝国主義国家に征服、植民地化された国の、信仰と世俗の両方の指導者という具体的な状況のなかに生きている。したがってダライ・ラマは、巧妙な政治家としてふるまい、公的な立場に立ち、世界中の行く先々の国で、巨大な中国を怒らせぬよう、そしてどんな解決も不可能な事態とならぬよう、交渉の扉を閉じないように気をつけながら抗議の声明を発表せざるをえない。これら一連の出来事を、仏教の現代外交へのスタートと呼ぶことができるだろうか？

M　たしかにそのとおりです。ダライ・ラマは、きわめて公明正大な政治的態度を仏教の根本原則、とくに非暴力とみごとに調和させせました。実際、彼が中国について語るときの語り口は、中国政府が「ダライ・ラマ一味」にたいして激しい苛立ちを見せる罵倒と比べるときわめて対照的です。彼は、つねに「中国の姉妹、兄弟たち」のことを語ります。彼は、中国がチベットにとって変わらぬ隣の大国であるということをみとめ、永続的な唯一の解決策は、平和的共存であると結論づけています。彼は相互の尊重に基礎を置く善隣関係を念願しています。この寛容は相互的でなければならず、中国にはチベットが望むような生き方をさせなければなりません。

J・F　しかしチベットにたいする中国の抑圧は、日ごとにいっそう悪化している。もし彼らをこのままにさせておけば、数年後には、彼らはチベット文明と、おそらくチベット民族さえをも、ついには滅ぼしてしまうだろう。そのとき、ダライ・ラマは非暴力の原則の再検討を余儀なくされるのではなかろうか？

M　ダライ・ラマは、もしもチベット国民が民主的な選択によって暴力を選ぶなら、自分は政治の場から完全に身を引くだろう、と明言しました。彼にとっては、非暴力が唯一の現実的で受け入れ可能な方法なのです。

J・F　しかし、現時点におけるチベットの状況はどうなっているのだろう?

M　チベットの人口の五分の一の人命を奪った集団大虐殺のあとに、文化的大虐殺が続きました。現在では、共産主義体制はチベットに中国人を波状的に入植させて、チベット民族の比率を薄めようと懸命になっています。住民の強制移動は公式の政策ではないとはいえ、北京は中国人入植者に、考えうるあらゆる手段を使って、チベットへの定住を奨励しています。いまや、大チベット(1)には、六百万人のチベット人にたいして七百万人の中国人がいます。中国の願いは、内モンゴルのような状態になることです。内モンゴルには、土着の住民はもはや一五パーセントしかいません。アムド地方のシーニン〔西寧《せいねい》〕のような、旧チベットのいくつかの大きな都市では中国人が多数を占めています。状況はやがてラサでも同様になるでしょう。しかし、地方ではチベット人のほうが多数の状態にとどまるでしょう。さらに最近では、中国人たちは僧院の内部と村のなかに「政治再教育」学校を再開させています。そしてこの「最終試験」では、チベットは中国の一部であることをみとめ、ダライ・ラマを否認し、外国のラジオ放送は聞かないことを誓う、などとした五項目からなる宣誓書に「学生」が署名して、しめくくられます。ダライ・ラマとしては、国民投票を提案しています。これは、亡命中のチベット人のあいだでおこなうには容易なものでしょう。インド、ネパール、ブータンに十万人をすこし越えるチベット人がいます。チベットでは、チベット人たちに自由投票はもちろん許されないでしょうが、人々が何を願っているかはつかめるのではないかと思われます。ダライ・ラマはおそらく次のようにたずねるでしょう。「私が何年も前から提唱してきた《中間の道》、つまり、チベットは国内問題を管理して、外交問題と国防問題の管理は中国にまかせるという道をとりつづけようとすることを望みますか」と。チベットは中立国になるでしょう。これは、世界のこの地域における平和に大きく貢献することになるでしょう。

J・F　スイスやオーストリアのようなひとつの中立国と言うよりも、むしろ、カタロニアのような、ひとつの自治州ではないかな。

M　この可能性はチベット民族としては、大きな譲歩です。なぜなら、一九五〇年以来招集されてきたどの法律家による委員会でも、チベットは国際法に照らして、強大な外国によって不法に占拠されている独立国家とみなされているからです。(2) そもそも中国をもっとも苛立たせ、人権問題よりはるかに彼らの急所に触れるのは、チベットにたいする中国の主権の問題を取り上げることです。ですから、強調すべきなのは、チベットの占拠にかんする中国の非合法性です。最近、共産党政府は、反体制派のリュー・シァオボ〔劉暁波〕が大胆にも、「チベット人民の民族自決権を基礎として、ダライ・ラマと交渉しなければならない」と書いた直後に彼を投獄しました。これは、中国にとって最大のタブーを破ることだったのです。実際、「母なる祖国」は中国合衆国とでも呼ばれるべきものでしょう。なぜなら、中国は五十五の「少数民族」を抱えているからです。共産主義の万力だけが、このパズルの断片をまとめて維持しているのです。

二番目の可能性は、歴史に照らして、チベットの権利である完全独立を強要することです。ダライ・ラマはこう断言しています。現在の状況では、自分としては、中国にとって受け入れやすい自治という、より現実的な解決案のほうをとるが、もしチベット国民が独立を選択するなら、自分もその方向に向けて努力していくつもりだ、と。三番目の解決案は、暴力を使うものです。中国人をチベットから追いだすために、武力、テロリズムなどの使用を試みることです。ダライ・ラマは、もしもこれがチベット人の選択ならば、自分は公的な生活から身を引き、もはや「一介の仏教の僧侶」になるつもりだ、と明言しました。攻撃的な政策のほうを好むチベット人もいます。しかも、この立場は西欧のジャーリストたちによってしばしば誇張されてきました。

J・F　彼らはどのくらいいるの？

M　ダライ・ラマはこの考えを支持する人たちと、きわめて率直な議論をしています。この人たちは、自分の意見を自由に表明しています。彼らはダラムサラの町の通りに、在インド亡命チベット政府の本部を構えています。しかし、亡命チベット人の人口の数パーセントを代表しているにすぎません。彼らの見解はどうも現実的ではありません。もしチベット人が武器を取っても、中国の鎮圧部隊の前にまったく勝ち目はありません。彼らの運命はさらにいっそう惨めなものになるでしょう。テロリズムを何年も続けてきた国でさえ、自分たちの願いがかなえられたのは、平和的解決の交渉をする決断をしてからのことです。

J・F　あるいは、アフガニスタンがアメリカから受けたように、強大国から援助を受けたとき、だね。

M　ダライ・ラマによれば、いかなる場合にも、非暴力を放棄してはなりません。彼が諸大国に要求するのは、中国政府にたいして、ダライ・ラマならびに亡命チベット政府と真の交渉を開始するよう圧力をかけてくれることだけです。しかし、何年たっても中国の返答は、「了解した。ダライ・ラマのチベットへの帰還について討議しよう」でした。これではまったく議論はできません。いまから十五年前、鄧小平が、「チベットの完全な独立を除けば、他のいかなる問題も討議できる」と明言しました。ところが彼は、この言明を守りませんでした。彼は、とくに、ダライ・ラマが一九八七年にアメリカの議会での演説のなかで表明した、五項目からなるプラン(3)を討議することを拒否したのです……。一九八八年にはストラスブールの欧州議会で、ダライ・ラマは次のように発表しました。「チベットは一九五五年以来中国によって占領されているが、歴史的には独立国である。こうした事実がありながら、チベットは独立を放棄することを受け入れ、内政問題はチベットが管理し、外交問題と国防問題は中国の管理にまかせるという、自治を基礎にした中国との交渉を提案する」と。これほど大きな譲歩を受けたのに、中国はけっしてダライ・ラマおよび亡命チベット政府との対話を受け入れることはありませんでした。

J・F　本当に残念だね！　西洋の民主主義諸国は、この五項目からなる計画の討議を受け入れさせるために圧力をかけていない！

M　西側の指導者の大半は、ダライ・ラマとチベットの大義にたいして、大きな共感を抱いています。ダライ・ラマは信じがたいほどのエネルギーを発揮し、チベットの大義を擁護するためにたえず旅行をしていますが、西側のこうした反応は、彼の努力が実を結んでいることの表れです。しかし残念なことに、この共感は、エアバスの売却、強制収容所や刑務所で作られた製品の輸入、あるいは、中国での新しい市場の獲得の話が出てくると、たちまち働かなくなってしまいます。まあいいでしょう……。ダライ・ラマは、西側の国々は自分たちの経済のゆくえに気をつかわなければならないし、どの国だってチベットの利害を自国の利害に優先させるわけにはいかないのはよくわかる、と言っています。しかし、西洋諸国の政府が民主主義の価値を尊重するというのなら、当然もっと具体的な行動に出てもらいたいですよ！　破廉恥この上もない中国政府は、西洋の政府の弱腰を喜んでいますよ。中国人たちは、大げさな脅しを声高に言いますが、実行できっこありません。しかし、これらの脅しは西洋諸国を麻痺させるには充分なもので、西洋諸国は惨めにも脅しに屈してしまうのです。中国人がどう主張しようと、西洋諸国が中国市場を必要とするよりも、はるかに彼らは西洋諸国からの投資を必要としています。ですから、もしその意志さえあれば、西洋民主主義諸国が中国に圧力をかける方法はいくらでもあるのです。中国人たちはかつてアメリカを「張り子の虎」扱いにしたことがありました。しかし、いまや彼らこそ張り子の虎です。なぜなら、彼らの脅しを無視しても、彼らはそれを実行に移さないからです。

J・F　人口四百万の小国のノルウェー国王が、人口十二億の巨象の中国にたいして、西洋の諸大国以上に勇気のあるところを示したよ。

M　中国は、もしも慣例どおりノルウェー国王がみずからノーベル平和賞をダライ・ラマに手渡すならば、ノルウェーとの外交関係を断絶する、と脅しましたね。国王は、「じゃあ、やってみなさい！」と答えました。だけど、もちろん、中国はそうはしませんでした！　一九九六年には、中国はオーストリアを脅しました。もしも首相と外相がダライ・ラマを迎えるならば、重要な経済契約を破棄すると言ったのです。両大臣とオーストリア国民は、ダライ・ラマを華々しく迎えることを強く望みました。すると、中国の脅しの風船はしぼんでしまいました。しかし、諸国の政府が中国の脅しに譲歩するや否や、中国人たちは有頂天になり、彼らの西洋にたいする軽蔑は増大する一方になります。私はときに何か事を企ててみたい気分になります。「非暴力テロリズム」の誘惑にかられることさえあります。たとえば、私はしばしば、天安門に安置されている毛沢東のミイラを爆破することを考えました。犠牲者はひとりも出ないでしょう――毛沢東は二度死ぬことはないわけですから――。でも共産主義《教会》のなかは蜂の巣をつついたような騒ぎとなるでしょう！　しかし、たしかに、非暴力にまさるものはありません。

Ｊ・Ｆ　現代チベットの受難は二重の側面をもっている。一方で、チベットは同情を引きつける。チベットは共産主義大国に抑圧され、「集団虐殺された」国のひとつだからだ。他方で、チベットが共感を引き寄せるのは、仏教の特権的な本拠地だからだし、また、仏教の知恵が、これまで私たちが話題にしてきた現在の世界の状況のなかで影響力をもっているからだ。これら二つの要因が、チベットを特別なケースにしているね。そもそも仏教の歴史には、目立った特徴があるよ。二千年近くにわたってインド全土で輝きわたったあとで、十二世紀以降になると、仏教の指導者たちは多かれ少なかれ亡命生活を送ったということだ。仏教のこの離散は、仏教徒にとってきわめて大きな失望と困難の原因になったと同時に、おそらく、仏教の教義の伝播の秘密のひとつともなったはずだよ。

Ｍ　ダライ・ラマはよく言っています。「チベットには、クウェートのように、自動車のための石油はないけれど、精神のための石油がある。だからこそみなチベットを助けてくれるのだ」。一九四九年に共産主義中国の軍隊がチベットに入ったとき、チベット政府は国連に、侵略に抵抗するための援助を求める緊急要請をおこないました。イギリスとインドは、総会で、紛争が拡大するのを避けるために――それが彼らの言い草です――この要請に応じないように勧告しました。しかし、大半の国々にとって、中国のチベットにたいする攻撃についての認識は、はっきりとした侵略でした。この事実は国連総会の、一九五九年、一九六一年、そして一九六五年の全体会議の討議を通じて、明白なものになりました。アイルランドの代表者、フランク・エイキンはとくに、次のように明言しました。

「数千年のあいだ、あるいは、少なくとも二千年のあいだ、チベットはこの総会のいかなる国とも同じように自由で、同じようにしっかりと、国内を治めてきた。そして、いまここに出席している多くの国々よりも、はるかに自由に自国の内政にあたってきたのである。」

共産圏の諸国だけが、公然と中国に賛成しました。もしも、チベットが中国に属しているというのなら、一体なぜ中国人たちはチベットを、彼らの用語によれば、「解放する」必要があるのでしょうか？　チベットはその長い歴史のさまざまな時代に、モンゴル人や、ネパール人、満州族、イギリスのインド総督の影響をこうむってきました。また、チベットのほうが中国も含めた隣諸国に影響を及ぼした時代もあります。ある時期、西安省はチベット王に税金を納めていました。世界中で、外国の支配あるいは影響を、いつの時代か、一度もこうむらなかった国を見つけることは、むずかしいでしょう。しかし、フランスはナポレオン一世が数年間イタリアを征服したからといって、イタリアを自国の領土だと主張するでしょうか？

Ｊ・Ｆ　チベットのケースは、数多くの理由、とくにその地理的状況から複雑なものになったのだ思うよ。西洋の民主主義諸国の臆病さかげんは相当なものだが、それだけでもない。戦略地政学の面から見ても、チベットに軍事的に介入するのはとてもむずかしいということがあるんだ。

Ｍ　ダライイ・ラマはまさに、チベットを地理的状況の理由から、アジアの列強の真ん中に位置する緩衝国、安息所とすることの利点を主張しています。現在のところ、中国軍とインド軍は数千キロに及ぶ国境線上で対峙しています。一九六二年には、中国軍はラダックの三分の一を併合し、アッサムではインド領の二つの州に侵入しました。

J・F　民主主義諸国にはどうしても理解できないことだが、全体主義体制の国々は、彼ら自身が私たちに向けてよく使う武器、つまり宣伝活動にたいして、ことのほかもろい。もろいなんてものじゃない。なぜ中国人たちは、チベットの支持者らしい人間が中国大使館の前でそれらしい旗を取りだすたびに激怒するのだろうか？　なぜ中国大使館は、わずか十五人ばかりの小さな会議がチベットの独立を宣言すると、たちまち抗議をするのだろうか？

M　まだありますよ。最近カリフォルニアであったように、チベットの大義に捧げる三日間のロックコンサートに十万人の若者たちが参加したときの中国の反応。あるいは、ディズニーがダライ・ラマの生涯にかんするマーチン・スコーシーズの映画の制作を断念しないのならばティズニー・ランドの中国への進出を禁ずる、といった脅しもありますよ。毛沢東対ミッキーマウス、じつに滑稽ですね！

J・F　それというのも、彼らが自分たちのチベット占領の不法性を絶対的に確信しているからさ。偉大な歴史家でかつ政治学者であるグリエルモ・フェレーロ〔一八七一―一九四三。イタリア人〕は、自著『権力』のなかで、非合法な国家は、自らが行使する権力の正当性の欠如を暴きだす動きのどんなことにも、非常に大きな恐怖を抱く、と指摘しているよ。しかし、民主主義諸国家は、自分たちがもっている平和的手段さえも使っていないね。さらに、私たちが前に言ったように、経済的には、中国は、西洋が中国を必要とする以上に、西洋を必要としている。したがって、中国を理性に引きもどし、とにかく目下チベットが受けているもっとも残酷なしうちをやめさせるようにすることは、まちがいなくできるはずだ。

M　ダライ・ラマは、自由チベットが生まれる希望の根拠は何かとたずねられると、「私たちの大義が正義にかない、正当なものであるという事実です」と答えます。真実は本質的な力をもっている。嘘はもろい見せかけにすぎない。見せかけを守るにはとてつもない努力が要るが、それも早晩かならず失敗に終わる、と彼は言ってます。要するに、チベットの将来は、六百万人のチベット人にかかわるだけでなく、世界的な遺産に属し、救済されるに価する知恵にもかかわっている、ということを忘れてはなりません。

第12章　仏教――衰退と再興

J・F　チベットの悲劇、つまり、ダライ・ラマが亡命生活をよぎなくされ、多くのリンポチェ、ラマ僧、修行僧、そして一般人もチベットを逃げねばならなくなり、その結果として、アジアの内外や、世界のあらゆる地方の別の文化と接触するようになったという事実によって、仏教の西欧への布教がいっそう進んだことはまちがいないね。けれども、それだけでは現在の関心を説明するのに充分とは言えないが、仏教にたいするヨーロッパ人の好奇心にとって有利な要素ではある。もっとも、仏教は以前からずっとすぐれた適応能力を発揮してきた。十二世紀の末以来、離散状況のなかで生きねばならなかったのだから。歴史を振り返れば、紀元前三世紀、仏陀の没後一世紀半のアショーカ王の時代に（アショーカ王自身、仏教に改宗していた）、仏教の教えはインドとその隣国の全体に広まっていた。仏教はヒンドゥー教とともに、紀元前六世紀から紀元十二、三世紀にかけて、インドの二大宗教のひとつだった。十二、三世紀というのは、イスラムの侵入のあと、インドの仏教が迫害された時代だ。イスラム教徒のインドへの侵略は、インド人すべてにとってたいへんなショックであり、インドの一部はイスラムの支配下に入った。ヒンドゥー教はそれでもなんとか支配宗教としてとどまったのに、仏教のほうは一掃されてしまった。このわけは？

M　離散状況について言えば、一九六〇年頃、インド、ブータン、ネパールのヒマラヤの山麓にチベットの最高の宗教指導者たちが驚くほどたくさん集まっていた、というのが正確な事実です。彼らは中国の侵略から逃れてきた。もしあの人たちがチベットにとどまっていたとしたら、彼らに会うためには、歩いてか馬でか、何カ月もかけて旅をしなければならなかったはずです。それも、彼らが生きているという、ほんのわずかな可能性に望みをつないだとして。中国の侵略と亡命という、一連の悲しい事件は、千年来の伝統を受け継ぐこうした指導者たちと接触する機会を、西欧に与えてくれたのです。彼らのうちの多くはすでに高齢で、もう亡くなった人もたくさんいます。そのこともまた、アルノー・デジャルダンの映画〔一八ページ参照〕に、他にはない特色を与えています。

もっと一般的には、仏教はその歴史の歩みのなかで、ずいぶん旅をしています。それに、仏教の修行僧は、もともとさすらう僧侶でした。仏陀その人も、たえず移動し、「雨期の隠遁」のための三カ月の夏のあいだを除いて、一定の住まいをもちませんでした。この隠遁のあいだ、修行僧たちは竹と木の葉でできた仮の小屋に住み、それから、また巡礼にもどったのです。何年かのち、仏陀に布施をする人たちが、仏陀と弟子の修行僧たちが毎年帰ってきたときに、夏の隠遁期を過ごすための場所を提供したいと願いました。そこで、この寄進者たちは、形は竹の小屋の姿を残した、しっかりした建物を建てはじめ、やがてしだいに、一部の修行僧は一年を通して、この「ヴィハーラ」と呼ばれる家に住むようになり、そのあと、共同体がそっくりそこに定住しました。こうして、最初の僧院が作られていったのです。初めのうち、仏教は長いことインドの現在のビハール州であるマガダ国の近辺にとどまっていたのが、やがて、インド全体、さらにはアフガニスタンにまで広がり、栄えたのです。ギリシャとの交流もありました。仏教の賢者と、紀元前二世紀のバクトリアを治めていたギリシャ人の王、メナンドロスとの対話という形をとった、有名な哲学論集『ミリンダパンハー』〔『ミリンダ王の問い1〜3〈インドとギリシア〉の対決』東洋文庫、漢訳『那先比丘経』〕がその交流のあかしです。

J・F　古代史が専門ではない読者のために、はっきりさせておこう。メナンドロス王の時代、つまりヘレニズム時代は、紀元前四世紀末に終わる、いわゆるギリシャ都市の時代と、紀元前一世紀のなかばのローマ帝国隆盛の時代とのあいだにまたがっている。

M　商人のキャラヴァンの往来があったわけだから、仏教と、もともと外来思想の潮流にたいして開かれていたギリシャ文明との出会いがあったのも、確かです。

J・F　それに、アレクサンドロスの征服がこうした接触を一段と進め、とりわけ、ギリシャ‐仏教芸術を生みだす基になる。

M　八世紀からとくに九世紀に、ティソン・デツェン王の招きを受けたパドマサンバヴァによって仏教がチベットに広がりました。この王もすでに仏教の高僧となっていたのですが、チベット最初の大僧院を建てようとしたのです。王は自分の師のすすめで、当時もっとも尊敬されていた賢者、パドマサンバヴァを招いた。彼は、現在ではチベット人から「第二の仏陀」とみなされています。彼のおかげで仏教がチベット中に広まったからです。それで、彼はチベットにきて、チベット最初の僧院、サムイェーの建設を監督しました。彼はまた、『仏教聖典』のサンスクリット語からチベット語への翻訳を手がけました。インドのすぐれた仏教学者を百人ほどチベットに呼び、チベットの若者をサンスクリット語の習得のためインドに送りました。それから、チベット人の翻訳者とインド人の学者を集めた学校がサムイェーに置かれ、百五十年かけて、『仏陀のことば〔経・律〕』三百巻とこれについての『注釈〔論〕』二百十三巻が訳されました。それに続く二、三世紀のあいだ、別のチベット人の高僧たちがインドに行き、十年、二十年と滞在し、第一次の翻訳作業のときに訳されなかった経典をチベットにもち帰りました。いくつかの信仰の系譜――四大宗派〔サキャ派、カギュ派、ゲルク派、ニンマ派〕もそのなかにあります――が、卓越した高僧たちの指導のもとに日の目を見ました。チベットにおける仏教の開花は、そのあと絶えることなく、中国共産党の侵略の時代まで続いたのです。

J・F　そのあいだ、インドではどうなっていたの？

M　インドでは、七世紀の末と八世紀の始めに、イスラムによる仏教迫害が頂点に達しました。すでに衰退しつつあった仏教は、かっこうの標的でした。大きな仏教大学が目立つ存在だったからです。たとえば、ナーランダ大学、ヴィクラマシーラ大学は、当時の最高の指導者のもとに数千人の学生を集めていました。そこには、あのアレクサンドリアの図書館にも劣らぬ、豊富な蔵書を誇る巨大な図書館があったのです。これらの建物はすべて破壊され、本は焼き払われ、僧侶は皆殺しにされました。

J・F　ヒンドゥー教のほうは抵抗できたのに、仏教はやすやすと追いだされたというのは、仏教が、そうした大学や図書館や僧院で、ことのほか目立ったからという理由で、説明がつくだろうか？

M　それだけではありません。仏教はインドではすでに衰えはじめていたけれど、その理由はよくわかっていないのです。六世紀になると、バラモン教の伝統の復活と、一部の仏教概念の《ヴェーダーンタ》学派——ヒンドゥー教の主要な形而上学の流れのひとつ——への吸収がしだいに仏教の影響を浸食したので、全インドに広まっていた仏教も、ふたたび、現在のビハール州であるマガダ地方と、現在のアフガニスタンだけに限られるようになりました。不二一元《アドヴァイタ》論を強調するヴェーダーンタ学派は、仏教哲学を批判しながらも、一方でその重要な点を取り入れていました。その影響が、仏教とヒンドゥー教のあいだの溝を埋める形になったのです。おまけに、インドはカースト制と深く結びついていたのに、仏教はこれをあえて無視しました。さらに、たくさんあった仏教の研究センターや僧院がイスラム教徒の遊牧民の恰好の標的になったのも、確かです。彼らはこれを砦とまちがえた。区別できなかったのです！

J・F　仏教の一部の思想はヒンドゥー教に入って残っているのだろうか？

M　そうですね、すこしずつ吸収されていったと言えます。ヒンドゥー哲学は教義の面では、仏教を攻撃しつづけたのですが。

J・F　そうすると、仏教は、自分が生まれ、千年以上も教えを広めてきた舞台から追いだされた、きわめてまれな宗教——ことばの便宜上、これを宗教と呼ぶとして——の例だね。もうひとつ例を挙げれば、スペイン人、いや、もっと広くヨーロッパ人によるラテンアメリカの征服で起きた、土着の諸宗教の抑圧、消滅、一部の根絶というものもあるよ。

M　仏教はまた枝分かれして、南に伸びてスリランカ、東ではタイ、ビルマ、ラオス……に《テーラヴァーダ》〔上座部仏教、大乗の人々は小乗仏教ともいう〕と呼ばれる形で向かい、一方では北に移って、六世紀の中国に《大乗》と呼ばれる形で行き、次いで日本に行って、精神の本性の観察を重視する《禅》仏教という形で、とくに発展しました。

J・F　第二次世界大戦から一九七〇年のあいだ、《禅》の仏教は西欧でもっともよく知られ、もっとも流行した仏教の形態だった。六〇年代、バークレーの学生たちは、西欧文明にたいする異議申し立て運動のさい、《禅》の仏教に夢中になった。その一部は政治理論と仏教の折衷を試みることさえして、彼らが言うところの「禅マルクス主義」を作り上げた。これが長くは続かなかったことは、みとめなきゃならないが、嘆くには及ばないよ。

M　《禅》の仏教は、西欧ではいまもやはり盛んです。しかし、興味深いのは、チベットにおいては、仏教のあらゆる側面、あらゆる水準、つまり、「三つの乗り物」〔三乗〕と言われるものが忠実に守られ、継続していることで、そのため、信仰の道を歩もうとする者にこれらの異なる水準の教えを総合して授けてくれます。《小乗》、あるいはもっと敬意をこめたことばを使えば、《テーラヴァーダ》、「長老のことば」の修行は、俗界の倫理と僧院の規律の上に、あるいは、世俗の世界の不完全さと私たちの活動の大半を支えている関心事のむなしさの省察の上に成り立っています。こうした内省は、修行者が苦しみと、生と死の悪循環、「サンサーラ〔輪廻〕」から解放されることを望むように導いてくれるのです。

《テーラヴァーダ》には、隣人への愛も、苦しむ者への慈悲もありますが、チベット、中国、日本に見られる《大乗》は、何よりもこの愛と慈悲を強調します。その教えによれば、もし自分のまわりのすべての者が苦しみつづけるなら、自分が苦しみから解放されても、むなしいのです。だから、この道の目標は、本質的に、他者の幸福のために自分の内面を変えることです。インドにおいて、とりわけチベットにおいては、第三の乗り物、《ヴァジュラヤーナ》、つまり《金剛乗》もまた発展していきました。これは、前の二つに、私たちのなかにあるブッダの本性をいっそうすみやかに外に表し、諸現象の「大本にある純粋さ」を実現するようにしてくれる精神的技法を加えたものです。この見方は慈悲を抑えるのではなく、逆に、これを深め、強めます。それで、チベットは、地理的、政治的状況がひとつに合わさって、仏教のこれら三つの乗り物をただひとつに統合することができたのです。

J・F　そうした試練を経たおかげで、仏教は国の枠を超えた使命をもつようになり、それがおそらく現在、西欧に広まる基を作ったのだろうね。仏教はその歴史の過程で、いろいろな文化と深いかかわりをもったけれど、ある特定の文化と結びついてはいない。チベットはたしかに地理的にも精神的にも要塞のようなものであり、千年以上にわたって、仏教を構成するあらゆる要素を保存することができたけど、そのかたわら、仏教の教えはスリランカや日本のようにまったく異なる文明のなかに枝分かれして、入っていった。その場合、仏教は、入っていき、根づいた国の「色合い」を帯びたのだろうか？

M　たとえば、チベットにはボン教という、ある点でアニミズムに近い土着の宗教がありました。これは、複雑な形而上学ももっていて、現在まで残っています。九世紀に、ボン教と仏教のあいだで論争が起こっています。ボン教の一部の風習は仏教に吸収され、「仏教化」しました。これと似た現象はタイや日本などで起こりましたし、おそらく西欧でも起こるでしょう。しかし、仏教の本質は変わらないのです。

J・F　そうすると、仏教の教えと実践は、まちがいなく普遍的な役割をもっているわけだね。でも、多くの宗教がみずから普遍的な広がりをもっと主張している。もちろん、キリスト教、とりわけカトリック教がそうだ。なにしろ、「カトリシズム」というのは、普遍的という意味のギリシャ語からきているのだから。それで、カトリックはしばしば、人々を無理やり改宗させる権利があると言い張る。イスラム教もまた、普遍的拡大、必要なら刀と銃の力でも、という傾向がある。というのは、これらの宗教では、信者になるには、最初にいくつかの教義を信じることを受け入れなければならない。仏教の場合はそうではない。仏教に普遍的役割があるとしても、自分の生まれた文化とは別の文化に広がっていくさい、どんな形でも、新しい信徒から見て信仰への服従とか、ましてや強制を要求することがないんだね。

M　仏陀は言っています。「私を尊敬するからといって、私の教えを受け入れてはならない。それをよく確かめ、真理のなかにあるのをもう一度見つけなさい」。またこうも言っています。「私は道を教えてあげた。その道をたどるのは、あなただ」。仏陀の教えは、彼自身がすでに歩いた、認識への道を記述し、説明するメモ帳のようなものです。本来の意味での「仏教徒」になるには、仏陀に拠り所を求めますが、これは彼を神ではなく、案内人、《目覚め》の象徴と見るからです。また、彼の教え、《ダルマ》が拠り所にされますが、これは教義ではなく、道です。さらにまた、共同体、この道を歩む旅のみちづれみんなが拠り所になります。しかし、仏教は、無理にドアを開けようとも、改宗させようともしません。仏教では、そんなことは意味がないのです。

J・F　そう、仏教では強制的改宗などそもそも考えられない。まさに強制に頼らないからこそ、仏教がみずから生まれ育った元の文明とは本質的に異なる文明のなかに組み込まれていく過程が、研究されるべきだし、またその過程がいまも続いているなら、説明されるべきだよ。

Ｍ　仏教には征服者の立場はなく、むしろ、一種の精神的輝きで働きかけます。仏教を知りたいと願う者は、みずから第一歩を踏みだし、自分自身の経験を通じて発見する必要があります。それに、仏教がチベットや中国で花開いた、その状況を見ると、たいへんおもしろい。偉大な賢者たちがその国のなかを旅すると、花の蜜が蜜蜂を引き寄せるように、彼らの輝きが自然に弟子たちを引き寄せたのです。

Ｊ・Ｆ　いま気がついたけど、この対話のあいだじゅう、仏教の表現に見られるメタファーの豊かさにはまったく感心するよ……。なかなかいいね。プラトンもやはり、イメージや神話や比較に始終頼っていた。哲学に詩を取り入れるのに、私は大賛成だ。ただし、詩が人々の抱く疑問のすべてに答えるのに充分であるかどうかは、あまり自信がないよ。

Ｍ　それじゃここで、もうひとつイメージを使って、答えましょう。メタファーというのは「月をさした指」です。見なきゃいけないのは月であって、指ではない。ひとつのイメージが長ったらしい記述より豊かな表現になっていることはよくあります。

Ｊ・Ｆ　西欧文明にとって本質的な問題は、この文明が切実に感じていながらみずからの精神的能力ではどうしても満たせない欲求と、仏教がこうした問いにたいしてもたらしてくれるかもしれない答えとのあいだに、どのような形の対応、一致があるのかを知ることだ。ただ、ある教義がある種の問いに答えるのに適しているという考えは、罠であることもありうる。西欧では、大勢の人々が、完全ないんちき、ときには犯罪でさえある新興宗教の信者になっている。だから、ここで問題になるのは、仏教が精神の科学として真実であり、本物であるか、ということなんだよ。

Ｍ　それなら、仏教の探求の主な対象は、精神の本性であって、この領域での仏教の経験は、わずか二千五百年ほどです！　本物であるかについては、そういうことです。真実であるかについては、どう言いましょう……。おそらく、真実だからこそ仏教は、力をもっているのでしょう。その真実性は、具体的な事実と人物を通して現れているし、本物の精神的伝統のまがいもので、見せかけの看板がすぐ崩れてしまうような新興宗教とは違って、時代と状況の試練に耐えるのです。さまざまな新興宗教がそれでも数多くの信者を集めていますが、そのいんちきな性質はたいてい、あらゆる種類の内部矛盾、スキャンダル、さらにはひんぱんにテレビニュースに報じられるいまわしい事件によく表れています。それにたいして、西欧における仏教への関心の高まりは、もっと地味です。あちこちの「仏教センター」は、同じ心の憧れをもって経典と注釈を西欧のことばで研究し、実践し、翻訳しようとして努力を共にしたいと思う人々の出会いの場です。彼らの目的は、本物の伝統、しかも生きている伝統を人々に知らせることとです。彼らはたいてい地元の住民の目に肯定的に映っています。

J・F　私は仏教のような二千年以上も前からの知恵と、最近増えつづけている、大かたはとんでもなく愚かしい新興宗教、しかもその大半は詐欺事業でもある宗教とを比べるつもりなんてまったくない。思ったこともないよ。でも、私はいつも人間性から発する衝動を警戒しているから、次のことだけは指摘しておきたかったんだ。ある理論にたいする、あるいは、彼らの目にはすごく偉い人に見えても本当は詐欺師であるかもしれない指導者にたいする、一部の人々の熱狂ぶりは、その教義がかならずしも正しいものであることを証明しない。補足する証明が必要なんだ！

M　それを証明するのは、長い目で見た精神的実践の結果以外はありません。「研究の成果は自己制御。実践の成果は否定的な心の動きの低下」と言われます。一時的な熱中にはあまり価値がないのです。

J・F　それこそ、私の言いたかったことだ！　もし事実を単に観察するだけにとどまるなら、仏教と諸々の新興宗教との比較はどんな形でも不可能なことは明らかだ。だからといって忘れてならないのは、じつに立派な人たちがくだらないたわごとにはまってしまうことだよ。偉いお医者さんでまったくのでたらめにつかまり、何年も信じつづけ、その宗教のどんな要求にも応じたケースを知っている。だから、真実のあかしを見つけるには、まがいものくさい信仰にも人間が感じる真剣な憧れだけがあればいい、というわけにはいかない。残念ながら、人間の心は、なんにでも憧れるという困った傾向があるからだよ。だからこそ、教える者にはつねに証明する責任があるんだ。

M　本物の信仰の道には、自分にたいしては要求が厳しく、他人にたいしては寛容であることが含まれます。これは、自分の説く理想に明らかに反することを平気でやりながら、他の人間には厳しいことの多い新興宗教とは反対です。でも、それ以上に根本的な違いは、新興宗教には、本当の形而上的原理は何もないということです。こうした宗教はだいたい、ちぐはぐな要素、本物の信仰からは何も受け継いでいない、擬似伝統の残骸で組み合わされた混合物です。このことから、新興宗教は、長続きする精神的進歩へと人々を導くことはありえず、混乱と幻滅をもたらすばかりです。

第13章　信仰、儀礼、迷信

J・F　「盲信」として非難される儀礼的信仰、聖水とかロザリオの祈りとか祝別される小枝とか、あらゆる種類の免罪符を信じたり、秘跡や特別な祈りの効き目、聖人に蠟燭を捧げて感謝するやり方を信じる習慣は、大半の宗教にあり、仏教の特徴と考えられている純化された側面とは対照的だ。どうやら、これがとりわけ知識人が仏教に引かれ、逆に、既成宗教のある側面、あまりに芝居がかり、形式主義で非合理的と見える側面に反発する理由のひとつらしい。ところで、これは仏教の理想化されたイメージ、つまり、遠くから眺めるだけで、日々の実践の様を見ることなく教義を学ぶことによって抱くイメージのように私には思われる。でも、仏教徒の国々を旅行して、僧院のなかに入ってみれば、反対に、あきれるくらいさまざまな形の儀礼——歌やら、行列やら、拝跪《はいき》やらであふれているのに気づく。これは、私のような不可知論者にとってはギリシャ正教、カトリック教、イスラム教、あるいはユダヤ教の場合と同じ種類の迷信であり、凝り固まった儀礼主義であるように見えるよ。もっと言えば、この二十世紀の時代に堂々とおこなわれている仏教の実践のあるものは、現代のカトリックよりも中世のカトリック教に近いと思われる。これはどうも、何千年ものあいだに仏陀の知恵の上に重なってきた仏教の実践の、やや非合理な、やや外面的で、おのずから儀礼主義的になった側面ではないだろうか？

Ｍ　まず、どんな精神的・宗教的伝統でもそうですが、仏教においても、迷信と儀礼とを分けて考えることが必要です。信仰は、理性と対立して、儀礼の深い意味を理解しそこなうときには迷信となります。儀礼には意味があります（ラテン語のリトゥス〔儀礼〕は、そもそも「正しい活動」という意味です）。儀礼は内省、観想、祈り、瞑想へと向かわせます。歌のなかで発せられることばの意味は、かならず瞑想への呼びかけです。チベット仏教の場合はとりわけそうです。儀礼の中身そのもの、たとえば朗唱されるテクストを調べてみると、そこに仏教の瞑想のさまざまの要素――空性、愛、慈悲が、私たちを導くようにあるのがわかります。儀礼というのは、僧院の霊感に満ちた場で、神聖な音楽によっていっそう清められた、澄みきった雰囲気のなかでおこなわれる信仰の実践なのです。この音楽は人間の心の動きを激しくするのではなく、逆にしずめ、精神の集中を助けるのが目的で、芸術的表現ではなく、捧げ物と考えられています。一部の儀式は一週間以上も、昼も夜もとだえることなく続けられます。その目的は、参加者が密度の高い修行期間を共にできるよう導くことです。マンダラについての瞑想では、集中力の技法が重視され、きわめて豊かな象徴体系が利用されます。

Ｊ・Ｆ　マンダラを正確に定義してもらえないだろうか？　漠然としたイメージしかないから。

Ｍ　マンダラは、完全な場所と、そこに住む神格群の形をとった、宇宙と諸々の存在の象徴的表象です。マンダラの「神格」は神ではありません。というのは、さきに強調したように、仏教は一神教でも多神教でもないからです。神格はブッダの本性のさまざまな原型であり、さまざまな側面です。マンダラについての瞑想は、「純粋視覚」と呼ばれるもの、つまり、あらゆる存在のなかにあるブッダの本性の知覚に向かっての訓練です。こうした視覚化の技法は、私たちの通常の世界の知覚、すなわち純粋なものと不純なもの、あるいは善と悪の混合物を、現象世界の根源的完全さの実現へと変えることができるのです。私たちのまわりの存在を、チベットのパンテオン〔万神殿〕の「神格群」という完璧な原型の姿として視覚化することで、ブッダの本性はどんなもののなかにもある、という考えになじませていきます。したがって、この世の存在の外面的な様態——美醜とか敵味方とか——を区別することはしません。つまりこの技法は、私たち自身とすべての存在のなかに、最初からある完璧な姿を再発見するための巧みな方法なのです。ですから、チベットの高僧にとっては、儀礼はまったく相対的な意味しかないし、もっぱら瞑想に打ち込んでいる隠者は、およそどんな形の儀礼すら捨てているということも、強調する必要があるでしょう。偉大なヨーガ行者、ミラレパのような人たちは、儀式や儀礼の利用をあからさまに非難するところまでいきます。このように、信仰のための技法にはいろいろなものがありますが、これはいろいろな修行者にそれぞれ対応しており、信仰の修行のそれぞれのレベルで違うのです。

J・F　そうか。でも、この前カトマンズで、なんという名前だったかな……大きな記念碑のまわりに祈りにきた大勢の仏教信者を見たよね。

M　あれはストゥーパです。

J・F　そうだった、そのストゥーパのまわりを、信者たちが何時間も、いつも時計の針の方向にぐるぐる廻っていた。その前のブータン旅行のとき、寺院やストゥーパのまわりを廻るには、時計の針の方向に廻らねばならないと教わった。その不思議な決まりごとのわけはもう忘れてしまったけれど、納得できるような説明はしてもらえなかったよ。あれは、まったくの迷信の類ではないだろうか？

M　そこが大事なところなんです。いわゆる「日常生活」における行動の大部分は、功利的なもので、深い意味はないでしょう？　ほとんどは、歩くといえば、できるだけ早くどこかに着くために移動するということであり、食べるというのは、胃を満たすこと、働くというのは、できるだけたくさん作ることです……。それにたいして、信仰生活が生きることのすべてを占めているような社会では、ごくふつうの行動にさえ意味があります。理念的には、じつは、もうふつうのものはないのです。たとえば、人が歩くときには、《悟り》に向かって歩くのだ、と考えます。火をつけるときには、「人間の否定的な心の動きがすべて燃え尽きるように」と願います。食べるときには、「だれもが瞑想の味を味わえるように」と考えます。扉を開けるときには、「解放の扉がすべての人々に開かれるように」といったように。ストゥーパの場合は、チベットの人々は、そのまわりを一時間廻るほうが、ジョギングするより心を豊かにしてくれると考えます。ストゥーパは仏陀の精神の象徴です（書かれた文字は彼のことばを、仏像は彼の体を象徴しています）。右側は、仏陀とその教えにたいする尊敬の念を表すための名誉ある位置と考えられているので、彼らはストゥーパが右手にくるよう、時計の針の方向に廻るのです。そうすることで、彼らの精神は仏陀に、そしてその教えに向かいます。

J・F　どうして、どうも超自然的な存在を描いたように見えるフレスコ画があんなにあるのだろう？　仏教には神様はいないと思っていたのに。

M　もう一度言いますが、あれは、固有の存在をもっていると考えられる神ではありません。あの神格群は象徴的なものです。ある「神格」の顔は《唯一者》、絶対者を表しています。その二本の腕は慈悲の方法と一体化した空性の認識です。一部の神格は、六つの完成〔六波羅蜜〕の形式を象徴する六本の腕をもっています。規律〔持戒〕、施与〔布施〕、忍耐〔忍辱〕、勤勉〔精進〕、集中〔禅定〕、知恵〔智慧＝般若〕です。なんでもない絵を眺めるというより、精神の道のさまざまな要素を、意味をもったさまざまな形として視覚化して、頭に思い描くことが有効なのです。そうすれば、こうした象徴的原型は、私たちのとりとめなく駆けめぐる想念に引きずられることなく、私たちの想像力をより高い修行へと導く要因として活用できるのです。実際、精神集中の最大の妨げのひとつは、想念のとどまるところを知らぬ増殖です。視覚化の技法は、精神がたえず動きまわり、その想念の波をうまくしずめられない人たちに、この波をひとつの対象に向かって導くことを可能にする巧みな手段です。この方法はきわめて複雑な形をとることもありますが、精神を分散させるのではなく、安定させ、落ち着かせてくれます。正しい視覚化には三つの資質が要求されます。まず、明確な視覚化を続ける能力、これには、集中する対象に精神をたえず引きもどすことも含まれます。次に、瞑想の対象である象徴体系をしっかり意識できること。最後に、自分のなかにあるブッダの本性の知覚を保つことです。

J・F　でも、あちこちの寺院で、信者たちが仏陀の像の前にひざまずくのを見たよ。あれは、神様か偶像を前にしたふるまいで、賢者にたいする態度ではないよ！

M　仏陀の前にひざまずくのは、神様ではなく、究極の知恵を体得した人にたいする、尊敬の念に満ちた称賛の表れです。この知恵は、仏陀の説く教えとともに、ひざまずく人にとって、はかりしれない価値をもっています。この知恵に捧げる称賛はまた、謙虚さの表れでもあり、高慢にたいする解毒剤の役割をします。高慢こそ、あらゆる深い変革の妨げになるのですから。高慢は、知恵と慈悲の発露を妨げるのです。「水は山頂にはたまらない。人の本当の価値は高慢のてっぺんには積み重ならない」という、ことわざがあります。さらに言いますと、ひざまずくのは、単なる体の動作ではありません。両手と、両膝と、額を――ですから、五カ所を地面につけるのは、憎しみ、欲望、無知、高慢、嫉妬という五つの毒を清め、それぞれ対応する五つの知恵に変えることを願うのです。立ち上がるときに、両手が土の上をなでると、「この世のすべての存在の苦しみを《かき集め》、これを私が引き受けることで、全部なくしてしまえますように」と考えるのです。このように、日常生活の一つひとつの行いは、なんでもない、平凡で、ふつうの行いではなく、どれも精神修行に通じているのです。

J・F　しかし、キリスト教の修道生活では、唯一の真理は《神》だよ。私たちが生きている世界、十七世紀のフランスのカトリック教徒の言い方では、「俗世」（俗世のなかで、あるいは俗世を離れて生きる、などと言っていた）は、本質的なもの、つまり《神》への注目からの逸脱に他ならない。したがって、宗教的生活、パスカルのようにポール・ロワイヤル〔パリ郊外の女子修道院。十七世紀にジャンセニスムの中心となった〕とか、カルトゥジオ会修道者のように修道院に引きこもる者の生活は、あらゆる娯楽、パスカルの言う「気晴らし」、つまり、私たちの注意を日々のつまらない利害、成功、虚栄心、お金の満足などという偽の価値のほうへ「逸らせる」ものを遠ざけることだ。こうした人々は、俗世の生活を形づくるこれらの時間を、唯一の大事な関係、つまり神との関係に自分の注意のすべてを集中できるよう、締めだしてしまう。グランド・カルトゥジオ会修道院の修道士たちは俗世を離れて、気が散ることも、邪魔されることもなく、神に集中できるようにしている。ところが、仏教では、超越する神様がいないのだから、修道生活というか、俗世の時空を離れたこの隠遁はどこへ向かうのだろうか？　つまり、もし仏教が宗教ではないなら、なぜこんなにも宗教に似ているのだろうか？

Ｍ　そのことについては、この数日、すこし話し合ったように思いますが。仏教を宗教と呼ぼうと形而上学と呼ぼうと、結局、それはあまり重要ではありません。仏教がめざす精神的目標、それは《悟り》、仏陀その人が達した《悟り》です。道は、仏陀の跡をたどって歩むことにあります。それには、私たちの意識の流れの深い変革が必要になります。だから、心底からこの道に従おうと願う者が、自分の時間のすべてをそこに捧げるのも、よくわかります。また、初心者にとって、外的条件がこの探求の助けになったり、妨げになったりするのも、わかります。《悟り》に達した者だけが、どんな状況にもびくともしない。なぜなら、彼にとって、現象世界は一冊の本であり、そのどのページも、彼が発見した真理を確認しているからです。精神的完成を果たした者は、もう大都市の喧騒には乱されません。山奥の庵にいるのと同じなのです。しかし、初心者は集中力を高めて、自分の想念を変革するのに適した条件を求めなければなりません。騒がしいふつうの生活のなかでは、この変換の過程には、ずっと多くの時間がかかり、無事に完了する前に中断する恐れがたぶんにあります。そのために、チベットの修行者は人里離れた庵で何年も過ごすことがままあるのです。彼らの目的は、精神の探究に身を捧げることですが、最終目標が他人を助けるための《悟り》にあることを、けっして見失ってはいません。

J・F　《悟り》をどう定義すればいいのだろう？

M　自己と事物の究極の本性の発見です。

J・F　仏教で言う信仰の意味を明確にしてもらえるだろうか？

M　明らかに、信仰ということばには、西洋流の意味合いが濃いのですが、信仰の四つの側面を区別できます。まず、「明白な信仰」というか、霊感を受けた信仰、つまり信仰の教えや仏陀などの偉大な賢者の一生の物語を聞いて目覚める信仰です。心のなかに自然に関心が目覚めるのです。二番目は、憧れという形の信仰です。もっと知りたい、教えを自ら実践したい、賢者の例に従い、彼が体現した完成に達したい、という願いです。三番目の信仰は、「確信」、自分で教えの有効性と精神の道の効果を確かめ、しだいに満足感と充実感を深めながら得ていく確信です。この発見は、たとえば、ある国を歩きまわるにつれてだんだんとその美しさを知っていく旅に似ています。最後に、この確信がどんな状況のもとでも、けっして裏切られることがなくなると、生活の有利な条件も不利な条件も、すべて前進するために利用できる安定した修行の段階に達します。このとき、この確信は第二の本性になります。これが「不可逆の」信仰です。以上が仏教の信仰の四段階です。だから、これは知性の「飛躍」というものではなく、段階的発見の成果、精神の道が実を結ぶという確認の成果です。

第14章　仏教と死

J・F　世界から身を引くということは、仏教徒から見ても、キリスト教徒から見ても、一種の死への準備である。パスカルのような首尾一貫したキリスト教徒は、神以外の現実はないことを理解したときから、俗世で生きることにはもはやなんの意味もない、とみなした。現世にいるときから、《創造主》の前に出頭できるよう、したがって、いつもあとわずかの時間しか残されていない人間のつもりで生きるようにしなければならない――パスカルの『パンセ』には、ひんぱんにこの考えが出てくる。もっとも、これは福音書からきている。主がいつあなたを呼ばれるか、十年後か、それとも五分後か、あなたは知らない。パスカルもまた――宗教的色合い抜きでも――人生は死への準備であると、しきりに強調している。モンテーニュの『エセー』の一章は、「哲学するのは、死に方を学ぶこと」と題されている。この死への準備、移行という考えは、仏教の教義でもやはりきわめて重要な役割を果たしている、と私は理解しているつもりだが。死後の移行、たしか「バルド〔中有〕」と呼ばれるんだよね。たしか、『バルド論』というのがあるね？

M　たしかにありますよ。死の思いはたえず修行者の頭にあります。でも、その思いは、暗いとか、病的とかいうものではなく、あの内的変革を完了するために人生の一瞬一瞬を活用するよう、私たちの貴重な人生の一時でも無駄にしないようにとの誘いです。死とか無常とか考えずに、人々はついうかうかと言ってしまう。「まず、いつもの身のまわりの用事を片づけ、計画したことを全部やってしまおう。それがすべて終わったら、私はもっとよく理解し、精神生活に身を捧げることができるだろう」。あとわずかの時間しか残されていないかのように生きるのではなく、まるで自分の前に時間はいくらでもあるかのように生きるのは、いちばん危険なまやかしです。なぜなら、死はなんの警告も与えず、いつ訪れるかもしれないのですから。死の時と、そこにいたる状況は予測がつきません。日常生活のあらゆる状況――歩く、食べる、眠る、といったことが、突然、どれも同じように死の原因に変わりうるのです。修行者はいつもそのことを心にとどめていなければなりません。隠者は朝に火をともすとき、次の朝もまだ生きていて、もう一度火をともせるだろうかと考えます。肺から空気を吐きだすとき、また吸えることをうれしく思うのです。だから、無常と死についての内省は、たえず修行者を精神修行へと刺激してくれる針のようなものです。

J・F　仏教徒にとって、死は恐ろしいものだろうか？

M　死にたいする態度は、修行に応じて変化していきます。初心者にとって死は、まだ精神の深みに達していませんから恐怖の原因になります。ちょうどわなにかかった鹿みたいに、必死で暴れて逃れようとします。その次に、修行者は、「どうやったら死から逃げられるだろうか？」という無益な問いをやめて、こう自問します。「どうやったら怖い思いをせずに、ゆったり心をゆだね、落ち着いて、バルドの中間状態を通り抜けられるのだろうか」。それから、彼は土を耕し、種を蒔き、収穫を見守る農民のようになります。天候が不順であっても、そうでなくとも、彼にはなんの悔いもない。できるだけのことをやったからです。同じように、修行者は一生をかけて自分を変えることに努めますから、なんの悔いもなく、落ち着いた気持ちで死に近づくのです。最後に、最高の修行者は死を前にして心晴れやかです。彼が死を恐れるわけはどこにもありません。人格という観念にも、現象の堅固さにも、所有にも、執着する気持ちはすっかり消え去っているのですから。死は友となり、生の一段階、単なる移行にすぎません。

J・F　この種の慰めというのは、過小評価するわけではないが、それほど独創的ではないね。仏教はそれにつけ加えるものを何ももっていないの？

M　死の過程と、そのとき起こるさまざまな経験は、仏教の著作に詳細に記されています。(1)呼吸停止のあとに、意識と体の溶解の段階がいくつか続きます。次いで、物質世界が私たちの目から消え、私たちの精神は絶対状態に入ります。これは、意識が体と結びついていたときに私たちが知覚する、制約あるこの世界の状態とは反対です。死を迎えるとき、意識はごく短い時間で、「絶対層の光り輝く空間」と呼ばれるもののなかに吸収され、それから、また現れて中間状態、つまり、バルドを横切り、そこから新たな生、というか再生へと導かれます。バルドのさまざまな経験が起こる前に、この絶対状態にとどまり、事物の究極の本性の実現に達することをめざす瞑想があります。

J・F　まあ、わかったよ……。死を人間にとって受け入れられるものにするためのありとあらゆる論証が、哲学と宗教の歴史につぎつぎと現れた。おおまかに二つのタイプに分類できるね。まず、来世への信仰にもとづくものがある。あの世が存在する、また、私たちの内なる精神的原理、つまり魂の不滅性が存在すると信じるなら、私たちは一定の規則に従って、あるタイプの生活を送るだけでいい――つまり、キリスト教の用語によれば、あらゆる大罪を避け、あるいは聴罪司祭に大罪を告白するだけでいい。そうすれば、あの世で幸せに生き長らえることが保証される。死はそうなると、病気のように一種の肉体的試練だが、現世からもっと良い世界へと橋渡しをしてくれる。臨終の者を助けてくれる神父は、この移行にまつわる激しい不安を和らげるはたらきをする。この手の慰めの原理は、死は本当には存在しない、ということだ。唯一の心配の種は、私は救済されるのか、それとも地獄に落とされるのか、ということになる。

もうひとつのタイプの論証は、純粋に哲学的なもので、あの世を信じない者にとってのみ有効だ。こちらは、他の動物のなかの一種である私の生物学的現実としての破壊、消滅は、避けることのできない自然の出来事であり、みずからこれを甘んじて受け入れる術を学ぶべきだと言い聞かせて、一種の諦念と知恵を育てることにある。このテーマにかんしては、哲学者たちは腕をふるって、死をなんとか我慢できるものにする甘い味付けの論拠を提供してきた。たとえば、エピクロスは有名な推論をおこなっている。彼は言う。われわれが死を恐れる必要がないのは、事実上、われわれは死に出会うことが絶対にないからだ。われわれがまだ存在しているときには、死はまだ存在していないし、死が存在しているときには、われわれはもういないのだ！　だから、われわれが死を前にして恐怖を味わうのは、無益なことだ。エピクロスの最大の関心事は、人間を無益な恐怖——神々にたいする恐怖、死の恐怖、雷や地震など自然現象にたいする恐怖から解放することだったから、彼はとても近代的なやり方で、まるで原因があり、法則に従っているような現象として、それらの恐怖を説明しようとしたんだよ。

でもとにかく、死にかんしては、この二つの系列の説明というか、慰めのどちらかを選ばざるをえない。私は仏教は最初のほうに入れたい。仏教は有神論の宗教ではないけれど、死を受け入れられるものにする精神的技法は、死が終わりではないとする形而上学を拠り所にしている。あるいは、死が終わりとなるとしても、それは苦しみの世界のなかでの輪廻の果てしない鎖から解き放たれることを意味するのだから、素晴らしい終わりだね。西欧の現代世界では、すでに充分言われていることだけれど、死はまるで恥ずべきもののように隠されている。革命前の旧制度の時代には、死はおおやけのものだった。あえて言えば、人は何日もかけて、死んだんだよ……。一族の全員が危篤の病人のまわりに集まり、病人の最後のことばに耳をすまし、神父たちがつぎつぎに訪れ、秘跡を執りおこなった……。主君の死は、宮廷のほぼ全員が立ち合う見世物だった。今日では、死は巧妙に隠されている。けれども同時に、沈黙しているだけでは不充分だという意識が、みなの心に生じ、現在では、死に臨んだ人間を助けて、この世との別れを受け入れられるものにするよう努めてくれるセラピストがいる。

M　現代では、人々はしばしば死を前にすると、またどんなことでも苦しみを前にすると、目をそらす傾向があります。こうした苦しい態度は、死が現代文明の理想、つまり、できるだけ長く、つまり、できるだけ快適に生きるという理想にたいする唯一の克服不可能な障害となっている事実からきています。おまけに、死は人がいちばん執着するもの、つまり自分自身を破壊してしまうのです。この避けられぬ期限に手を加えられるどんな物質的手段もありません。だから、みな自分の心を占める対象から死をはずし、薄っぺらで、壊れやすい、まがいものの幸福の心地良いまどろみをできるだけ長く保つほうを好みます。しかしこれは、なんの解決にもならないし、事物の真の本性を正面から見据えるのを遅らせるだけです。それでもせめて、恐ろしい不安を味わわずにすむ、と言い張ることもできます。たしかにそうでしょうが、この「失われた」時のあいだにも、人生は日一日と砕けていき、問題の核心に達して苦しみの原因を発見するという機会を逸するのです。この場合私たちは、生活の一瞬一瞬に意味を与えることができず、人生は指のあいだを滑り落ちる砂のような時間でしかない、ということになります。

J・F　それで、仏教はどういうことをすすめてくれるのかね？

M　現実に、死に近づく二つのやり方があります。私たちの存在は、ちょうど燃え尽きる炎のように、あるいは乾いた地面に吸い込まれる水のように終わりに近づくのか、それとも、死は移行にすぎないか、のどちらかです。しかし、私たちの意識の流れがいったん体から離れると、別の生の状態でさらに続く、ということを信じるかどうかはともかくとして、仏教は死にゆく者が心静かに死ぬのを助けてくれます。ソギヤル・リンポチェの『チベットの生と死の書』が広く読まれた理由のひとつがここにあります。この本は、死への準備、死にゆく者への手助け、それに死のプロセスそのものに、その大半をあてています。「死は、私たちがいちばん執着してきたもの、私たち自身の究極で不可避の破壊を表している。だから、非‐エゴ〔無我〕と精神の本性にかんする教えがどれほど大きな助けになってくれるかがわかるはずだ」と、彼は言っています。だから、死に近づくにさいしては、非‐執着、利他主義、喜びを育てることが大事なのです。

J・F　もし私の理解がまちがっていなければ、仏教は西欧の人間が区別した二つのタイプの死への準備をひとつに結びつけるのだろうか？

M　死を経由しての意識ないしは精神原理の継続は、大半の宗教で啓示している教義の一部となっています。仏教の場合は、人間の直接の経験、たしかにその人間は並はずれた資質の持主ですが、証言として信用するに充分な数の人々の体験を基にしています。それはともかく、私たちの人生の最後の月日、最後の瞬間を、恐ろしい不安よりは明るく、落ち着いた気分で過ごすほうがいいのは、確かでしょう。自分のあとに身内と財産を残していくべきかとか、自分の体が朽ちていくという強迫観念につきまとわれて生きるのかとか、そんなことを考えながら苦しんでなんになるでしょう？　仏教は、しばしば肉体的試練よりも精神的拷問となる死にたいするこうした強い執着を、すべて一掃することを教えます。けれども、何よりも教えてくれるのは、死にそなえるために最後の時を待ってはいけないということです。死の時は、精神の道を実践しはじめるのに理想的な瞬間ではないからです。私たちはたえず未来に心を奪われていて、お金や食物が足りなくならぬよう、まるで健康を維持するように懸命です。でも、将来起こる出来事のなかでもいちばん大事なはずの死のことは、考えないようにしています。しかし、死を考えるのは、何も意気消沈させることではありません。それは人生のはかなさを自覚するため、生の各瞬間に意味を与えるための警告として活かす機会なのです。チベットの教えにあります。「たえず死を見つめることで、あなたはあなたの心を精神修行へと向かわせ、修行への熱意を新たにし、やがて、絶対の真理との合体として死を見ることができるのだ」。

Ｊ・Ｆ　現在ではまた、死は安楽死の問題でもあるね。西欧では、人は自分の死の時を選ぶ権利があるか、という大問題がある。自殺のことは言わない、これはまた別の問題になるから。けれども、病人が自分はもうだめだと感じたとき、あるいは、苦痛が耐えがたいとき、死を要求する権利があるだろうか？　医者はその病人が死ぬのを手助けする権利があるだろうか？　これは、道徳と、さらには法律の次元に現れる問題で、中絶と同じように、さきほど話し合った社会問題の一部をなしている。そのうえ、それらはまさに現代の問題なので、一九九六年五月、法王はスロヴェニア旅行のさいに声明を発表して、彼の言う「死の勢力」、つまり中絶と安楽死の支持者にたいする反対の意思を明らかにした。仏教は安楽死にたいして、態度を明確にしているのだろうか？

Ｍ　精神の修行者にとって、人生の一瞬一瞬が貴重なものです。なぜでしょうか？　それは、どの瞬間も、どの出来事も《悟り》に向かってさらに進むのに利用できるからです。激しい肉体的苦痛と向かい合うことで、事物の究極の本性について瞑想することができます。この苦痛の奥にある精神の本性は不変であり、その本性は喜びにも苦しみにも影響されない、という事実について瞑想できるのです。だから、強い精神力をもち、精神の修行で高度の安定を得ている者は、どんなに激しい苦しみの時間も、完成に向かって進むために利用できるのです。

Ｊ・Ｆ　『病気の活用法』という題のパスカルの小論があるよ。彼も病気に苦しめられた人間だ。

Ｍ　苦痛はまた、たくさんの人々が耐えている苦しみを私たちに思いださせ、私たちの愛と慈善を強めるのに活用することもできます。苦痛はさらに、私たちの悪いカルマ〔業〕を一掃する「箒」の役目もします。というのは、苦しみは過去に犯した否定的な行為の結果ですから、私たちが精神の修行の助けを受けられているあいだに、この負債を払ってしまったほうがいいのです。

こうしたすべての理由から、安楽死も自殺も受け入れるわけにはいきません。しかし、だからといって、なんの望みもないのに、無益で、ばかげたやり方で、命を引き伸ばすべきだ、というのではありません。「延命機械」や終末治療で、瀕死の人、あるいは生還不可能な昏睡状態の人の命を数時間だけ延ばすのは、望ましいことではありません。なぜなら、そのあいだ、人間の意識が生と死のあいだを長いこと「漂う」ので、意識をかき乱すことになるだけだからです。臨終の人には自分の生の最後の時を落ち着いた心で過ごさせたほうがいいのです。

J・F　でも、その人間が仏教徒でないとしたら？

M　もしその人が苦痛を耐えがたいくらい重苦しく感じ、そのために自分の人生の最後の瞬間にわずかに残された心の落ち着きが失われるとしたら……

J・F　そういう場合がほとんどだよ。

M　その場合は、生を引き伸ばすのはなんの役にも立たず、拷問に他ならないと考えてもいいのです。それでも、さきに触れたように、仏教では、苦しみは偶然でも、運命や神の意志の結果でもなく、ただ、私たちの過去の行為の結果であると考えます。私たちのカルマ〔業〕の負債を死の向こうにまでもっていくより、ここで全部すませたほうがよいのです。死のあとにくる存在の形がどんなものになるかは、だれにもわかりません。安楽死は何も解決しないのです。

J・F　安楽死の道徳性の問題は、自分の命を縮めようと願う者だけでなく、それを手助けし、そのためにひとりの人間を殺し、ひとつの命を抹殺する者にもかかわってくる。この点で、仏教の立場は明確だと私は思う。つまり、絶対に生命を害《そこ》なってはならない。

M　自分の命も、他人の命も。じつは、こうした悲しい状況、安楽死に頼ることを考えるという事実そのものが、現代における精神的価値の完全な消滅を反映しています。人々は自分のなかに手立てを見つけることも、外からの霊感を得ることもできない。これは、チベット社会では、考えられない状況です。チベットでは、人は仏教の教えに支えられて、死を迎えます。一生その教えに従って生きるから、死の準備もできるのです。彼らには手がかりがあり、内からわいてくる力があります。自分の人生に意味を与えることができたので、死にも意味を与えられるのです。

そのうえ、彼らはたいてい、信仰の師の人格を通して、熱意にあふれ、霊感を与えてくれる精神的存在を身近に感じることができます。これは、アメリカにおけるキヴォーキアン博士〔自分の考案した自殺幇助装置で多くの自殺希望者の意志に応じた〕のような医者‐死刑執行人の出現ときわだった対照をなします。こうした医師たちの行為がもたらした動機がなんであれ、この状況は悲惨です。東洋における死への肯定的取り組み方は、西洋で多くの人々が死んでいくさいの感傷性、取り返しのつかない不幸という雰囲気、あるいは、肉体的、精神的孤独の重さと対照的です。

J・F　仏教徒は死ぬさいの臓器提供についてどう考えるのだろうか？

M　仏教の理想は、可能なあらゆる方法で私たちの利他主義を表すことです。ですから、自分の死が他人の役に立つよう臓器を提供するのは、文句なく立派なことです。

J・F　では自殺は？

M　だれかを殺すのも、自分を殺すのも、やはり命を奪うことです。それに、「もう存在しなくなる」ことを願うのは、まやかしです。自殺は破壊的ではあっても、やはり執着のひとつの形であって、サンサーラ〔輪廻〕、つまりひとつの生から次の生へと続く循環に縛られていることには変わりがありません。自殺すると、生の状態が変わるだけで、より良い状態になるとはかぎりません。

J・F　そうか。それはキリスト教でも同じだね。地獄に落とされる理由も同じだろうか？

M　仏教には地獄落ちの刑はありません。行為にたいするカルマの報いは、罰ではなく、自然の結果なのです。

人は自分の蒔いたものを収穫するだけのことです。空に石を投げた者は、自分の頭の上に落ちてきても、驚いてはいけません。これは、「原罪」の概念とはちょっと違います。ただし、ローレンス・フリードマン神父の説明によれば、「ギリシャ語の原罪は、《的をはずす》という意味だ。原罪は、意識を真理からそらせる。幻想とエゴイズムの結果である原罪は、己れ自身の罰を内に含んでいる。神は罰しはしない(2)」とのことですが。すでに充分強調したかどうかわかりませんが、善と悪の概念は、仏教では絶対ではありません。だれも、これこれのことがそれ自体、良いとか悪いとか、決定を下してはいません。行為も、ことばも、考えも、その動機と結果、あるいは生みだす幸せか苦しみによって、良くも悪くもなるのです。その意味で、自殺は否定的なものです。人生に意味を与えるという企てに失敗したからです。人は、自分の内部にある変革の潜在力を引きだすという、この生において私たちがもっている可能性を自殺によってだめにしてしまいます。失意という深刻な危機に負けてしまうのです。失意は、すでに見てきたように、弱さであり、怠惰のひとつの形です。「生きてなんになるのか?」と考えるなら、実現しうる内的変換の機会が奪われてしまいます。障害を乗り越えることは、それを前進のための助っ人に変換することです。人生の大きな試練を乗り越えた人は、しばしばそこから精神の道にいたる教えと強力な霊感を得ます。つまり、自殺は何も解決せず、問題をもうひとつの生の状態に移すだけのことです。

J・F　バルドに話をもどすと、そこにはどのような段階があるのかね?

M　バルドは「移行」、中間状態を意味します。それはいくつかの状態に分かれています。まず、生のバルド、誕生と死のあいだの中間状態があります。次に、死の時、つまり、意識が体から離れるときのバルドがあります。このとき、「解体」の二つの局面、肉体的、感覚的能力の外的解体と、脳のはたらきのプロセスの内的解体の二つが論じられます。一番目の解体は、宇宙を構成する五つの要素の吸収になぞらえられます。「地」の要素が解体するとき、体は重くなり、姿勢を保つことがむずかしくなります。ちょうど山の重みに圧しつぶされる感じがします。

「水」の要素が溶解するとき、粘膜が乾燥し、喉の渇きを覚え、頭がぼんやりして、まるで洪水に押し流されるように、ふわふわ漂います。「火」の要素が消えるとき、体は熱を失いはじめ、正しく外の世界を知覚することがだんだんできなくなります。「風」の要素が溶解するとき、呼吸が苦しくなり、もう動くことができず、意識を失います。さまざまな幻覚が生じ、頭のなかに、自分の一生を記録した映画が映しだされます。きわめて落ち着いた気分を味わい、明るく、穏やかな空間が見えることもあります。ついに呼吸が止まります。けれども、生のエネルギー、「内的呼吸」はしばらくのあいだ維持され、やがて、それも止まります。それが死であり、体と意識の流れの分離です。

この意識はそのとき、しだいに微妙な違いをもつ一連の状態を知ります。それが二番目の解体、内的解体です。つぎつぎと、このうえなく明るく、幸せな気分で、あらゆる概念から解放される経験をします。ちょうどそのとき、瞬時、絶対の体験が得られます。厳しい訓練をつんだ修行者なら、そのとき、この絶対状態にとどまり、《悟り》に達することもあります。そうでない場合は、意識は死と次の誕生のあいだの中間状態に入ります。そのさいに意識が経る体験の違いは、修行の達成の度合いによります。精神的完成を得られなかった者にとっては、彼の人生のすべての想念、ことば、行為の合力が、このバルドの不安に満ちた相を決定し、彼はまるでカルマの風に運ばれる羽のように、漂っているのです。ある段階の修行に達した者だけが、この風の流れを導くことができます。解体の次に、「生成」のバルドがきます。そのとき、次の生の状態の形が現れはじめるのです。

再生の過程は、ふつうの人間でも、完成を果たした人間でも同じです。ただ、前者は過去の行為から生じる力によって転生するのにたいして、後者は否定的なカルマから解放され、また続けて他の人々を助けるのに適した環境のもとに、自ら選んで生まれかわるのです。そういうわけで、亡くなった高僧の新しい存在を見分けることができます。

J・F　わかったよ……。生まれかわりの話はもうやめておこう。だが結局、西欧人の心が仏教に強く引かれるのは、哲学史の古典的表現を使えば、それが自制心を学ぶ学校でもあるからだ。

M　自制心は欠かせませんが、それはひとつの道具にすぎません。軽業師も、ヴァイオリニストも、柔道家も、場合によっては暗殺者だって、みな自分の心を制御していますが、それぞれ動機も、結果も別々です。自制心は、他の多くの長所もそうですが、正しい動機と形而上的原理に支えられているかぎりにおいてのみ、その本当の価値が生まれるのです。仏教では、自制心とは、延々と続く否定的な想念に巻き込まれないこと、《悟り》の本質を見失わないことです。だから、「精神の科学」という言い方も、当然、可能になるのです。

J・F　そうなると、《善》のために自分の精神的存在を制御することが大事なわけだ。人生において、自分の想念も、感情も、したがって行動も制御すること。これは、古代以来、賢者の行いと呼ばれているもので、自己変革、心の訓練から生まれるとされている。この点では、西洋では、西洋にはないあらゆる種類の技法、とりわけヨーガにたいする好奇心が強い。仏教とヨーガの関係について、簡単に教えてくれないかな?

M　ヨーガ、というか、そのチベット訳であるネルジョルは、「自然との合体」を意味します。それで、私たちの精神を仏陀の精神、あるいは信仰の師の精神と合体させる、という言い方がされます。私たちの精神のなかに師たちの精神的完成を組み入れる、という意味です。ヒンドゥー教にもやはりいくつかの型のヨーガがあります。ラージャ・ヨーガは、行動の道において、強い精神力を育てます。バクティ・ヨーガは信心の道、ジュナーナ・ヨーガは霊知の道、そして、西洋でいちばん有名なハタ・ヨーガは、体の訓練とポーズ〔姿勢〕に呼吸法を結びつけ、心身医学的効果を上げます。こうした訓練はくつろぎと、穏やかな心の状態へと導き、私たちを人生の出来事に落ち着いて対処できるようにしてくれます。チベット仏教もまた、呼吸法の実践と体の訓練を含んでいて、長期の瞑想の修行の一部として教えられますが、初心者にたいして、修行の過程にきちんと対応せずにおこなわれることはけっしてありません。いくつかの証言に接することはできます。すでに話の出たハーヴァード大学のシンポジウムで、ハーバート・ベンソン教授は、「心身の相互作用とチベットの知恵にかんするノート」と題する発表をおこないました。ベンソン教授はダライ・ラマの援助を受けて、十五年間にわたって、瞑想とある種の技法が人体に及ぼす影響について研究しました。彼はとりわけ、トゥンモの実践、アレクサンドラ・ダヴィド＝ネエルが『あるパリ女性のラサ旅行』で絵入りで記している体内の熱を研究しました。

「私はこうした導師の何人かがトゥンモを実践しているところを見ました。丸裸で雪の上に座り、じっと動かず、幾晩も瞑想に没頭していましたが、そのまわりには冬の恐ろしい暴風がうずまき、うなっていました。私は満月がこうこうと照らすなか、彼らの弟子たちが受けた、とてつもない試験を見ました。真冬に、数人の若者が湖岸か川岸に連れていかれ、そこで着ているものを全部脱いで、凍るような水にひたしたシーツを自分の肌で乾かしたのです。一枚のシーツが乾くと、すぐに次のシーツに代えられました。水から上げられると、たちまち凍りついて固くなったシーツは、受験者、レキアンの肩の上でやがて湯気を立てました。ちょうど燃えているストーブにあてたように。私も自分で、冬の五カ月のあいだ、三九〇〇メートルの高地で、見習い僧の薄地の木綿の衣服を着て、鍛練しました。」

ベンソンは、亡命中のチベット共同体の隠者たちのあいだでおこなわれたこの訓練の模様をヒマラヤで研究しました。彼がとくに確かめたのは、この種の瞑想のあいだ、酸素の消費量が通常の六四パーセントにまで落ち、血液中のラクテート〔乳酸塩〕の比率が減り呼吸が遅くなるといったことです。この修行者たちが、一度Cの気温で、一枚だけでなく、何枚ものシーツを乾かした様子を、彼は撮影しました。ベンソン教授によれば、だれだって震えて、凍え死んだはずのものが、このヨーガ行者たちは凍りつくどころか、体の表面が熱かった。これは露出症なんかではありません。私は個人的に、こうした技法を訓練で身につけたチベット人の友人をたくさん知っています。

こういう技法は、体とそのエネルギーを瞑想によって制御するために訓練されるので、それ自体が目的ではありません。その狙いは、私たちの精神の探求を助けることです。「禁欲の目的は精神の制御である。それを除けば、禁欲はなんになるか?」という言い方があります。

第15章　個人が王様

J・F　君たち仏教徒は、この一、二世紀来、人間にかんする西洋の科学が形作り、発展させてきたその成果が、君たちの精神の科学にどのように寄与しうるのかについて考えることはあるのだろうか？　それとも、二千五百年前に基礎が作られた精神の科学にとっては、こうしたいわゆる人文科学に学ぶものは何もないと思っているのかな？

M　仏教の立場では、どんな人が考え、願うことにたいしても、完全に心を開いています。ですから、西洋流の精神の科学に対応するやり方にも扉を閉ざすものではありません。ただ、おおまかに言うと、西洋はしだいに観想的な科学への関心をなくし、いわゆる自然科学、物理学や生物学などに努力を集中してきたことを忘れてはいけません。奇妙なことに、その名の示すとおり、「精神の科学」であるはずの心理学《プシコロジー》〔ギリシャ語の原義では、プシュケー＝霊魂についての学問〕でさえ、内省は非客観的であるとして、これを避け、頭のなかの出来事を計測可能な現象に変換しようと努めます。心理学は原則的にも実際的にも、観想的な方法を知りません。これとは逆に仏教からすれば、自分の精神を知る唯一のやり方が、直接調べる、つまり、まず分析的なやり方で、それから観想的というか、瞑想的なやり方で調べることであるのは明らかなのです。瞑想というのは、多くの西洋の人間が抱いているイメージ、単なるぼんやりした頭のリラクゼーションのことではありません。仏教が瞑想と呼ぶのは、精神の本性と、頭のなかで精神がどういう現れ方をするかを、何年にもわたる訓練ですこしずつ発見していくことを指します。ですから、西洋の心理学の方法は、断片的であり、語源的な意味からすれば皮相、つまり、精神の表層にしか触れていないように見えます。

J・F　それにたいして、精密科学については、仏教の立場は明確だね。

M　そのとおりです。たとえば数学や物理の法則の場合は、どんな疑念も残らないような、明快な証明ができます。有効な認識はそっくり取り入れ、不正確だと証明されたことはすべて捨てるというのが、仏教の立場です。ですから、仏教では、物理的宇宙についてのみずからの見方、たとえば天文学についての見方も難なく変えられるのです。じつのところ、地球が丸くても平らでも、幸福と苦しみの基本的メカニズムにはたいして違いはないからです。ダライ・ラマはよく言ってます、地球は台形の形をしているとチベットで教わったけれど、でも地球が丸いことを納得し、みとめるのに、なんの苦労もなかった、と。

J・F　それは、西洋哲学で言えば権威主義的議論をしりぞける、ということになるね。

M　紀元前四、五世紀のインドにおける世界像を反映して、仏陀の弟子たちが書き残した古代仏教の宇宙論があります。メルー山という高い山があって、これが宇宙の基軸となり、太陽と月がそのまわりを回り、いくつもの大陸が広がっています。こうした宇宙論は、「相対的真理」とか「慣例的真理」と言われるもので、その当時の真理です。

J・F　仏教徒は、物質科学、生命科学、生物学、宇宙物理学、進化論にたいして、ごく最近までのカトリック教会やキリスト教一般よりもはるかに開かれた態度をとっているように見えるね。教会は、教義の一部をなすものとして、宇宙、生物の創造にかんするひとつの解釈を採用していたけれど、この解釈はしだいに科学によって打ち破られたので、教会は科学を敵とみなした。十九世紀になってもまだ、種の進化論はキリスト教徒の世界では激しい反感を買っていた。教会は結局態度を変えて順応したけれど、それもずっとあとになってからのことだよ。一九五〇年代、六〇年代にはまだ、進化論とキリスト教の教義を両立させようと苦心した神父、名前を挙げれば、R-P・テイヤール・ド・シャルダン〔一八八一—一九五五。フランスのイエズス会聖職者・古生物学者・哲学者〕がカトリック教会からずっと排斥されていたからね。彼は進化論を自分の神学の出発点としようとした人だった。仏教のほうがはるかに独断が少ないね。

M　そのとおりです。現象界についての仏教のとらえ方は「教義《ドグマ》」ではありません。この現象界をどのように知覚するかは、人によって、また時代によって変わるからです。現代の宇宙像は、私たちが現在この宇宙をとらえる、そのとらえ方に対応していて、仏教はそれをそのまま受け入れます。事実や自然法則の記述としての科学を拒否することなど、考えられません。それにたいして、仏教が受け入れられないのは、科学が物質、非物質のあらゆる面での、世界と現象の本性にかんする究極の解釈を握っているという、形而上的とも言える主張です。仏教はまた、科学上の発見の風向きによって見解を根本から変えるなどという理由もまったくありません。なぜなら、こうした発見は精神生活の原理を肯定も否定もしないからです。利他主義が幸福の原因であり、憎しみが不幸の原因であることは、地球の丸さとか「ビッグ・バン」とはなんの関係もない。あいつぐ科学上の理論が一歩ずつ物質的実在に近づいていくひとつの見方を形作っていることは、アプリオリにみとめるとしても、科学はその歴史の過程で、しばしば以前とは正反対の考え方を取り入れてきたことを忘れるべきではありません。しかも、科学はそのたびごとに「科学革命」だと言い、そのときの考え方に賛成しない者にはこの上ない軽蔑の念をあらわにしたのです。過去にしがみつけとは言いませんが、未来について予断を下したり、現実にたいする別の見方を無視すべきではない、と私は思います。

J・F　それでは今度は、人間の科学のほうに移ろう……。さきほど、これらの科学のなかで、まず君の注意を引いたのは、政治学と呼ばれているもの、つまり統治システムの研究だと言ったね。

M　仏教のめざすのは、あらゆる形の苦しみをなくすことですから、精神的価値や、人権と人間の義務との両方の観念を基盤とする公正な社会の原理を知ることが、何よりも重要なことは明らかです。

J・F　正しい統治システムをいかにして作るか？　言い換えれば、権力の正当性、この権力がその対象となるべき市民の側からたしかに発せられているという事実を保証する統治システム、同時にすべての市民の平等、少なくともまず権利上の、法の下での平等を保証したシステムによる社会をいかにして築くか？　この社会は、《法治国家》と呼ばれるものだ。またとりわけ、生活の諸現実を前にした市民の平等をいかにして保証するか？　経済的現実、教育の現実、病気の現実、住宅事情から労働と休みの条件にいたる生活のあらゆる細部にかんする現実。

M　民主主義の基本的な考え方は、もちろんじつに立派なものです。不公平をなくし、市民の安定した暮らしがみなに平等になるよう考慮されることを保証する、といったことです。しかしさらに、社会を動かす原理がその構成員に疑いようのない明白なものとして体験されることが必要です。アプリオリに、共産主義の理想のなかのあるものは、富の共有のように、やはりじつに立派なものです。すべては、どうやってその理想を実現するかにかかっています。

近年、ダライ・ラマはチベット亡命政府に民主的制度を無理に作らせました。信仰の次元と現世の次元の両方での自分個人にたいする尊敬が、民主的制度の樹立の妨げになると考えたからです。これ以外、自分が死んだのちにチベット人に国際社会における自分たちの権利の行使を可能にしてくれる制度はない。ダライ・ラマはそこで二つの政体を作り上げました。亡命中の、つまり三万人以上の避難民がいるインドのチベット政府のための政体と、独立というか、少なくとも自立を回復したときのチベットのための政体。そのさい、憲法制定議会の議員たちは、伝統的な価値と民主主義の最良の部分とを結びつけたいと願いました。

オーストラリア旅行のさい、連邦を構成している州が一定の自治を得ているのを知り、ダライ・ラマはとりわけこの制度に関心を示しました。彼はすでに中国にたいして――情勢を判断してチベットがもともと権利をもっているはずの完全独立を諦めて――、チベットが内政をつかさどり、外交は中国に任せるという制度を検討するよう提案していたのです。ついでに言うと、彼は中国との交渉の糸口をつけるため、こうしたさまざまの譲歩をしているのに、相手の沈黙の壁にぶつかっています。ダライ・ラマのこの態度は、選挙区の世論に配慮するとか、自分の立場を守るとかいうのではなく――彼はあらかじめ自由チベットの指導者になる考えは捨てています――、現在のチベットにとっての理想の政体を見定めることを願っているのです。だからこそ、憲法に人権という概念だけでなく、個人の社会にたいする責任や、国家の他国家にたいする責任という概念を取り入れようと試みたのです。

J・F　まさしく、現代の民主主義の危機と言われるもののひとつの側面は、わが国のような法治国家では、市民はますます多くの権利をもつが、社会にたいする義務はだんだん少なくなると考えている点にある。これについては、おもしろい話があるよ。一九九五年に、ある読者が手紙をよこした。「ご存じでしょうか――じつは私はすっかり忘れていたんだ――フランス革命のときに制定されたのは《人権宣言》だけではないことを。一七九五年に《市民の義務宣言》も作られたのです。でも、今年、その二百周年を祝おうとする者は誰もいません」。そこで、私は『ポワン』誌にこの二百年記念を読者に思い起させる記事を書いたのだが、打ち明けると、私の記事は完全に無視されてしまった。市民の義務という問題は、市民の権利という問題に比べれば、はるかに関心が低いんだね。同じひとつの現実の両面のはずなんだが。

ダライ・ラマと仏教徒の現在の政治にかんする考え方について言うと、これはなかなかおもしろい問題につながるね。アジアでは、「人権と民主主義の原理の相対性」と呼ばれる理論が通用している。明らかな全体主義国家、中国のような国も、また、シンガポールのような全体主義ではないが権威主義的体制のもとにある国も、次のような見方を公言している。西欧は、自分たちの人権、思想・表現の全面的自由、組合結成の自由、複数政党による選挙にもとづく民主主義の歴史でもってアジアの国々の邪魔をしている、と。彼らの考えでは、どの文明にも、それぞれ独自の人権観があるという。それで、アジアにはアジア的人権観があり、これは民主主義とはあまり関係がなく、一方、西欧には西欧的人権観があって、私たち西欧人はこれを守ればいい、ということになる。この奇妙な人権相対論は、あのリー・クアン・ユー〔一九二三年生まれ。シンガポールの政治指導者〕が展開した。彼は近代シンガポールを作り上げたのだから、偉い政治家ではあるが。

この人権の文化相対論は、フランス共和国大統領、ジャック・シラクも一九九六年四月のエジプト訪問のさい、承認したものだよ。彼はそのときの演説で、どの国にもそれぞれの人権観があり、人権を実際に守るためのそれぞれのやり方がある、という考えを述べた。彼は、ムバラク大統領を引き立てた。要するに、エジプトはふつう、民主主義と言われるものとはあまり関係のない国ではあるけれど、だからといって、この国が人権上、非難されるべきではない、と言ったわけだ。一九九六年の李鵬首相のパリ訪問――この訪問もまた、この問題をめぐって、いささか摩擦、悶着を引き起こしたのだけれど――が間近だっただけに、この大統領の演説は、アジア的、あるいはアフリカ的な人権観が本当にあって、それは民主主義の偉大な思想家たちが守りつづけてきた人権観とは違うのかという、重大な問題を提起したんだ。この点についての仏教の立場はどうだろう?

M　仏教からすれば、人間はだれしも幸福を願うし、幸福になる権利があります。だれもが苦しみから解放されることを願い、もうこれ以上苦しまないという同じ権利がある。こうした願いと権利には、もちろん普遍的な価値があります。ですから、さまざまな法と制度がこれらの基本的な助けになるか、それとも妨げになるかを知るために、その性質と有効性を調べることが必要になります。東洋は西洋よりも、「許される」ならば何をいつ、どうおこなっても良いという、人権の概念を利用して起きる無秩序のために、社会の調和が危険にさらされるべきではない、と考える傾向があります。というのは、こうした態度は、権利と義務、自分のための自由と他者にたいする責任とのあいだの不均衡につながるからです。西欧社会で優勢なのは、「王様である個人」です。法の枠内であるなら、個人は事実上なんでもできる。

J・F　法の枠の外に出ることさえ、しばしばだよ！　一部の個人と一部の集団の権利は、実際、しばしば合法性から逸脱した自由奔放とまでなっている。法を超えた権利だよ。

M　そうしたふるまいは、個人の幸福や充足の基ではないし、おまけに、それを生む場である社会をたえず混乱させます。個人の責任は、社会の調和を慎重に維持することです。そのためには、個人はしかたなくではなく、現世的倫理と精神的倫理の両方に導かれて法を守る以外にありません。だから、つい最近までのインドやチベットの場合のように、より精神的な本質をもった伝統が支配する社会では、個人主義第一よりも共同体全体の安定した暮らしのほうを大切にするのは、納得がいきます。全体主義体制の挫折、悲劇は、個人主義に反対して、個人をやみくもに暴力で支配しながら、諸民族の幸福を保証すると主張したことです。実際には、正反対の結果になりました。大事なのは、個人の自由を制限することではなく、個人の責任感覚を育てることです。その点で言えば、ダライ・ラマは何度も繰り返しています。男と女の人権上の平等、人種、カースト、性の違いを超えて、生命、幸福、苦しみから人々を保護する基本的権利の平等を保証することが、何よりも大切である、と。

J・F　まさにそこのところだよ！　端的に言うと、そうした精神的関心が欠けているんだ、李鵬やリー・クアン・ユーがお得意のアジア・アフリカ的人権観と西欧的人権観との使い分けには！

M　李鵬の人権観は、もちろん、社会全体の安定した暮らしにたいする個人の責任という考え方とはなんの関係もありません。それよりも混乱状態にたいする脅迫観念からきていて、混乱をしずめるためならいつでも、彼は流血の事態さえ辞さない。全体主義体制を脅かす自由にたいする強迫観念です。

J・F　君がさきほど述べた自由の濫用に話をもどすと、もっとも民主的な社会でも、この現象はたえず現れてくる。つまり、民主的な社会では、英語で、またフランス語でも、ロビーと称する種類の集団、職業別の利益集団、つまりある特権をむさぼる集団や個人が、特別の恩恵を民主的権利として通用させ、共同体からかすめ取ることが可能なんだ。

ヨーロッパ・アメリカの社会では、現在、「既得権」をめぐる論争が続いている。一部の同業者組合は、実際、長年のあいだに他の市民がもてない特典を手に入れた。歴史のなかのある時点では、彼らは彼らの仕事に固有の条件や困難を理由に、しばしばそうしてきた。だから、初めのうちは、こうした例外措置や特別の恩典を正当化することができたけど、やがて時がたつにつれ、度を越すようになり、あたかもそれが全体の利益にかなっているかのように、受益者たちが手放そうとしない特権となる。民主政体では、この手の荒廃はつねにあり、ほとんど避けられないと言ってもいい。これをただすには、周期的に状況を再検討してメーターをゼロにもどす、つまり法の下、公金の使用の下での全員の平等にもどさなければならない。

一部の集団と個人が、みなに共通の法から見て特別扱いを受けたり、法を守らなくてすむようにして結託する危険は、民主制の昔からの悩みだよ！　プラトンの『国家』にみごとな記述があるよ。民主制が堕落すると、どのようにして専制が生みだされるか。いわゆる「民主的権利」が、もはや全体の利益というレトリックのなかで他者を踏みつけていがみあうような個別利益の寄せ集めでしかなくなったときから、抑えようのない無秩序状態が始まり、やがてかならず権威主義的政府への誘惑が生じてくる。その過程がみごとに示されている。一九二〇年代のイタリア、三〇年代のスペインでそのとおりのことが起こった。独裁体制は無からは生まれない。その成立に有利に働く一定の条件がそろわなければならない。したがって、大陸や文明が違えば、人権についての見方も変わるという、私からすれば誤った考えのもつ危険は、じつは民主制に古くからまつわる問題、どんな健全な民主体制にもたえずまた生じる問題へと向かわせるんだ。リー・クアン・ユーと李鵬が言おうとしているのは、ある種の権威主義は無秩序よりましだ、ということだよ。問題を解決するのではなく、問題を消してしまう……彼らの強引なやり方で。

M　たえることのない論争を引き起こす例をひとつ挙げましょう。メディアにおけるセックスと暴力の濫用の例です。アメリカでは、立法府がテレビやインターネットで暴力やポルノ画面を流すことを法律で規制する提案が出ると、たちまち表現の自由をもちだす知識人の側から怒りの声が上がります。もし「人間の責任」を考慮に入れずに、「人権」だけにこだわるなら、この問題は解決不可能です。暴力が日々の糧になるのを放置するなら、アメリカの平均的青少年は、十八歳までに四万人の殺人と二十万件の暴力行為をテレビで目にすることになります！　暴力は暗に、問題解決のための最良の、ときには唯一の方法として提示されます。こうして暴力は賞賛されます。単なる映像なので肉体的苦痛として感じられないからです。

このような態度はその他の分野にも広がっています。ボクサーのマイク・タイソンは、史上最高の収入を稼ぐスポーツ選手になりました。年収七千五百万ドルです。いったいなんのために？　別の人間をなぐりつける見返りに！　こうした態度一般が現実において暴力に頼る傾向を助長します。こうした行き過ぎを抑えようとすれば、表現の自由を縛ることになる、と言う人がいます。もし抑えなければ、暴力づけになります。問題は、責任感覚の欠如にあります。こうしたテレビ番組を作るプロデューサー、こうした試合を取り仕切るプロモーターは、それが人類のためになる仕事ではないことを、心のなかではよく知っている。けれども、大衆は暴力とセックスに魅せられるから、「商業的に」成り立つのです！　プロデューサーはお金をかき集めることしか頭にないし、一方、立法府は「表現の自由」に傷をつける心配で身動きがとれない。その結果、責任という観念は完全に忘れられ、この観念を法律や慣例として表すことができません。責任感覚というのは、法規制ではなく、個人の成熟から生まれるからです。そして、個人がこのような成熟に達するには、内的変革を可能にする精神的原理が社会のなかで働いていることが必要なのに、現実にはそれが極端に欠けている。

J・F　思想・信条の自由、表現の自由という観念は、三重の背景のなかで生まれた。政治的背景、哲学・科学的背景、そして宗教的背景。政治的背景では、思想・信条の自由や表現の自由とは、自由な体制のもとで生きるだれもが、ある政治的意見を表明し、支持し、選挙民に提示し、その意見を擁護する政党を組織し、他の市民の権利を侵害しないという条件で、その意見を実行しようと努める人間を選べる権利のことだ。哲学・科学的背景では、この二つの自由は、宗教的検閲に抗して確立した。たとえば、教会の教義に反すると判断された本を焼き打ちした以前のキリスト教圏でのように。これとよく似た闘いは、近代の全体主義体制にたいしてもまた起こっている。これらの体制もやはり、本や芸術作品を焼き払い、学者を投獄した。彼らの研究はそれぞれの全体主義国家の基盤である哲学教義と対立するものだったからね。宗教的背景では、問題は現在でもきわめてよく似ている。ただし、イランのような一部の国家の神権政治は、全体主義政治イデオロギーというより、本来の宗教そのものに近いけどね。さらに言えば、こうした国家は他の宗派にたいしてまったく不寛容で、ひどい強制と弾圧をおこなっている。近代の大きな民主社会はすべて、政治思想の自由と、科学・哲学の研究の自由と、宗教の自由を基盤としている。ただし、どんな場合でも、他者の権利を侵さないという条件がついているよ。

もうひとつのたいへん重要な側面としては、この表現の自由の範囲はおのずと限定されていることが挙げられる。たとえば、表現の自由には殺人をそそのかす許可は含まれていない。もし私がコンコルド広場で演説をして、だれそれ夫妻を殺さねばならぬと言うとしたら、それはもう表現の自由にはあたらない。殺人の教唆は刑法で禁じられていて、処罰される。同じように、ホロコーストの現実にたいする再検討、つまり第三帝国下でのユダヤ人絶滅についての再検討を禁じる法案が採択された。歴史研究の自由を装ったこの再検討は、本当は歴史研究とはなんの関係もない。何千人もの証人、何百人もの歴史学者が完璧にみとめている事実の現実性に異議を唱えることは、どうしたってみとめられないよ。こうした歴史批判と称するものの内部には、特定の人間集団を傷つけ、したがって、人種的、宗教的憎悪のかき立てを禁ずる憲法の条項を侵そうとする意図が隠されている。だから、こうした濫用を避けるために、いわゆるアジア的人権観をもちだす必要もないんだ。暴力や退廃的なポルノをメディアで見せるのは、人権の侵害になるし、表現の自由にはあたらないよ。

M　それでもやはり、人々は表現の自由が制限されることを恐れて、こうした金儲けだけのための利用を禁じる法案でさえ、これを通すのにためらいをもっています。こうした映画やテレビ番組に携わる監督、演出家は、暴力教唆の一歩手前にあって、暴力を賛美し、それをあたりまえのものと思わせ、同時に暴力を助長しています。このことは充分証明ずみです。結局、こうした態度は利他主義が欠けているからに他なりません。

J・F　でも、イランのアヤトラ〔イスラム、シーア派の最高指導者〕たちのセクト的な禁止のほうが利他的だとも言えないだろう。

M　西欧の国々はいまのところ、この手の表現の自由にたいして放任する道を選び、シンガポールのような東洋の政府は権威主義をもってこうした濫用に決着をつけることにしました。これらの解決策のどちらも充分満足できるものではありません。権利と義務のバランスがとれていないからです。利他主義の知恵に欠け、倫理的・精神的原則に欠けているため、表現の自由の望ましい面と、直接、間接に他の人々を害する面とを、はっきり区別できていないのです。

J・F　個々のあらゆるケースを予測したうえで原則を定義するのは不可能だよ。五分ごとに死体が現れるシェークスピアの悲劇のあるものを禁止することだってありうる。他方、一九三〇年代に、精神分析に反対する保守的な人々のあいだで使われた論拠のひとつは、それがポルノグラフィーである、というものだった。なぜそういうことになったか。フロイトが人間の行動の一部について、それ自体は性的なものでなくとも、その起源には性衝動が働いているということを明らかにしたからだよ。これは、私が法適用の決疑論〔良心問題を判断する倫理神学の一部門〕と呼ぶ範疇に入ってくる。これには恐ろしく微妙な手さばきが必要だから、断定的で、機械的な適用ではだめなんだ。だけど、これはおよそどんな文明にもそなわっている本質でもある。もし文明が単純なものだとしたら、およそ退屈なものだろうね。

M　そうだとしても、知識を深めるのではなく、金儲けの誘惑が主な動機であり、また、その結果がおぞましいものであるかぎり、表現の自由という神聖不可侵の原理を盾にとるのは、製作者側の厚かましいごまかしであり、知識人の側の新しい形の迷信だと私には思われます。

J・F　そりゃそうだが、民主体制のもとでは、世論というなかなか重要な要素が介入してくることを忘れないようにしよう。世論の教育がいちばん大事になる。立法者は、その助けがなければ、独力では何もできない。まさにその点で、報道の自由、意見の交換の自由が重要な役割を果たすわけさ。現に、テレビや映画の暴力に反対する世論の動きがある。暴力にうんざりしはじめているのは、立法府ではなく、視聴者のほうだよ。

一九七五年に当時の文化大臣、ミシェル・ギーと交わした会話を覚えているよ。そのとき、文化大臣は露骨な「ハード」ポルノ映画の一般映画館での上映を許可すべきか、それとも特定の映画館、一定の時間に限定すべきか……考慮中だった。意見を求められて、私はミシェル・ギーにこう答えたのを覚えている。「私ごとき者が意見を申すとすれば、観客の年齢制限はもちろん必要ですが、それ以外は無条件に、上映を許可すべきものと思われます。その理由は、こうした作品はあまりに俗悪で、単調で、低俗ですから、観客のほうがうんざりするはずです」。さて、私はふつう、自分の考えがいつも正しいと思う習慣はないのだけれど、結果はそのとおりになった。パリの「ハード」ポルノ映画館は、つぎつぎとつぶれていった。いまはもう一軒もない。いまあるのは、ポルノ専門店だけ、つまり、ふつうの映画館ではなく、行きたい者だけが行く店だよ。だから、観客は禁止措置よりも、ずっと賢明だったわけだ。

問題の本質に話をもどすと、仏教も、東洋の政治的、精神的指導者のなかではダライ・ラマも、民主主義の原理の普遍性をみとめているし、東洋における人権と西洋における人権との、私から見れば誤った区別を受け入れていない、と言えるわけだね。

M　たしかにそうですが、他者の利益を自分の利益と同じように大事であると考えることの大切さを忘れてはいけません。

J・F　利他主義の義務が憲法の規定の対象になりうるか、私は疑問だな。この場合の危険はユートピアだよ。さきほどちょっと触れたように、ゼロから出発して政体を作り上げようと努めたのは、ユートピストと呼ばれる人たちだ。ユートピストということばにはしばしば、幻想に取りつかれてはいるが、善意の人たちという、なかなか泣かせる意味がこめられている。ところが、じつはとてもそんなものじゃないんだよ！　ユートピストというのは、全体主義体制の発明家だ！　これまでの偉大なユートピア、つまりプラトンの『国家』、十六世紀のトーマス・モア〔一四七八―一五三五。イギリスの人文主義者・政治家・大法官〕の『ユートピア』、十七世紀のカンパネラ〔一五六八―一六三九。イタリアのドミニコ会修道士〕の『太陽の都』、あるいは十九世紀のシャルル・フーリエ〔一七七二―一八三七。フランスの空想的社会主義者〕の著作、そしてそのきわめつけとして、現実にその体制を作ったのだから、もっとも恐ろしいマルクス・レーニン主義のユートピア、その延長として毛沢東とポル・ポトのも含めて、そうしたユートピアを調べてみると、ユートピストたちはすべて、全体主義政体の作者であることに気がつく。どうしてそうなるのか？　彼らは、人間は何をなすべきかという、抽象的な観念から出発して、自分たちの処方箋を容赦なく適用する。これは本当の政治学ではないよ。ユートピストははなはだ危険な存在なんだ。

本当の政治学というのは、人間社会のはたらきの観察、つまり社会学、経済学、歴史学の上にのみ成り立つものだ。そこから教訓が導きだされる。こうした科学的な実践にもとづくことによって、慎重に一定の中核となる原理を導きだすことができる。けっしてアプリオリに原理があるのではないよ。

M　では、その人間科学や政治学は、どんな原理の上に成り立っているのですか？

J・F　すぐ言いたいね。もし私の意見が通るものなら、それらを「科学」とは絶対に言わない、と。私の考えでは、厳密な意味での科学ではないから。なぜか？　人間科学はたえず二つの危険にさらされている。ひとつは、私が「哲学的危険」と言いたいもので、これは、人間社会のはたらきを一挙に説明する総合的体系を打ち建てようという主張だ。きわめて多くの社会学者と人類学者がこの誘惑に負けた。つまり、自分たちの先人の理論すべてを失墜させ、後継者の理論をすべて無益なものとした。こういう社会学の全体主義的な誘惑は、いまも現代の一部の偉い学者に残っている。「構造主義」と言われる学派の何人かの社会学者は、この悪い癖に染まっているように見えるし、マルクス学派の社会学者も同様だよ。これが第二の危険、イデオロギーの危険ということになる。人間科学にはイデオロギーがしみ込んでいる。それに、おしゃべりと才気ばしったことばであふれていることもよくある。だから、こうした学問は、正確な意味での科学として扱うべきではない。それは、かなりのところまで厳密になりうる試み、というところにとどまる。大事なのは、自分の考えを述べ、書き記す者の潔癖さ、才能、仕事の手腕、研究能力、それに何より誠実さだ。学派や閥への忠誠に屈してはならないんだよ。

M　しかし、中国人がチベットの歴史を扱う勝手気ままなやり方は、《歴史学》に許されてはいないでしょう。

J・F　そりゃそうだよ。近代歴史学が進歩するにつれて、ある程度の科学的原理が芽生え、確かめられ、明確な形をとっていった。しかし、歴史科学というもの自体はないんだ。科学的厳密さを実証している歴史家もいれば、それよりはるかに厳密ではない歴史家もいる。歴史家として通っている人や大学の先生が、自分の本で歪曲や、あえて言えば偏ったまちがいをしているのを見て、びっくりすることがよくある。筋金入りの偏向だね。私がこんな前置きをするのは、西欧の人間「科学」、歴史「科学」に仏教徒が接するときには、大いに気楽な態度をとってほしいと思うからだ。とはいっても、これまでの研究と考察、それに誤りと逸脱を含めて、これらにも相当な成果があるので、政治思想の台座としてはまちがいなく役立つ。仏教徒は政治思想に好奇心を示しているのだろうか？西欧の歴史に関心を抱いているのだろうか？

M　人間や社会の幸、不幸を定めている原理の深い理解にもとづかずに、すべてに答えようとする「無知の知」、いわばこうした頭のなかだけの建設作業にかんして言えば、哲学的、イデオロギー的な危険は明らかです。《歴史学》とは、人類の進化にかんする、できるかぎりの厳密な観察です。せいぜいできるのは、事件を記述すること、傾向を取りだし、原因を分析することであって、人生の原理を提示することではありません。大部分のチベット人は、もちろん、西欧の歴史と社会学について詳しいことは知りませんが、精神的価値の浸透した文明と、それを軽視する文明とを分けている基盤、方向づけ、優先順位について、かなり明確にとらえている人たちがたくさんいます。一方、ダライ・ラマと、彼の亡命政府のメンバーは、チベット民族の将来を真剣に考え、宗教、脱宗教を問わず、歴史と種々の政治体制について、その成功と失敗の両方の面から関心を寄せています。彼らは、仏教の基本的価値を守りながら、現代においてチベットの社会がうまく機能するのにいちばん適したシステムは何かを見定めようと努めています。この価値はこうした民主的なシステムの邪魔になるどころか、その効率をいっそう高めてくれます。というのは、人々はこの価値のおかげで、法律全体が社会にたいする個人の責任原理に裏づけられ、それによって権利と義務のバランスがよりよく保たれるということを理解できるのですから。

第16章　仏教と精神分析

J・F　仏教との比較の対象となるべきもうひとつの学問、精神分析に話を移そう。精神分析は厳密な科学ではなく、ひとつの研究の方向だ。けれども、西欧ではこの百年来、精神分析が人間性のとらえ方について果たしてきた役割はきわめて大きい。精神分析による概念の全面侵略、とさえ言ってもいい時期があったほどだよ。私たちの関心を引く問題として、仏教が取り上げるべき精神分析の側面は、フロイトの中心テーマ、つまり人間がどんなに自分の内面を明らかにしようと努力しても、どんなに謙虚であっても、また、誠実でありたい、自分自身を知りたい、自分を変えたいとどんなに望んでも、古典的な自己観察からはみだす部分が存在するという、まさにフロイトが無意識と名づけた部分だ。大ざっぱに言うと、私たちの心のはたらき、つまり私たちの行動に影響力をもちつづける心の基盤、欲動、抑圧された記憶がたしかに存在しているのに、私たちはそれに気づかず、またそれをつかまえられないでいる。それを暴きだし、できればそれを消し去り、自分でそれを支配することができるようにする唯一の技術、それが精神分析というわけだ。しかし、フロイトは、通常の知恵によって、私たちの無意識のなかにこうした活動力を埋めている抑圧のバリアを越えられるなどと主張するのは、ばかげていると考える。私たちは、内部を見る目と、精神の訓練の積み重ねによってのみ、無意識に近づくことができる、というわけだ。この点についてのみ、これは純粋な理論ではない。というのは、治療の経験から、古典的自己観察ではとらえられない、この無意識という現実が明らかになったのだから。

M　「抑圧のバリア」を越えられないと断言するのは、いささか性急というか、ウィリアム・ジェームズの「連想の流れを止めることはできない。私はやってみたが、不可能だ」という断言と同じくらい性急だと思います。この種の結論は、自己観察、精神の本性の直接観察を、実際に長く続けて実験していなかったことを示しています。フロイトはどんな方法でこの「抑圧のバリア」を越えようと試みたのでしょうか？　彼の抜きん出た知性でじっくり考え、新しい技術を使って取り組んだのでしょう。あるいはチベットの隠者がするように、何カ月も、何年もかけて、精神の観想的観察に専念したのでしょうか？　精神分析家は、みずから思考の究極の本性を実現していないのに、どのようにして他人がそれを実現するのを助けられるのでしょうか？　彼は、経験を積んだ高僧に比べれば、精彩がありません。仏教は、まあだいたい、精神分析の無意識にあたるものの解消をたいへん重視します。私たちはこれを「蓄積された傾向」とか、「精神的地層」と呼びます。この地層は、連想のレベルには現れませんが、個人が一定の行動のしかたをするようしむけます。ある点では、仏教のほうがこうした傾向により大きな意味を与えている、と言えます。仏教では、こうした傾向は子供の頃だけではなく、現世以前の生の無数の状態にまでさかのぼるからです。それは、意識の川床、「根本意識」〔阿頼耶識《あらやしき》〕と呼ばれるものにすこしずつたまっていった堆積物になぞらえられます。意識を構成する八つの層を区別しているのですが、細かいことはここではやめておきましょう。

J・F　やめないでよ。おもしろそうだから。

M　「微細な根本意識」というのは、精神のもっとも根本的な構成要素で、宇宙の存在をぼんやり、全体として「意識している」という事実そのものです。次に、視覚、聴覚、味覚、嗅覚、触覚と結びつく五つの意識の相があります。それから、連想に対応する意識の相があります。最後に、連想から生じる肯定的、否定的な感情と結びつく意識の相があります。個人の生来の傾向を支え、伝える役目をするのは、この最初にある「根本意識」です。精神の本性を調べ、「内部のまなざし」あるいは精神の修行を用いることで、意識の流れを純化する試みには——フロイトはこうした試みでは無意識には到達できないと言っていますが——、もちろん、こうした傾向の解体も含まれます。ただし、生来の傾向は、粗暴な感情よりも取り除くのはむずかしい。気の遠くなるような長い時間にたまったものだからです。長いあいだ、巻かれたままになっていた紙のようなものです。その紙をテーブルの上に広げようとしても、押さえているあいだはいいけれども、手を放すと、またすぐ丸まってしまいます。

J・F　そうすると、仏教は、無意識の傾向と無意識の表象〔感覚や記憶を介して得られるイメージ〕をみとめるんだね。無意識の「表象」という言い方ができるとしたら。うん、そういう言い方は許される。ただし、少なくとも潜在的には存在する思い出、抑圧されてきた表象を拠り所にするかぎりはね。だから、この無意識の荷物は子供の頃にさかのぼるだけではなく、君が言ったように、前世にもさかのぼる、ということかな？　そうすると、過去の想起、つまり追憶の作業、ソクラテスが弟子たちにすすめた作業は、人生の初期をずっと越えて広げられるべきなんだ。そうなれば、精神分析の先生たちには新たな調査領域が生まれ、すごい仕事が始まる……。精神分析がこれで大いに活気づくことを期待したいね！

M　誕生のさいのショックで、それ以前の記憶は消されてしまいますが、死と再生のあいだ、バルドを通じて意識の流れを制御することのできる賢者の場合は別です。ふつうの人間の場合は、忘却が生じます。これは、その度合いは違いますが、大人が子供の頃の出来事を忘れるのと似ています。ついでに言いますと、フロイトよりもずっと以前の『バルド・テドロル』(『チベットの死者の書』)には、生まれようとする人間は、男になるか、女になるかによって、母親か父親のいずれかにたいする強い魅力と、もう一方の親にたいする嫌悪感を感じる、とはっきり書かれています。けれども、フロイトとまったく違うのは、この無意識の本性にたいする仏教の考え方と、それを純化するために用いられる方法です。精神の修行という方法では、フロイトは過去の傾向に近づくことも、そこに働きかけることもできないと主張しますが、仏教はこの見方に賛成しません。精神生活の目的は、まさにこうした傾向を解体することです。というのは、引き付けられる想念、反発する想念はすべて、誕生以前の条件づけから生まれるからです。精神に働きかける作業は、こうした傾向の根源に向かい、その本質を確かめ、それを解体することです。これを純化と呼びますが、道徳的な意味ではなく、実際的な意味で言うので、河の水の純度や透明性を悪くする汚染物質、沈殿物を除去するのに似ています。

自分のささやかな経験にもとづいて言いますと、「分析」を受けた人たちに会うと、私はいつも感じました。この人は子供の頃にさかのぼることで、自分の悩みのもっとも劇的な要素からはたしかに解放されたかもしれない、でも、自分の内的自由を妨げている深い根を掘り起こすことはできなかった、と。そういう人たちからは、何年も努力を続けたわりには、落ち着き、充実した様子を感じることはとくにありませんでした。むしろたいてい、どこかもろく、緊張して、不安げでした。

J・F　たしかに残念ながら、そういう意味の証言をするのは、君だけではないようだ。もっとも、最近の精神分析のある派では、フロイト的な考え方は捨てたよ。つまり、過去の想起がそのまま治療になるとか、さらには、無意識は完全に解明されるといった考えをね。

M　無意識に相当する個人の傾向が目に見えないのは、露出はされてもまだ現像されていないフィルムの映像と同じで、潜在的な状態のままだからです。精神分析の努力というのは、このフィルムを現像することです。仏教は、フィルムを認識の火で燃やすほうが、もっと簡単だと考えます。この火は、精神の究極の本性――その空性――を実現し、同時にこうした傾向をそっくり取り除いてくれるのです。ですから、この火はまったく別のレベルで働くわけです。私たちのさまざまな過去の問題の一部を明らかにしても、それだけではだめです。一部の過去の出来事をよみがえらせることは、限られた治療にしかならず、ある障害はたしかに小さくできるかもしれませんが、その第一原因を取り除きはしません。池の底の泥をたえず棒でかきまわしても、水をきれいにする役には立っていないのです。

J・F　違うよ！　そんなに簡単なもんじゃないよ……。どういう人たちをノイローゼ患者と呼んでいるか？　つまり、精神分析はいろんな悩みで苦しんでいる人たちにたいしておこなわれるものだ。たとえば、あたかもそうしたいかのように、いつも失敗する状況に飛び込んでいく人の場合を取り上げてみよう。彼は何かを企て、あと一歩で成功するところまでこぎつける。しかし、すべてうまくいっているときに、致命的な過ちをやってしまう。とりわけそれが頭の切れる人の場合だったら、合理的な説明がつかないような、とんでもない過ちとなってしまうんだよ。私の友人、それもたいへん有名な人で、人生に何度か、一連の破滅的な行動に走ったケースがある。そのために、それまで抜きん出た手腕や才気、努力で築き上げてきたものを、不可解にもぶち壊してしまった。いいかい、合理的な説明はつかないんだ。当のその人間について、理屈でどう考えても、まったくわからない。本人は何度も同じような状況にはまるのだが、いつも同じ繰り返しをしていることに自分では気づかない。自分を対象とする内省的な手段では、この精神的宿命は解けないよ。分析家の介入、転移など、てこになるものが要る。

フロイトの仮説はそれでも、けっこうよく実証されている。彼自身による分析や、他の分析家の分析の一部について、完全な報告が出されている。そこには、たとえば患者が幼少期に母親にたいして葛藤があったというような、特殊なドラマが指摘されている。この患者はいわば母親を罰するために、何かを壊したり、学校でわざと悪い成績をもらったりする。母親の愛を受けられなかったと思い込んで、復讐しようとしたわけだ。こうした欠乏の図式が彼の無意識のなかに埋め込まれていて、大人になってからの行動を決定しつづける。自分が作り上げたものを壊すことで、母親への復讐を続ける。しかし、そのことに自分では気づいていない！　だから、元にあるトラウマを自覚することで——理論的には——無意識の過去の出来事への隷属状態から解放される。だからといって、彼があらゆる面で完璧に調和のとれた人間になるわけではないけれど、個々のノイローゼと関連のある条件づけから解放されることはありうるんだよ。

Ｍ　精神分析は、その固有のシステムの枠内では正しいし、うまく働きますが、そのシステムはみずから定めた目標そのものによって限定されてしまいます。たとえば、欲望のエネルギー、リビドーの問題を取り上げてみましょう。もしこれを抑え込もうとすると、迂回路を通って、異常な形で現れます。そこで、精神分析はこれをふたたびその本来の対象に向かわせ、正常な表現をとるようにすることを狙います。仏教の観想的科学では、欲望を抑え込むのでも、欲望をその正常な形で働かせるのでもなく、完全に欲望から解放されるように努めます。そのために、一連の段階的な手段、まず解毒剤となるものの助けを借りて、欲望の力を弱めることからはじめ、欲望が本質的に空しいものであることをみとめる過程を持続させ、最後に、欲望を認識に変えることで終わります。結局、欲望は、もはや精神を縛りつけることはなくなり、あらゆる執着から解き放たれた、不変の、内面の至福に取って代わります。ちょうど小鳥がスモッグでおおわれた街から山の澄んだ空気に向かって飛んでいくように、停滞する想念から自由になることをめざすのが仏教であるのにたいして、精神分析は想念や夢想をさらにかき立てる方向に向かうように思われます。もともと、想念は自己に向かって集まってくるものです。患者は自分の小世界を再編し、なんとか自分の支配下に置こうと努めますが、そこにはまって身動きできません。精神分析で無意識のなかに入り込むのは、たとえてみれば、眠っている蛇たちを見つけ、起こし、いちばん危険な蛇は退けて、他の蛇たちといっしょになるようなものです。

J・F　まして、仏教徒であれば、蛇を殺す権利はないからね！　だけど、仏教では夢をどう扱っているの？

M　夢に関連する瞑想の修行には段階があります。まず、夢を見はじめる瞬間に、夢を見ていると気づく訓練、次に夢の中身を変え、最後に、思うままにさまざまな形の夢を作る訓練です。この修行の到達点は、夢を見なくなることです。例外的とも言える完成の域に達した瞑想者はもう夢を見なくなると言います。ときおり、予言のための夢を見るだけです。偉大な隠者、ミラレパの弟子、ガムポパは、ある日、首のない自分の体の夢を見ましたが、これは二元論的な想念の死を象徴するもので、それが最後の夢だったそうです。こうした段階をたどるには、何年もかかります。要約しますと、仏教から見て、精神分析のぶつかる困難は、無知と内的隷属の根本的原因を特定できないということです。父親あるいは母親との葛藤とか、その他のトラウマは、第一原因ではなく、状況による原因です。第一原因、それはエゴへの執着であって、そこから引きつけられたり、反発したりする動き、自己愛、庇護されたいという欲望が出てくるのです。精神的な出来事、感動、衝動はすべて、一本の木から出た枝のようなものです。枝はいくら切っても、また生えてきます。それにたいして、エゴへの執着を解消することで、その木の根を断つなら、どの枝も、葉も、実も、みな一遍に落ちます。心を乱す想念——その破壊したり、抑制したりするはたらき——がなんであるかがわかっても、それを消し去るには充分ではなく、その人間の完全な、根本的解放にはなりません。見定めた想念を根源にまでさかのぼることで——精神の本性をじかに見ることで——想念から解放され、それではじめて、あらゆる精神的問題の解決へと導かれるのです。

憎しみ、欲望、嫉妬、欲求不満、高慢などが強い力を発揮するのは、人がそう思っているからにすぎないからであり、精神の本性について瞑想する技法もすべて、これを見抜くのが狙いです。もしこうした心の動きを、まずは分析することで、次に瞑想のまなざしで、じかに見つめ——想念をその「裸の形」で見つめ——、その本来のあり方まで見えるようになれば、そこには、一見あると思われた堅固さも拘束力もないことに気づきます。もし怠らず修行を続けるなら、精神がその自然状態にとどまるときがやってきます。やがてしだいに、想念からの解放のプロセスを自分で制御できるようになります。最初の段階、想念が頭に浮かぶ瞬間にその想念を特定するのは、群衆のなかで自分の知人を見分けるようなものです。貪欲とか敵意の想念が浮かぶとすぐ、想念の連鎖反応が起こる前に、これを特定しなければなりません。外見とは違って、その想念には堅固さも固有の存在もないことがわかります。しかし、どうやってそれを解き放つかは、よくわかりません。第二段階は、自分で巻いたとぐろを解く蛇に似ています。蛇はそうするのに、外からの助けは要りません。馬が自分で尻尾を巻いて作った、結び目の例を挙げることもあります。この結び目はひとりでにほどける……。

J・F　いやはや比喩だらけだな！

M　この第二段階においては、想念からの解放のプロセスについて一定の経験を積むことになるので、否定的な想念のそれぞれのタイプに対応する解毒剤に頼ることも、だんだん要らなくなります。想念が生じても、おのずと崩れて、消えていきます。最後に、第三段階になると、想念からの解放を完全に意のままにできるので、もう想念はなんの悪さもできません。空き家に侵入した泥棒のようなもので、泥棒には何も得るところがなく、家主にも何も失うものはありません。想念は私たちを支配することなく、ただ浮かんでは通りすぎるだけです。そうなれば、現在の想念や、それを生む基になった過去の傾向にも、もう縛られることはありません。それと同時に、苦しみからも自由になります。精神は明るく、目覚めた現在のなかにとどまり、そこでの想念はもはや心を乱す力を及ぼすこともありません。事実、否定的なもののもつ唯一の利点は、それが純化され、溶解しうるということです。無意識という堆積物は、岩ではなく、むしろ氷であって、認識の太陽に照らされると溶けてしまうのです。

第17章　文化の影響力と精神の伝統

J・F　精神分析にたいする仏教の立場は、これではっきりしたね。今度は、歴史・社会科学、社会の生成と構造の研究について、仏教はどんなことを教えてくれるのだろうか？　どんな宗教も、どんな哲学も、ある一定の社会のなかで生まれる。どちらも、じつはその社会の慣習である信条・信仰を永遠の真理とみなしがちだ。古代のもっとも偉大な哲学者たちは、奴隷制という現象を公正で自然なものと考え、女は男よりも劣るという偏見にも根拠があると考えていたんだ。

M　それに、動物の権利はさらにもっと劣る、まるで動物には生命をもつすべてのものにあるはずの生きる権利がない、とでも言うように！

J・F　それじゃ、仏教もやはり、ちょっと自己検討というか、自問してみてはどうだろうか。つまり、ある特定の地理的地帯、社会的、家族的、その他の構造のなかに生まれたという事実が、単に一地方の慣習だったものを普遍的原理とみなそうとしなかったかどうか。

M　もし幸せと苦しみのメカニズムが地方の慣習だとするなら、これはどこの地方のものでもあり、ということは、普遍的なんですよ！　こうした原理にかかわりをもたぬ人間がいるでしょうか？　無知あるいは認識を生むゆえんに関心をもたぬ者がいるでしょうか？　人はみな幸せに憧れ、苦しまぬことを願います。ですから、もし有益な行為、有害な行為を、外に現れた形ではなく、その基にある意図——利他主義か利己主義か——や、そこから生じる幸せと苦しみにもとづいて判断するなら、こうした原理に導かれる倫理は、文化的、歴史的、あるいは社会的状況にはあまり左右されないはずです。

J・F　でも、厄介なのは、自分の社会システムの特殊性の影響を受けているときは、そのことを自覚していないことなんだよ。偏見の本質は、それが偏見だと気がつかないことなんだ。もっとも、良い偏見もあれば、悪い偏見もあるけどね。哲学者の目から見れば、大事なのは、歴史下の産物をそうではないと考えないようにすることだ。普遍主義の野心をもつ宗教や哲学が、自分が生まれ育った社会の固有の要素を組み入れるとき、それが社会状況にもとづく偶然的特殊性であることにまったく気づいていないんだよ。

M　仏教の伝統では、たえずこの種の偶然性を取り除くように努めています。たとえば、慈善行為の動機を念入りに調べます。社会的な慣習を守って気前のよい行いをするのか、それとも利他精神の自然の発露で動いているのか？　布施を完全なものにするためには、報われたいという期待、誉められ、感謝されたい、さらには「功徳」を得たいという願いも、すべて捨てなければなりません。布施が、功徳だけでなく、知恵をもたらすためには、三つの概念から離れなければなりません。それは、与える者の人生そのものへの執着と、対象——布施を受ける人——、そして与えるという行為です。本当の布施は、いっさいの執着を離れた純粋な意図でおこなわれます。ですから、ある行動の外側に執着せず、とりわけ文化的、社会的偶然性から自由になることが欠かせないのです。チベットのことばにあります。同じことを西洋ではフェヌロン〔一六五一—一七一五。フランスの聖職者・思想家・文学者〕が言ってます。「金《きん》の鎖も鉄の鎖も、鎖には変わりない」。

J・F　でも、人間にそんなことができるだろうか？　偶然性にとらわれたままなのに、自由になったと思う幻想が危険なのじゃないかな？

M　文化的偶然性と精神の伝統との違いを理解することもまた必要になります。精神の伝統は、深い経験、伝達の必要性の上に成り立っています。それに、中身よりも形式にこだわる危険をいつも強調しています。

第18章　進歩と新しさについて

J・F　仏教と西洋文明との違いをなすもうひとつの要素は、西洋文明を構成している各個人の行動であり、この文明をめぐって考える人々の頭が向かう方向だ。つまり、西洋文明は完全に歴史のほうを向いているんだ。歴史の発展を信じ、時間がもたらすみのりの豊かさを信じている。とりわけ十九世紀に使われた言い方に従えば、西洋文明は進歩を信じている。こうした進歩にたいする信仰は素朴すぎるとよく言われるね。たしかに、進歩信仰というのは、歴史は技術革新、科学、風俗習慣の洗練、民主主義の普及のおかげで、つねに人間の生きる状況に改善をもたらしてくれる、という確信なんだ。パスカルは人類を、いつも同じ人間のままではあるが、時代が進むなかでたえず学んでいる存在だとしたよ。

私たちはいまでは、進歩ではなく、進歩の自動進行にたいするこうした信仰が、現実の出来事、わけても二十世紀の相当に暗い歴史によって否定されたことを知っている。それでもなお、西欧がいちばん高く買う価値は新しさなんだ。西欧人が何かを誉めるとき、「それは新しい考えだ」という言い方をする。科学では言うまでもなく、発見が大事だ。それによって科学は新しくなる。芸術でも、文学でも、存在するためには革新しなければならない。本でも、絵でも、音楽作品でも、これをけなすいちばんの非難は、「これは時代遅れ、流行遅れの形式だ、月並みだ、もうすでにある」と言うことだ。政治でもやはり、新しい考えをもち、自分の考えを新しくする必要があるんだ。こういうふうに、西欧社会は時間のなかにというか、たえざる変革の要因としての時間の利用のなかに組み込まれている。それが、人間の生きる状況を改善する不可欠な条件とみなされているんだよ。完成へと向かいつつあるという事実そのものが、歴史の進行、新しい現実や新しい価値を作りだす能力にかかっていると思われている。ごくおおまかに要約した、こうした全体としての精神的傾向は、君の目から見て、仏教とあい入れるものだろうか、それとも仏教が西欧世界に参入するさいの妨げになるのだろうか？

M　ある真理が古いものだからといって、もう興味をもつ価値がないと考えるのは、無意味です。いつも新しさを追い求めていると、いちばん大事な真理を手放すことになりかねません。苦しみ、自我への執着の解毒剤は、想念の根源へ下りていき、私たちの精神の究極の本性をみとめることです。このような真理がどうして古びるでしょうか？　心のメカニズムをはっきりと見せてくれる教えにたいして、どんな新しいものが「流行遅れにする」というのでしょうか？　もし私たちがこうした真理を捨てて、数知れぬ、つかの間の知的革新を追いかけるとしたら、私たちの目的から遠ざかるばかりです。新しさの魅力には肯定的な面もあります。それは、根本的な真理を発見したい、精神の深い内面や世界の美しさを探りたい、という正当な欲求です。けれども、絶対的な見方に立てば、いつまでも「新しい」新しさとは、現在という時の新鮮さであり、過去を生きなおすことも未来を想像することもない澄んだ意識の新鮮さのことです。

新しさ好みの否定面は、なんとしても変化を求めようとする空しい、不満のたまる試みです。「新しいもの」、「違うもの」に引き寄せられるのは、たいていの場合、内面の貧しさがあるからです。私たちは自分の内部に幸せを見つけられないと、外部に求めます。しだいにますます奇妙な物、経験、考え方、行動のしかたを探すのです。結局、幸せがない所でそれを探すので、幸せから遠ざかることになります。こういうやり方を続けていけば、自分の足跡を完全に見失ってしまう危険があります。のどが渇くような「新しさへの渇き」は、もっとも通俗的な形では、余分なものに引かれるところから生まれます。これは精神をむしばみ、その澄んだ状態を乱します。このとき人々は、欲求を感じなくなることを学ぶのではなく、欲求を増やしています。

仏陀とその多くの弟子たちが本当に究極の認識に達したのだとすれば、それ以上に「新しい」良いものを期待する必要があるでしょうか？　毛虫が新しくなれば、蝶になります。だれもがもつべき目標は、自分のなかにあることの完成に向かう潜在力を伸ばすことです。この目標に達するには、この道を歩きぬいた人たちの経験に学ぶことが必要です。この経験は、ありあまるほどの新しい考えを思いつくことより、ずっと貴重です。

Ｊ・Ｆ　それはそうだろうが、しかしそれとは反対のもの、対立するものがあるよ。西洋文明の根底には、二つの傾向が見られる。ひとつは、各人がどんなときにも自分に納得のいく生き方を送れるようにするための知恵であり、これは少なからぬ哲学者がこれまでことばに表そうと努めてきたものだ。こうした生き方は、たいてい、情熱、嫉妬、傲慢などにたいして超然とした態度をとることで可能になるのだけれど、賢人たち自身も、こうした心の弱点と闘っている。同時にもう一方では、次のような確信が人々のなかにはある。つまり、絶対的救済ではないが、まあ言ってみれば、過去との比較のなかでの相対的な救済の道は、人類の宿命の全面的改善の、連続した、あるいは不連続なプロセスにあり、この改善は科学技術と、法律・人権・政治制度との両分野での多くの改革にかかっている、という確信だ。私たちはたえずこのプロセスに立ち合っている。私たちはいまでは、私的な生活でも社会的な共同生活でも、ほとんどあらゆる場面で、コンピューターの大海のなかに生きている。これは三十年前には、想像もつかなかったことだよ。まあ、これは技術にかんすることで、いちばん目立つ例ではある。

けれども西欧の人間は、他の分野、とりわけ政治、社会の変革や、どんどん増えつづける多くの個人の欲求に合わせた社会組織の調整の分野では、時代の変遷とともに目標もプロセスも変わるものだと考えているんだ。文化を例に取り上げてみよう。本物の芸術家とは、新しい作品をもたらす者だけに限られると、みなが思っている。中世の作品を模写するなんて、考えただけで笑ってしまう——そういう複製の技術はすでにあるけどね。だけど、それだけじゃない。一九五〇年代から、とくに先進国では、ますます多くの個人を文学、美術、音楽の喜びに参加させようとする文化政策が登場してきた。過去においては、そういうものは一部の限られたエリートのためだけにあった。よく覚えているが、私の若い頃、美術館や展覧会に行くというのは、どういうことだったか。いつでも好きなところが空いていたし、好きなときに入れた。絵を見るのに、人込みに邪魔されることなんかなかった。いまでは何時間も行列しなきゃならないこともある。それほど、展覧会に関心のある愛好家がいるんだね。パリやニューヨークでは、芝居と同じように、自分の席、入る権利を予約する習慣さえできた。だから西欧の態度の大きな特徴は、一方には、文化はたえざる変革であるという考え、他方で、文化はますます多くの人間に広がるべきだという考えのなかにあるんだよ。現実世界の材料がさまざまな進歩を実現するために用いられ、ますます多くの人間がこの全般的改善に参加する。言い換えると、救済は時間のなかにあって、時間の外にはないんだ。

M　時間のなかでの救済というのは、「菩薩の誓願」、つまり、すべての人が苦しみと無知から解放されるまで力を注ぐという願いです。菩薩はすべての人々がそれぞれ認識の道に入り、《悟り》に達するようになるまで、意気沮喪せず、彼らにたいする自分の責任を取りつづけるのです。その一方で、仏教は人類の各時代、古代社会から物質主義への志向が強まった近代社会にいたるさまざまな時代において、それぞれに特有の教えがあることを充分みとめます。それらの社会が精神的な価値に向ける関心の度合いに応じて、教えのなかのある側面の尊重のされ方も変わってきます。逆に、《悟り》や精神の認識の本性そのものは、時間の外にあります。精神的完成の本性にどんな変わりようがあるでしょうか？　一方、「新しさ」の概念、過去を真似たくないために、たえず創りだしたいという欲望は、私が思うに、「人格」、つまり、なんとしても独創的な自己表現をおこないたいとする個性を、度を越して重んじるところから生まれるのです。それとは反対に、この全能の自我への執着を解消しようと努める流れのなかでは、こうした独創性の競争は、少なくとも深みのないものです。たとえば、いつも自分の想像力を発揮するよう努めなければならないという考えは、伝統的な芸術や、瞑想と内省の支えとなる宗教芸術にはもちろん無縁なものです。西洋の芸術は想像の世界を作り上げようとすることが多いのにたいして、宗教芸術は現実の本性に深く入るための手助けをするのです。西洋の芸術は情熱をかき立てることをめざし、宗教芸術は情熱をしずめることをめざします。宗教のための踊り、絵画、音楽は、形と音の世界のなかに、宗教的知恵との対応関係を築こうと努めます。これらの芸術は、こうした象徴的な側面を用いて、私たちを精神の認識や修行に結びつけることを目的としています。伝統的な芸術家は、その芸術の質を高めるために、自分のもっている能力のすべてを使いますが、まったく新しい象徴や形を創りだすために想像力を発揮するようなことはしません。

J・F　それは明らかに、西洋流の考え方、いずれにしてもルネサンス以降の考え方とは正反対の芸術観だね。

M　だからといって、この芸術が過去のなかに凝固しているわけではありません。高僧たちは、みずからの瞑想体験から生まれた新しい要素で、たえずこれらを豊かにしています。チベットには、宗教芸術の素晴らしい表現があります。芸術家たちはそこに自分の心と技を精一杯こめますが、彼らの人格は作品の背後に完全に姿を消しています。このため、チベット絵画は本質的に匿名です。芸術はまた、聖俗の共同体の交流の形でもあります。年に何度か、僧侶たちは僧院の広場で、非常に美しい踊りを演じます。これは内的瞑想の種々の段階に対応する、いろいろな踊りです。地方の住民は、この種の祭りには、かならずやってきます。同じように、チベットではどの家にも芸術が見られます。それぞれの家で、画家やイコンの彫刻家に、マンダラや仏像を注文します。人々は芸術とのつながりを保っているのです。しかし、伝統からみて、奇抜さに走る芸術家はあまり受けがよくありません。西欧で、もし芸術家たちが画面を真っ青に塗り、この芸術家たちの「個性」のゆえに、その絵が高く評価され、美術館に展示されるとしたら、私が思うに、問題はただひとつ、それはだれも「王様は裸だ！」と叫ばないからですよ。

最近、週刊誌で読んだのですが、マルセイユの近代美術館で、ある芸術家の作品が展示されました。それは、三十ほどの盗品、しかも堂々とそう表示した品からなる作品だったそうです。結局、その「芸術家」は逮捕され、美術館は告訴されました。私はかつて何度もチベット人とともに美術館に行ったことがあります。彼らは長い歳月をかけて得られたみごとな手腕を示す古典的な絵画に見とれていましたが、反対に、ある種の安易な芸術の形——たとえば、つぶれた物、ふつうの物の突飛な組み合せや詰め合せなど——を見ると、長い歳月の内省と瞑想の果てに得た体験の光に照らされて教えを授けてくれた高僧たちと、現在たいした経験もなしに教えているために、説教が本当の認識の表現というより、おしゃべりのようになっている人たちとの違いに、思いをはせていたようです。

新しさを追いかけないからといって、柔軟さがないわけでも、どんな新しい状況にも対応できないというわけでもありません。実際、精神のなかにある本質的な真理をもちつづけているので、むしろ世界と社会の変化に立ち向かうのに、だれよりも有利な武器をそなえているのです。何よりも大事なのは、これらの真理を見分け、深め、自分のなかで働かせ、「実現する」ことです。この作業を怠るならば、何をおいても新しいものを創りだそうとすることに、なんの価値があるでしょうか？　要するに私が言いたいのは、新しさ競争とは逆に、精神生活こそが、その味わいを忘れてしまった単純さを私たちに再発見させてくれる、ということです。必要のないものを求めて苦しむようなことはやめて、私たちの生活を単純なものにする、いつも過去を繰り返しては未来を想像するようなことはやめて、私たちの精神を単純なものにすることです。

Ｊ・Ｆ　その種の指摘は、なにも仏教徒にならなくても、できると思うな。西欧でもやはり、たくさんの人、芸術の発展を注意深く追い、芸術的創造の最近の傾向にも詳しい人たちが、西洋の芸術の一部はそっくり一般大衆をだまし、素朴な人たちを惑わす術だということを知っている。さいわい、それがすべてではない。それでも、西欧に根深いこの傾向を私が強調するのは、この変化への好みからいちばん安全なはずの分野でも、やはりこの好みに負けているからなんだ。たとえば、宗教というのは、原則として教義と結びついているね。啓示宗教は明確な教義と結びついているから、この宗教の信者である人たちがそれを実践するのは、この宗教が永遠性、つまり超自然や、来世、神性の永遠性を表す不変の要素と言えるものを与えてくれるためだと考えてもいい。したがって、世界や時代の流れに沿う活動は、みな変化と革新の要請に応えるのを特徴としているにしても、人間の意識の歴史のなかでも宗教だけは、当然、こうした要請をまぬがれているはずだ。ところが、宗教も例外ではないんだね。

カトリック教を取り上げてみよう。私は信者ではないから、突き放した言い方ができる。カトリック教会は、たえず近代派の攻撃にさらされてきた。「あなたがたの革新の努力は不充分だ！　私たちには改革派の神学者が必要だ！　教会は時代に適応しなければならない！」。そうなると、この場合、宗教はなんの役に立つのかと考えてもいい。もし宗教が、人間の意識を時代の移り変りや変革の必要性からかばってくれる、まさしくそういう意識の次元のものでないとしたら、いったいなんの役に立つというのか？

私たちの新しさ好きは、他ならぬ神に向かって、新しくなれと要求するほどなんだ。少なくとも神を信じている人たちは。正統派神学の番人であるローマ法王庁と、前衛神学者とのあいだには、たえまない対立がある。この神学者たちは、ちょうど他の分野、絵画だとか、音楽だとか、モードなどで新たな変革を提唱するように、神学の変革を提唱するわけだ。「前衛の」神学者という概念そのものがこっけいだよ。どうして永遠性に前衛だとか、後衛だとか言えるのだろう？　それで、ヴァチカンは新しいジレンマに立たされる。もし新しい神学をみとめるなら、教義の基本的原理のいくつかの修正を受け入れざるをえない。もしみとめなければ、時代遅れ、反動的、神性のすたれた形にしがみつく過去主義者とみなされることになるのだから。仏教の西欧への影響力は、このやむことのない変化への欲求に加担するのだろうか？　それとも逆に、仏教はこの新しさという暴君にうんざりしている人たちの避難所になるのだろうか？

Ｍ　もちろん、二番目のほうだと思いますよ。原理は変わりようがありません。事物の本当の性質に対応しているのですから。新しさへの渇きをもっと分析してみるなら、それは内面生活の無視から生じているようです。人々は根源にさかのぼって考えることをしなくなりました。なんでも新しいことをやってみれば、この不満を埋めることができるのではないかという考えに取りつかれたのです。

Ｊ・Ｆ　それでも私は、昔から人間の精神を狙っているのは、硬直し、型にはまった思考だと思うよ。出来合いの思想ですませず、先人が伝えてくれた概念をよく吟味し、物事を額面どおり受けとらず、自分の頭で考えなおし、どれを取り、どれを捨てるべきかを自分の推論と経験に照らしてわかるようになりたいという野心、もしそういう野心が人間にないとしたら、人間の思考は、茫漠とした怠惰な眠りにすぎなくなるよ。

Ｍ　たしかにそうですが、一生を精神の探究に捧げるのは、動脈硬化のしるしなんかではなく、幻想の岩盤を爆破するためのたゆまぬ努力だと言えます。精神の修行は経験の上に築かれるもので、科学が外部の世界で行う発見と同じように、内部の世界でおこなう、どこまでも続く発見なのです。この経験はいつも新鮮で、たえず更新されます。この経験には、障害も伴えば、冒険も含まれます。すでにある教えの文言に頼るのではなく、現在このときにその教えを体験し、人生の順境にも逆境にも教えを活かすことを知り、心に浮かぶあらゆる種類の想念に立ち向かい、それらがどのように私たちを縛りつけているか、またそこからどのように身を解き放つかを自分で理解することが大事なのです。本当の新しさとは、自分で定めた目的にそって、人生の一瞬一瞬を活かせるようにすることです。

J・F　私自身としては、君がいま言ったことの一面はみとめたい気持ちだよ。しかし、別の角度から見れば、次のことはどうしても否定できないだろう。人生、歴史、私たちを取り巻く現象などの状況のなかで、人類に生じるかなりの数の問題は、時間内創造とでも呼べるものに属している。しかし、西欧、とくに十八世紀以降の西欧は、人間のあらゆる問題の解決にあたって、あまりにも歴史の進歩、革新能力に頼ってきたことは、事実だよ。人間にかんするあらゆる問題は、個人の幸福、個の開花、苦しみに耐え、苦しみから自由になる知恵や能力という問題を含めて、ヘーゲルとマルクスが言ったように、歴史の弁証法で解決できる、と西欧では考えてきた。つまり、内面生活、個人の完成にかんする問題はすべて、イデオロギーの作りごと、自分ひとりで幸せと安定が得られると思わせる幻想の残りかすである、ということになった。個人の知恵を捨てて、集団の変革に向かう流れは、マルクス主義でその頂点に達した。ところで、人は時間がなければ、何も作りなおせないとしても、時間それ自体は何も作らない。この二世紀来、西欧は人間の救済を歴史的で、さらに集団的な解決に求めようとしてきた。こうした頑固で、独断的な態度、単に歴史の展開のみによる集団的な政治解決への過度の信頼が、おそらく、こうした思考システムの支配ののちに深い欲求不満として残り、現在あらゆるところで人々がその不満を感じている原因なんだよ。おそらく、西欧への仏教の浸透は、大部分は、こうした欠乏、およそいかなる倫理も、個人の知恵もなくなった空虚感からきているよ。

M　もうこれ以上、他者との関係が、摩擦と不和しかもたらさない自己中心主義から作られることがないようにするには、それぞれの人が自分の人生に意味を与え、内面の開花を実現できるようにする必要があります。こうした精神の変革のプロセスは、自分がこれから伸ばしていく長所が他人をいっそう助けるのに役立つのだと考えることで、つねに進めていかねばなりません。

J・F　仏教が西欧でずっと成功していける条件には、二つの要素がかかわっている。まず第一に、仏教は盲目的な信仰の行いを要求する宗教ではない。だれにも、他の教義を排斥したり、非難したりすることを要求しない。仏教は寛容の心に満ちた知恵であり、哲学だ。この条件はもうすでに充たされている。第二に、これはまだ完全に充たされてはいない点なのだが、仏教は、西洋がほぼ二千五百年かけて積み重ねてきた科学的認識や、政治的省察・行動のための厖大な努力と両立しなければならない。つまり、社会と社会のなかでの人間関係の改善によって、この現象世界での人間の生活を改善することだよ。もし仏教がこの二番目の条件と両立しないなら、西欧で持続的な影響力はもてないと思う。西欧は、私が科学思想、社会・政治思想、歴史思想と呼んでいるところに、あまりにも深く根を下ろしているんだよ。

Ｍ　もう一度言いますと、仏教は原則として科学的認識と対立するものではありません。仏教は外部と内部の両面で真理をきわめることをめざしているからです。ただ、人生で優先させるものに順位をつけます。精神的発展のない物質的発展は、みなよく知っている不満に行き着くばかりです。知恵の教育の上に築かれる社会は、これとはまったく違う方向を指しています。単純化して言えば、一方は所有に、他方は存在に中心を置いています。さらにもっと多くもちたいという誘惑、知識の水平方向への拡散は、私たちを内的変革から遠ざけます。自分自身を変えなければ、世界を変えることはできないのですから、さらにもっと多くもつのは、意味がありません。仏教の修行者は、「いまあるもので満足することを知る者は、手のくぼみに宝をもっている」と考えます。不満は、余分なものを必要だと思う習慣から生まれます。こうした考え方は富だけでなく、安楽、快楽、「無益な知」にもあてはまります。けっして飽きてはならない唯一のもの、それが認識です。けっして充分だと思ってはならない唯一の努力、それは、精神の進歩と他者の幸せの成就のためにおこなう努力です。

Ｊ・Ｆ　しめくくりに、私の好きな作家、シオランのことばを引用しようと思う。この人は、仏教が西欧の作家にとってどんなに拠り所として、また関心の的として、よく取り上げられるのかを知るうえで、いい例になるからだよ。それは『フランス文学における人物描写《ポルトレ》傑作集』に彼が書いた序文にあることばだ。この序文で、彼はフランスのモラリスト、ラ・ロシュフコー〔一六一三—八〇。フランスの作家・モラリスト〕や、シャンフォール〔一七四〇—九四。フランスの作家・モラリスト〕、それにもちろん人物描写作家たち、つまり有名人の人物描写で人間性のさまざまな奇癖を描いた人たちについて語るよう求められている。そこでシオランは、パスカルをモラリストの外に、また上に位置するものとして扱い、じつにうまい表現で、正論を述べている。「モラリストと人物描写作家はわれわれの種々のみじめな姿を描き、パスカルは人間のみじめな状況を描く」。すぐそのあとで、これが印象的なのだが、彼は仏教に拠り所を求めているんだ。フランス古典文学について述べた文章に、数行、次のように挿入されている。引用するよ。「悪の神、マーラが誘惑と脅迫を繰り返して、仏陀から《世界の支配力》を取り上げようとしたとき、仏陀はマーラを困惑させ、その思い上がりをくじくために、とりわけ、こう言った。お前は認識のために苦しんだことがあるか?」。この問いにたいして、「マーラは答えられなかった。精神の正しい価値を量ろうとするなら、いつだって、実際に自分で使ってみなければならない」。この引用について何か一言どうかな?

M　マーラはエゴの人格化です。「悪魔」というのは、自分のなかに存在するものとしての《自我》への執着に他ならないのですから。仏陀が夕暮に菩提樹の木の下に座って、いまにも完全な認識、《悟り》に達しようとしたとき、彼は、無知のヴェールをすべてはぎとるまでは、立ち上がらないと誓いを立てました。エゴであるマーラはまず彼の心に疑念を注ぎ込もうとして、彼にたずねました。「お前はどんな権利があって、《悟り》に達すると言い張るのか?」。それにたいして、仏陀は答えます。「私の権利は、たくさんの生を通じて私が得た認識に支えられている。大地がその証人だ」。するとそのとき、大地が振動した、と言われます。次に、マーラは絶世の美女である自分の娘たち——欲望の象徴——を送り込んで、未来の仏陀を誘惑し、その究極の瞑想を妨げようとしました。けれども、仏陀はどんな欲望からも完全に解放されていたので、マーラの娘たちはしわだらけの老婆に変わりました。

それから、マーラは仏陀の心に憎しみをかき立てようとしました。妖怪変化を出現させ、恐ろしい軍勢が炎の矢を放ち、奔流のような罵詈雑言を浴びせました。もし仏陀の心にほんのわずかな憎しみでも芽生えていたら、この矢は彼の体に突きささり、エゴは認識を打ち破っていたはずだと言います。しかし、仏陀は愛と慈悲そのものでした。この矢の嵐は花の雨に変わり、悪口は賛歌に変わっていました。夜明けに、最後の無知が崩れ落ちると、仏陀は人と物との非‐現実に完全に気づきました。現象世界は相互依存のはたらきで保たれているので、何ひとつ、本質的、永続的に存在してはいないことを理解したのです。

J・F　それはそうと、私がシオランの引用でいちばん感銘を受けたのは、認識は苦しみである、というか、苦しみを通してしか得られないということを、彼が西欧に思い起させた点なんだ。それに、この事実を受け入れることで、精神の価値がわかるという点だね。私の考えでは、これは西欧人にとっては、救いになる反省だよ。私たちは徐々に、まず最初から苦しみを取り除くことができるし、なんでも対話とコミュニケーションとコンセンサスで、楽しみながらできるし、とりわけ、教育だって勉強だって、苦労もなければ苦痛もないやり方でできると思い込むようになってきたんだ。

M　それこそ、精神の道を説く教えそのものです。現世の快楽は、初めはじつに魅惑に満ちています。喜びへ誘い、あまりにやさしく包んでくれるので、簡単に引き込まれてしまいます。快楽はまずつかの間の、薄っぺらな満足を与えてくれますが、人々は少しずつ、快楽は最初の約束を果たしてはくれず、最後は苦い幻滅で終わることに気づいていきます。これは、精神の探究とは正反対です。精神の研究は、最初は厳しい要求を出します。自分を相手に努力しなければなりません――シオランのことばでは「認識の苦しみ」、つまり「禁欲の厳しさ」に立ち向かわねばなりません。けれども、この内的変革のプロセスに耐えつづけるうちに、知恵のようなものが形を取り、心の落ち着きが生まれ、快楽とは逆に外部の状況にはびくともしない、全身にしみとおる至福感を味わいます。ことわざに言います。「困難は、精神の修行では最初に現れ、世俗の仕事では最後にくる」。もうひとつ、「最初は何もやってこない。途中では何も残っていない。最後は何も出ていかない」。じつは、これにつけ加えたほうがいいのです。認識を得るのに必要なこうした勤勉さは、本来の意味での「苦しみ」ではありません。勤勉さというのは、「努力という鋳型で作られた喜び」として定義されたものなのです。

第19章　僧侶が哲学者に質問する

M　あなたのよく使う表現で言えば、もし仏教が自我の「欺瞞」を暴くことをめざしているのなら、そしてこの自我が現実の存在でないのなら、行動することになんの意味があるのか？　それなら、「だれ」が彼の行動に責任をもつのか？　ということがありますね。実際は、「人間」という概念がどんな現実の存在をも意味していないとしても、いかなる行動であれ、かならずある結果を引き起こします。しかし、現代物理学もまた、私たちを基本的な粒子、例の「クオーク」に還元してしまいます。それで、今度は私が質問する番です。「私たちは、およそ私たちの個性をこれっぽっちももっていないことが明らかな粒子だけでできている以上、あなたの考えでは、行動することがなんになるのですか？　考えたり、愛したり、幸せや苦しみのことを心配して、なんになるのですか？　クオークは苦しみませんよ！」

J・F　そのとおり！　これは、西欧でも一部の哲学理論にきわめて古くからある議論だよ。構造主義のような学説を取り上げてみれば、ほとんど同じものだよ。構造主義は、実存主義にたいする反動でもあったけどね。実存主義は、個人の自由と自己選択、個人の究極的責任だけに焦点をあてたが、構造主義は、それは違うと言った。人間そのものは存在しない、人間は自分を通じて働く構造に貫かれている、というわけだ。

Ｍ　彼らの言う構造とはなんですか？

Ｊ・Ｆ　まあそれはね、連中は哲学者だから、じつにへたくそな定義をしているよ！　おおまかに言えば、法則によって構成され、または法則を構成し、組織的行動を生みだす種々の本質だね。この手の反論はエピクロスにも見られる。彼が言うには、私たちは原子の合成物であり、魂と呼ばれるものは、原子の寄せ集めにすぎない。したがって、私たちは、自分の抱く感情、苦痛、欲望、恐怖をまじめに受けとる必要はないことになる。現象を、背後にあるもの、唯一の本物である背後の世界と対比する議論は、昔からある反論だよ。しかし、それにたいしてはいつも同じ次のような答えが出される。だからといって、人間が実際の体験のレベルで、ある種の感情、ある種の経験を味わい、それが彼にとっての唯一の具体的な現実となることに変わりはない、と。

Ｍ　そのとおりのことを仏教でも言っているんですよ。たとえ苦しみがまぼろしであるとしても、苦しみとして感じられるのだから、苦しみを解消したいと願うのは当然なのです。私に理解できないのは、次のような仏教批判です。私たちは「自我」を自分の存在の定数、あるいは存在のさまざまな変化を通して生き残った実体の表れとして考えているのに、もしこの「自我」がまぼろしならば、どうして幸せになろうと心を煩わすのか、という批判です。

Ｊ・Ｆ　それでは、説明してあげよう。君の家の上に岩が落ちてきて、家がつぶされ、家族のだれかが死んだとしよう。君は市の担当課に電話をかけ、医者と救助隊にきてもらおうとする。ところが、代わりに地質学者が送られてきて、君に言う。「まあお聞きなさい。この事故はまったく正常なものです。ご存じのように、地球は変動しつつあります。たえず地層が動き、プレートテクトニクスがぶつかり合っています……。この場合もなんら異常な点はありません」。もし私が何千年という尺度、誇り高い地質学者が検討しうる最小の時間の幅に身を置いて考えるなら、そのとおりだろう。しかし、この二人は同一の現象について話してなんかいないんだよ！　一方において、冷静な地質学者の言うことはもっともだ。もう一方で、だからといって、家をつぶされ、家族を失った哀れな男が、個人の感受性の次元で悲劇を体験したことには、なんの変わりもない。この二つの見方のどちらも、もうひとつの代わりにはなれない。台風の被害を気象学、風、高気圧などで合理的に解説しても、サイクロンに頻繁に襲われる地帯に住む危険と不幸は、ちっとも軽くならない。私たちには二つの現実があり、その一方が他方を否定することはない。この二つのレベルの経験は、隣り合わせで維持されるべきものなんだ、両方とも現実だからね。

M　そうすると、あなたも賛成してくださるんですね。自我が現実の存在を欠いた傀儡《かいらい》の実体だとしても、この主張が自分と他者の幸せと苦しみにたいし、また行動にたいして無関心である証拠だとする理由はどこにもないという、仏教の言い分に。

J・F　その系統のあらゆる知恵に共通する考え方は、ほぼ次のように要約できる。事態の流れに私が影響力をもつというのは幻想である。この幻想は私に期待と失望をしたたかに味わわせ、喜びと不安を交互に抱かせて、私の心をさいなむ。もし私が、自我は何ものでもなく、結局、私は現実のある流れが通過する場所にすぎないという確信に到達できれば、私は心の落ち着きを得られるだろう。多くの知恵がそれを目標にしているよ！　ストア学派もスピノザもそこをめざしている！　だが残念なことに、実際の体験はこの議論に反抗する。

M　私たちの悩みの原因はまさにその反抗にあります。私たちはこの自我に執着しすぎているので、自我の幻想を消し去れば、あらゆる問題はすべて解決がつくことに気づけないのです。ちょうど、手術したあとの抜糸をこわがる怪我人のようなものです。ストア学派は受け身の諦めの境地に行き着くように思われます。これにたいして、仏教徒にとって、非自我は解放の体験です。

J・F　それは違うよ！　ストア学派の哲学者であるということは、自然が実行しようと定めたものを積極的に望むことだよ。受け身ではない。一種の運命論で起こることを耐え忍ぶのではなく、神でもある世界の第一原因と一体化するのだ。スピノザはこの側面をもう一度取り上げる。「神すなわち自然」と彼は言っているよ。彼は汎神論者なんだ。知恵に近づくには、もはやこの宇宙の必然の流れにただもてあそばれるのではなく、みずから自分の主体的意志を発揮してこの流れに加わることになる。

M　おおまかに言えば、それはむしろヒンドゥー教のカルマにあたりますね。自分の人生を生き、世界を見る理想的なやり方は、自分に定められた運命を、反抗せずにそのまま受け入れることです。仏教徒の立場は違います。自分の身に起きることは、自分の過去の行為の結果であるがゆえに、現在を受け入れるのです。けれども、未来は自分の手にかかっています。十字路に立っているわけです。自我が存在していないことを確認すれば、ストア学派のように自分の身に起きることと一体化することなく、より大きな自由を得て行動するほうへ導かれていきます。なぜなら私たちは、あんなにも自分を大事にし、自分を不変で堅固なものと考え、牽引と反発の果てしない連鎖を作る、あの「自我」の拘束から解放されるからです。自己中心主義から解き放たれれば、私たちはより大きな行動の自由を得ます。過去は決着がついていますが、未来はまだこれからなのです。

J・F　自分の主観的独立主義や自分自身の感情、要するに自我にたいして、みずから距離を置き、自我よりももっと大きなものを考慮に入れ、できるかぎり自我の実在性を相対化することができるようになった行為者のこの知恵の価値はよくわかる。それによって彼の行為ははるかによく制御され、普遍的になり、他の人々にとってより大きな意味をもち、また、彼が世界をもっとよく理解し、世界に働きかけるようになることが保証される。それでもやはり、私は思うね。自我を消滅させ、厄介な逆境に立ち向かおうという気持ちをすっかり眠らせてしまうためのあらゆる試み、つまり、人間の行動はいつも先が見えているわけでも、勇敢で、明敏で、有効であるわけでもないから、道徳的選択をしなければならないし、過ちを犯さないようにしなければならないという気持ちを眠らせてしまおうとする試み、不確実性と責任というこの側面を切り落として、安心を得ようとする人間の思考のあらゆる努力、これらはいつも失敗に終わってきたんだよ。

M　西洋ではどうもなかなか理解しにくいようですが、自我が存在しないことをみとめるのは、決断や精神力、行動とはなんら対立しません。むしろそうすることで、幸せや苦しみの原因がはっきり見えるようになるのです。だから、正しい行動が可能になるのです。「自我」への執着は、鋭い判断力の基になるのではなく、むしろ判断の妨げになります。あなたの言うように、私たちの行動がいつも先が見えて、勇敢で、明敏で、有効ではないのは、私たち自身がこの自我への執着から逃れられずにいるからです。「賢者の視野は、空よりも高く、因果律を見るときには小麦粉よりも細かなものが見える」と言います。人は自分の播いたものには逆らえませんが、不幸に導くものと不幸から解放してくれるものとを区別できれば、未来を築くことができます。ですから、運命論と不可避の未来を結びつけることはないのです。

J・F　まったく賛成だよ。ストア学派もスピノザも、起こること以外には、何も起こるはずがないことを証明して安心を得ようとしたという意味でね。

M　これまで二人で仏教について、人生に意味を与える方法という面からずいぶん話してきました。でも、あなたから見て、また、あなたが代表する思想の流れから見て、人生に意味を与えるものとはなんですか？

J・F　まず、私はどんな流れも代表してはいないよ。私は現在あるいは過去の思想のさまざまな流れを理解しようと努めているのだが、それだけでもたいへんだよ。ともあれ君の問いに答えて、西洋思想がたどってきた種々の道程の背景のようなものを説明してみよう。ギリシャ文明の誕生以来――なんといっても、これが西洋文明の出発点だからね——、人生の意味という問題にたいする答えとしては、大きく三つのタイプがあった。第一の道は、宗教的な答え、とりわけ、ユダヤ教、キリスト教、イスラム教という一神教の大宗教が支配するようになってからが、そうだ。これは、人生の目的を、彼岸というか、超越性に属する真理に、だから、個人の不滅の魂の救済を保証するために果たすべき仕事と守るべき掟の全体に置くとする答えだ。魂は、現世での功績しだいで、彼岸での永遠の生を得ることになる。おおまかに言うと、そういう基盤の上に立って、それに近東からきた宗教の助けもあって、西洋は二千年以上にもわたって、人生の意味を探してきたわけだ。もっとも、個人は、それぞれ地上の現実のなかでの種々の活動によって、この世での幸福と安定を求めてきたことも事実だ。豊作を願う農民もそうだし、自分の邪魔になりそうな者や競争相手になりそうな者を殺そうとする王とか、金儲けにはげむ実業家も、みなそうだ。だから、いわゆる宗教家や僧侶、神秘主義者、つまり自分の日常生活が救済の理想と一致している人たちを別にして、他のすべての人々は、宗教が罪と呼ぶものも含む、いわば現実的幸福を求めながら、もう一方で、彼岸での永遠の幸福も追いつづけた。この二つの目標は折り合いがついた。永遠の幸福の追求には、現世で人が犯すどんな罪についても、許し、告白、赦免、贖罪という考え方が含まれていたからね。

M　死後にも、また、この世への誕生以前にも続いている、いくつもの生の状態を想定する形而上学にもとづいた文明はないのでしょうか？　そうした見方から生まれた精神的価値が日常生活のすべての行為に浸透し、そのため「なんでもない」行為というのはありえないような文明ということですが。

J・F　原則としては、キリスト教はまさにそういうものをめざしていたんだよ！　だけど、自分の公言している理想の逆をおこなう人間の能力には限りがないからね。

M　でも、宗教を正しく実践するなら、単に彼岸に望みをかけて生きるだけではなく、この現世での生の行為の一つひとつが意味をもつよう導いてくれるのではないでしょうか？

J・F　理論上はそうなるね。キリスト教は、何よりもこの世の生でいかに行動すべきかを学ばせる教えの体系だった。この世の生でどういう行いをするかによって、永遠の救済を得られるかどうかが決まる。

M　その教えに加えて、存在の形而上学的見方で、行動の面に限らず、人生そのものを導く見方はないのですか？

J・F　ちょっと待った！　いま私が話しているのは、これまで実際に西洋に起こったことだよ。宗教的解決にそえば、なにも、人はこの世で何をしてもいいとか、それでもやはり永遠の救済を受けられるとか言っているわけではない。まあ実際は、いつの時代もだいたいそうだったがね。二千年ものあいだヨーロッパ人は、それは派手にキリスト教道徳に逆らって、たがいに殺し合い、奴隷にし合い、不倫をおこない、あらゆる大罪を犯しながらも、それでも天国に行けるという希望を抱いて生きてきた。死ぬ前になんとか告白をして、最後の秘跡を受ければ、贖罪がかなうと思っていたからね。もちろん、それは誉められたことではなかったよ。良心の監督者である聖職者、贖罪司祭は何が罪になるか、《主》の掟に従って生きるとはどういうことかを、一生懸命信者たちに思いださせようとした。私が強調したかったのは、基本的に宗教的な、人生の意味の探求という枠組みのなかで生きることは、日常の生活の次元で幸福を求める妨げにはならず、それどころか、現世の幸福とみなされるものの大半はキリスト教の道徳と完全に両立しうるということなんだ。結婚する、家族をもつ、豊作を喜ぶ、正当な手段で金持ちになる――どれも禁じられてはいなかった。しかし、他の多くの行為がキリスト教の教えに明らかに違反してなされた。それでも、キリスト教は罪と、後悔と、罪の許しの宗教だったから、こうした弁証法にそってうまく機能したんだよ。

M　そうすると、理論と実践の一致を人々に植えつけるという点で、それぞれの大宗教、精神的伝統がこれまで発揮してきた能力の差を検討してみてもいいですね？　人間が自分を変革し、自分のなかにある完成度を「具現化する」のがたいへんむずかしいことは、だれも否定できません。ですから、精神的伝統を判断するのに、一方ではその形而上学的見方の正しさを基にしてもいいし、また一方では、人生のどの時点でもこの内的変革を可能にする実践的有効性を基にしてもいいはずですね。

J・F　たしかに、最小限の言動の一致は悪くはないな！　人生に意味を与える第二の道は、古代ギリシャ的な意味で哲学の道とでも呼んでおこう。知恵、内的平和の探求だよ。これは、これまでの対話で何度も取り上げてきた考え方、つまり、皮相な感情や欲望を離れ、自分のエネルギーを知的、精神的、美的、哲学的、道徳的な、より高い次元の欲望に振り向け、他者との関係、都市国家の運営をできるだけ人間的なものにするという考え方から得られるものだ。こうした考え方は、大部分の古代の大思想家に見られるものだよ。プラトンの場合のように、宗教、形而上学のほうに重点が置かれることもあれば、エピクロス派やストア学派のように、変わらぬ心の静寂、人間的能力の内的均衡、都市国家への情熱、政治、愛、種々の欲望にたいする冷静な態度のほうをはっきりと重視する場合もある。こうした知恵は、たとえばセネカ〔前二頃—六五。古代ローマのストア学派の哲学者・政治家・劇作家〕の『ルキリウスへの手紙』に見られるし、その近代版としては、たとえばモンテーニュのなかに、一種の内的自由と超越的態度の獲得のための教えを読むこともできる。こうした態度はしかし、人生の喜び、とりわけ精神の喜びを味わう妨げにはならない。この第二の哲学的道は、全体として十七世紀、十八世紀以降、見捨てられていった。哲学は、十七世紀に生まれたばかりの近代科学との対話から、しだいに純粋認識、《歴史》の解釈のほうに向かい、人生の管理とそこに付与すべき意味についての探求は忘れられていったんだよ。

M　つまり、「事実」の認識へ向かったんですね？

J・F　そうなんだ。科学の出現のおかげで、人々は客観性と呼ばれる何か、賢者だけでなく、すべての人に開かれた認識があるという確信をもつようになった。

Ｍ　精神の認識は、そこに足を踏み入れる労をいとわないすべての人に開かれています。そうやって、人は賢者になるのです。もしそうでなければ、自分にたいしてなんの努力もなしに、一遍にだれにでも手に入る「客観的」認識など、認識の最小公分母でしかないでしょう。量より質的な方法を論じてもいいはずです。

Ｊ・Ｆ　というか、西洋では、信仰の文明から証明の文明へと移っているんだね。

Ｍ　精神の修行の成果――心の静寂、用心深さ、精神の明晰――と、その外への現れ――善意、非執着、忍耐――などは、信仰よりは証明の領域のものです。利他主義と自己制御は認識のしるしであり、感情からの解放は瞑想のしるしであると言われます。こうした特質はやがて私たちの存在の深くに根を下ろし、自然に行動を通じて外に現れるのです。

Ｊ・Ｆ　歴史的に言うと、十八世紀以降、科学への信仰が知恵への信仰に取って代わる。それが第一段階、「光〔啓蒙〕の哲学」ということになる。どんな光かというと、理性の光、現実の動きを理解させ、幻想や、情念や、ばかげた信仰や、迷信を追い払う光だ。それ以後、個人の内的知恵の獲得は、客観的認識という道を通じておこなわれるんだよ。当時の決まり文句で言えば、「理性の松明」が人間の幸福という問題を照らしだす。

Ｍ　仏教では、「認識の松明」ということになります。知恵がなければ、理性は人間の幸福について理屈をつけるだけで、絶対にそこまで行き着けないのです。

Ｊ・Ｆ　言ってみれば、十八世紀に生まれ、十九世紀を通じて続いた新しい考え、それは、進歩――道徳的進歩と科学的進歩の両方を含む漠然としたことば――が理性から生じて、人間の機能と宇宙の隠れた原動力について説明してくれるというものだった。理性‐進歩の組み合わせが私たちに幸せをもたらすはずだった。ある意味で、これは嘘ではない。科学のおかげで、人間の生活は著しく改善された。一八三〇年のフランス人の平均寿命がまだ二十五歳だったことは、やはり忘れてはいけないよ。ほとんどどんな病気も治せなかった。三十になって、まだ自分の歯をもっている者はまれだった。もちろん三十まで生きたとしてだよ！　十八世紀のイギリスで、当時猛威を振るっていた天然痘のワクチンが開発されたとき、それはすごい衝撃を与えた。ヴォルテールは長々とそれについて論じているよ。要するに、事態は根底から変わりつつあった。君は言うだろう、それは量的だ、と。しかし、こうした実際的で、物質的な次元ではあるけれど、一般大衆にとっては大きな意味をもつ改善が、こう言わせたんだよ。われわれは新しい時代に入った。世界はもう古代人の考えていたような、同じものの永遠の繰り返しではない。世界は変わることができる。人間の現在と、とりわけ未来の生活条件は、科学と自然法則の解明がもたらした進歩によって変えることができるんだ、と。

M　そのような解決法は生活に意味を与えるより、生活の条件を変えることをめざしているわけです。でも、なぜ一方の面を犠牲にして、もう一方の面を広げなければならないのでしょうか？

J・F　生活条件の変革のおかげで、人間はだれでも個人的知恵に到達できる可能性がはるかに増すじゃないか。冬の寒さに凍え死に、ちょっとした疫病で蝿のように死んでいく字も読めない農民の群れに哲学的知恵を説くのは、そりゃけっこうなことだろう。だけどね、彼らがセネカの教えを活かせるようになるには、まずそれを使える年令になるまで生きなくちゃならない。科学の発達による物質的恩恵と、個人がそれぞれ実現しうる最高の精神的達成とを比べるという発想は、私に言わせれば、反動的だな。その対比はまったく見当はずれだよ。十八世紀の人間が理性の光による進歩を語っていたとき、科学そのものが個人の幸福にかかわるすべての問題を解決するなどとは考えていなかった。彼らが考えていたのは、科学は自分たちに以前よりずっと多くの機会をもてる舞台を作ってくれる、ということだったんだ。せめて心の静寂を得るために必要な時間と、とりわけ条件が与えられる機会だよ。ストア学派の知恵というのは、皇帝マルクス・アウレリウスと宮廷人、それに宮廷で暮らす寄生哲学者だけのものだったから、たしかにけっこうなものではあるけれど、今度はいささかエリート主義になるね！

M　あなたが例に挙げた凍え死にする農民に話をもどしましょう！　その話から、私は、極寒に耐え、このうえなく貧しい生活を送っているチベットの遊牧民のことを思いだします。この遊牧民たちは、しかし、けっしてエリート専用とは異なる生きる喜びをもたらす人生観をもっています。現代でも、こうした農民たちは日常生活のすみずみにまで広がった知恵とともに暮らしています。私は数カ月、ブータンとチベットの人里離れた谷間で過ごしたことがあります。自動車道路も電気もなく、現代の目印になるようなものは何ひとつありませんでした。けれども、人間関係の質は、西欧の巨大都市のそれと比べると、鮮やかな対照をなしています。西欧のように反対の極に進み、行き過ぎた物質的発展がまったく必要のないものを作りだすようになると、人は余分なものに取り囲まれて動けなくなります。精神的価値を忘れた物質的進歩は、破局へと導かれるだけです。自然――あるいはそのなごり――へのユートピア的な回帰を説くのではありません。大事なのは、今日言われるような物質的な意味での「生活レベル」が著しく向上したとしても、生活の質は著しく落ちているということです。チベットの遊牧民やブータンの農民は、アメリカの実業家ほど生活の資を「得る〔稼ぐ〕」ことはありませんが、どうすれば生活を失わないかは知っているのです。

J・F　一九六八年によく言われたような、そうした消費社会批判は、現在の西欧文明の内部でもますます盛んになっているよ。でも、これは最初から、受けが良くて当たり前の議論だ。もう一度言うが、十八世紀の思想家たちは、科学が人間の宿命、あるいは人生の意味という問題を解決するとは言わなかった。彼らはルソーも評価したが、原初の自然への回帰や忠誠に拍手を送っていたんだからね。しかし、彼らの考え方には、教育の有効性、つまり、さまざまな生き方、さまざまな主義、さまざまな宗教から広い選択肢を学び、そのなかから自由にひとつを選ぶ能力にたいする信仰が裏打ちされていた。そこから、寛容の思想が出てくることになるんだよ。これは十八世紀に生まれた、というか少なくとも充分な発展をとげた。仏教のおかげで幸福を知るチベットの農民の話が出たけれど、彼らには他の選択肢はなかっただろう！　西欧流の図書館がないのだから、「そうだ！　私はむしろキリスト教の長老派に、とか、ハイデガーの哲学に……改宗しよう」などと考えるわけにはいかないだろう。中世ヨーロッパの農民にとってのキリスト教と同じで、選択の余地はないようなものだ。チベット仏教信者の遊牧民はたいへん幸せだろうし、彼らのために私もうれしく思うよ。だけど、彼らはある知恵を自由に選んだ人たちだとは言えないだろう。彼らは自分たちの社会が差しだした知恵を選んだ。それで幸せなら、それはよかったのだが、モデルケースにはならないな。

Ｍ　何かの価値がわかるには、すべてを試してみなければならないとは、どうも私には思えませんね。たとえば、喉をうるおす清らかな水のことを考えてみましょう。その水を飲む者は、その近くの淡水や塩辛い水など、全部の水を味わってみなくとも、飲んだ水の素晴らしさはわかります。同じように、精神的価値と修行の喜びを味わった者は、自分の個人的体験による以外の確証は必要としないのです。この体験から生まれる至福感には力があり、内面からわき上がる確かな真実があります。ここで、あるチベットの隠者が作った精神的完成の詩を引用してみましょう。この人もまた遊牧民の出身です。

今日、私は山をよじ登った
わが完璧なる庵の地の高みに。
頂から見上げると
雲のない空が見えた。
それは無限の絶対空間のようだった。
私は中間も終わりもなく

およそどんな風景の切れ端も映らぬ
自由を知った。

目をまっすぐ前に向け
私はこの世の太陽を見た。
ヴェールをかぶらぬその光は
私に瞑想を思い起こさせた。
あらゆる概念の瞑想から自由になった
光まばゆい空について
私は非二元的な体験をした。

私は頭を南に向け
いくつもの虹の織りなす模様を見た。
その眺めは私に思い起こさせた
すべての現象は
明らかであり、かつむなしいことを。
私は非二元的な体験をした。
無と永遠の概念から
完全に自由になった自然の光の体験。

太陽の中心に闇がないように
隠者には
宇宙と存在者は完璧だ。
だから彼は満たされる。
黄金の島にひとつの小石もないように
隠者には、すべての音が祈りだ。
だから彼は満たされる。
澄んだ空に飛ぶ鳥が
なんの跡も残さぬように
隠者には、想念は絶対の自然だ。
だから彼は満たされる。

この詩を書いた人にとっては、自分の体験の真実性をはっきりさせるために世界旅行をしたり、ニューヨークの下町の楽しみや、あるいは長老派教会の瞑想を試してみる必要など、まったくありません。ついでに言えば、あなたが言う選択の自由が現代社会でそれほどたくさんあるのかどうかも、あやしいものです。ダライ・ラマはこの点を見逃さず、次のように指摘しています。「都市での人々の生活をよく観察すると、個人の生活のどの面も、ちょうどねじがねじ穴にぴったりはまるように、きわめて明確に定められているという印象を受けます。ある意味では、あなたがたは自分の生活がまったく意のままにならない。あなたがたは生き延びるために、自分に割り当てられたこの型とリズムに従わなければならない」(1)。

J・F　それでも、西洋が最近の仏教への関心の根底にある、精神の知にたいする新しい欲求を感じているのは、まさに、西洋では自分の過去と現在の体験を比べることができるからだよ。啓蒙思想の哲学は、科学の発展と、それに劣らず教育の普及の必要性にもとづいた希望を伴っていた。そこから、全員のための脱宗教、無償の義務教育という考えが生まれ、一世紀後に実現することになるんだ。これは、反宗教ではなく、無宗教で、いかなる特定の主義も代表していない教育だ。自由選択への寛容が広まったのにつれ、こうしたすべてが人生に意味を与えるためにあったことはまちがいないはずだよ。その一方で、応用科学、産業の物質的文明が、余分で節度を欠いた、まがいものの欲求を生みだすということも、これまた確かだ。すでにエピクロスが言ってるよ。欲求は満たされると、かならず新しい欲求を作り、欲求不満の意識が増大する、と。だからこそ、現在、古代ギリシャ哲学や仏教にたいする需要が多く、どちらも訴える力があるんだ。

M　しかし大事なことは、教育というものが知識――科学、技術、歴史――の単なる蓄積以上のものになり、本当の人間形成の基になることですよね。

J・F　そのとおりだ。ちょっとここで、十八世紀以来の人生の意味の問題に答えるための西欧の試み、その第三の道についての話に移ろう。この面は、社会改造、つまり、フランス革命とともに飛び立った革命という観念をめぐってのユートピアの大氾濫だ。それまで、革命《レヴォリュシオン》ということばは、太陽をまわる天体の回転だけを指していた。社会を根底から破壊して、経済、法律、政治、宗教、文化のあらゆる領域で作りなおしをおこなうという意味での革命という理念は、とりわけ「八九年の理念」、少なくとも一七九三年のものだ。そこには、この革命の主役たちのあの確信、つまり、自分たちの特別の理想のためには、大変動に反対する者はすべて恐怖体制で一掃する権利がある、ということも含まれる。こういう極端なケースは実際に頻繁に繰り返されたのだが、そこまでいかなくとも、人間の幸福は社会の全面的変革によってしか実現できないとする考え方が定着していったんだよ。正義の社会を実現しなければならない、というわけだ。こうした見方をとるならば、個々の人間を善良で明晰にするために処方箋を作ろうと試みるのは、むなしいことだった。社会全体を扱わねばならなかった。したがって、人生の意味の答えは、もはや個人的レベルの問題になったわけだよ。

M　どうして、各部分が良くないのに、全体が良いと期待することができるでしょう？　釘を束ねても、金の延べ棒はできないでしょうに！

J・F　それは、全体が部分に働きかけると思われていたからだよ。典型的なユートピア思想だね。この種の社会理論はみなユートピア的だよ。つまり、人間の改良、人間造りは、社会の徹底的改良、つまり漸進的、部分的ではなく、急激で全面的な改良を通じてこそおこなわれる、という考え方だ。社会が全体として公正なものになれば、その社会を構成するる市民一人ひとりもまた、正しい、幸せな人間になる。こうしたユートピアに、啓蒙思想の哲学の二つの構成要素が合体した。ひとつは、物質的豊かさを保証し、人間を窮乏から生じる心配から解放するとされる科学の進歩という理念、もうひとつは、公正な社会関係という理念だよ。社会を構成する各個人は、この公正さの恩恵を受け、みずからもより道徳的な態度をとるようになる。個人はもはや固有の存在をもたず、社会という機械の部品としての存在しかない。レーニンとスターリンには、「ボルト人間」にかんする発言が山ほどあるよ。人間は共産主義を建設する機械の、一本のボルトだ、ということになった。

M　それでは、二十世紀の終わりには、どういうことになると思いますか？　私たちが、ねじにもボルトにも魅力を感じないとすれば、どういう状況に入るのでしょう？

J・F　そうだね、西欧の宗教はもう実践されていない。法王のことばに耳を傾ける人は多いかもしれない。彼の書く本はすごく読まれている。パリ大司教のリュスチジェ枢機卿は尊敬を集め、多くの相談事を受けているが、もちろん、宗教問題は入っていない。それに、神父たちは現代の最後のマルクス主義者だよ。カトリック教会には、立派な知識人が多い。だけど、人々はもうミサには行かないし、キリスト教の教えを守る気はないんだね。みなクリスチャンであるのはいいが、反動的としか思えない規則を守らなくともいいと思っている。それに、聖職に就こうとする人も少ない。今日では、方向を失った若者たちにとって来世への希望がもはや慰めにならず、社会的苦しみや失業という現実を何も変えてくれないことは、だれの目にも明らかだ。郊外の若者を集めて、もし君たちがおとなしくしているなら二年間の煉獄暮らしを免除してあげる、と説くような司祭はもういない。もうそれは効かない、もう終わりなんだ。

M　では、そうした若者や、その上の世代の人々に何をしてやれるのでしょう？

J・F　物資的改善、健康の改善という分野では、人々はまだ科学を信じ、科学に大きな期待をかけている。しかし一方では、科学の否定的影響、公害や、化学・生物兵器、ますます深刻になりつつあるさまざまな汚染、つまり環境破壊に気づいてきた。さらに、もう一方で、科学は当然ながら個人の幸福などもたらしてはくれないことを自覚している。私たちは、科学が変革し、より快適にしてくれた世界の基盤の上に立って暮らしている。けれども、個人の人生、個人の運命の問題は、ローマ時代とそっくり同じままだ。だいたい、注目すべき現象として、古今の名著再版シリーズとしてじつによくできている「ブーカン」叢書の最大のベストセラーは、他ならぬセネカの作品なんだよ。

要するに、二十世紀の歴史は、社会的ユートピアの全面崩壊の歴史だった。わかったのは、それではうまくいかぬということだけだった。それは、否定的な結果しか生まなかった。こうした社会は、みなのための平等と幸福を最大限に実現するという、いちばんの目標でさえ、勝負に負けた。その企ては疑いようのない物質的失敗という結果に終わったんだからね。共産主義社会の生活水準は、資本主義社会の水準より、十倍から十五倍も低かったし、不平等も、隠されてはいたが、はるかに大きかった。ユートピアは精神的な面、つまり人間の自由の面でも、物質的な面でも、完全に挫折したことになる。

M　ジョージ・オーウェルが言ったとおりですね。「すべての人間が平等だが、一部の人間は他の人間より平等だ」。

J・F　まさにそのとおりだ。『動物農場』のなかのその台詞は、共産主義指導者はきわめて豊かで、快適な生活を送っているのに、大衆はそうではない事実を皮肉ったものだったね。窮乏した文明においても、かならずぜいたくな暮らしをする貴族階級がいるんだよ。

M　たとえば、チベットの中国人指導者たちは、「砂漠の王子」とチベット人が名づけるオフロードの高級車に乗って、貧しい国のなかを走りまわっています。この車一台の値段で小さな村の学校が五つも建つんですよ。

J・F　共産主義体制には典型的な例だね。でも、そうした悲しい事実は別にしても、いまある社会を根底から作り変えて、完璧な社会を作るという考え方が、信用を失い、二十世紀の歴史によって血の海に沈んだことはまちがいない。それでは、何が残っているのか？　古き良きやり方に則った知恵への回帰だ。すでにこの対話のなかでも触れてきたように、今日、一部の若い哲学者たちの本がもてはやされることも、それで説明がつくよ。彼らはきわめてつつましく、処世術の教えにもどり、多数の読者を得た。四十年前なら、同じ本が笑い物になったはずだよ。

M　結局のところ、私たちは次の点では、なんとか一致しているようですね。つまり、人生に意味を与えるのは、単に物質的条件の改善だけではない。人間は機械ではないのですから。また、行動の規則だけでもない。外側の構えだけでは充分ではなく、知恵による人間の変革が必要なのですから。

J・F　まったく賛成とは言えないな。私たちが人生を耐えられるものにしようと努めて従う知恵は、どれも限界をもっていると思う。最大の限界は死だよ。私が思うに、知恵にかんする見方は二つに分けて考えるべきだ。来世や、死後の何か、永遠なるものを信じる見方と、死は存在の完全な消滅であって、その先はないという原則から出発する見方だ。私個人としては、二番目のほうを信じている。こちらの枠組みで言うと、知恵の探究はいつも頼りない、つかの間のもので、現在の生の限界のなかでおこなわれる。この生は、人間の知っている唯一の生、実在していると思う唯一の生で、そこにはより高い次元の解決への期待はいっさいない。だから、いつも根本的な区別が立てられることになる。人生の意味の探究、いわば世俗的な意味合いをもった知恵の見方と、宗教的な意味合いをもった見方だ。

Ｍ　その区別は、あなたが言われるほど根本的だとは、私には思えません。いまかりに、この世の生の前と後に一連の生の状態があることをみとめるとした場合、それらの異なる生の状態は、本質的に私たちの現在の生と同じ性質をもっています。ですから、この現在の生に意味を与える知恵が見つかるなら、その同じ知恵が私たちの未来の生にも意味を与えることになります。こうして、認識、精神的完成は、人生のどの瞬間にも通用します。この人生が長くとも、短くとも、それが一回だけでも、何回もあるとしても、変わりません。生に意味が見つかったなら、その意味を活かすのに、死を待つ必要はありません。

Ｊ・Ｆ　たしかに、知恵の問題は、今日、いまここで、ということになると思う。私は、どんな状況でも、経験や、反省や、立派な人々と接して学んだことを基にして、これまでいちばん有効な規則であるとみなしてきた規則に従って行動するよう、努めなければならないと思っている。しかし、それでもやはり、そうした態度と、人が未来のいくつもの生で生き長らえると考えることとのあいだには、ものすごい違いがあると思うよ。その考えには、まったく別の宇宙観が含まれている。

Ｍ　もちろん、次のように考えるのは、まちがいです。「私はいまは幸せでなくとも、たいしたことではない。来生で幸せになれるのだから」。たしかに、深い精神的完成は、その効力が自分に残された人生の時間だけしか働かないと考える人よりも、知恵の恩恵がたくさんの生の状態を通して、自分にも他者にも及ぶと考える人にとって、はるかに大きな結果をもたらします。それでも、質的には、それは同じことなのです。重い病で余命わずかと知っている多くの人々の例を見れば、わかります。そういう人たちは、絶望するどころか、人生にまったく新しい意味を見出します。認識や、内的変革によって生に意味を与えることは、時間を超えた達成であり、現在にとっても、また未来がどんなものであれ、その未来にとっても有効な達成なのです。

J・F　君の言うことは、来世への希望だけに基づいた宗教ではない仏教にとっては、おそらくあてはまるだろう。しかし、イスラム教徒の場合は明らかに、神の掟を守るなら天国に行けると、ひたすら考えて生きている。クリスチャンも定義上、カトリックにしろ、プロテスタントにしろ、みなそうだ。魂の不滅への信仰が、ソクラテスの知恵の教えの大半を説明してくれる。ソクラテス‐プラトン哲学というのは、結局、ある形而上学の上に組み立てられているからこそ、完全な意味をもちうる。つまり、私たちの生きている世界はまぼろしの世界にすぎず、もうひとつ別の世界がある。哲学的知恵、哲学的観想、理論——語源的に「観想」、見るという事実を意味するテオーリア——によって、私たちはいますぐにもこの世界に入れる。そうすれば、魂の不滅は証明され、私たちはついに完全な充足を知ることができる、というわけだ。これは、死の観念の受容の上にその本質的態度を築いているタイプの知恵とは、ずいぶん違うよ。

M　でも、現在の時間にも、未来にも、同じように有効な知恵、認識があるとは思いませんか？　たとえこの世の生だけ、極端に言えば、この現在の瞬間だけしか考えなくとも、弱まることのない真理があるのではありませんか？　存在の本性、精神の本性、無知と認識、幸せと苦しみの原因を理解することは、いまも、そしていつまでも価値がある、と私は思います。あなたの考えでは、どのような種類の知恵が、あらゆる現世の偶然性を超えて人生に意味を与えることができるのでしょうか？

J・F　いくつもの未来の生という形而上学的考え方と、私たちが生きる人生は一回限りであるという仮説の両方にもとづいて組み立てられる知恵がある。仏教の一部はこうした知恵のひとつだし、ストア哲学もまた、そのもうひとつの例だよ。ストア哲学は、永遠回帰という宇宙理論、世界観に基礎を置いている。けれども、ストア学派は、みずからの知恵、みずからの良識にもとづいて、彼らが秘教的ストア哲学と呼ぶものと、公教的ストア哲学とを区別した。前者は、宇宙論の知識と物理学の知識を完全に自分のものにできた一部の人だけが近づけるものであり、後者は、一種の手引き書、ただし軽蔑的な意味ではなく、人生で良き行動をとるための教えといったものだ。たとえば、エピクテトスの『手引き』は、宇宙全体の高度な研究に専念することが期待できない人々向けの、守るべき美徳の実践論だよ。だから、二つのレベルには区別がある。このタイプの教説はその重要な要素として、君が指摘した二重の役割を果たすために、不滅性の仮説とは別に適用されるべき教えを充分もっている必要がある。

M　仏教も含めて、どんな伝統にも、秘教と公教との段階的相違はあります。これは、それぞれ異なる人間の欲求、願望、能力に対応しています。それはそうとして、この二十世紀末に、知恵の問題が新たに西欧に出てきた、とあなたは言われました。各人にある種の完全な充足をもたらすべきこの知恵を、あなたはどう定義しますか?

J・F　私は魂の不滅は信じない。どんな形でも完全な充足はないと思っている。自分が死ぬことを知り、来世を信じない人間はみな、完全な充足感を味わうことはできないんだ。一時的な目標によって相対的な充足感や、花がぱっと開くような喜びは得られるだろう。だけど、宗教的な、あるいは宗教に準じる政治的な、大がかりな超越的解決を除けば、人生の意味に完全な解答はないと思う。社会主義を作り上げたユートピストはこう考えた。「私は死ぬが、大義のために死ぬのだ。私のあとには、より良い世界があるだろう」。これは一種の不滅性だった。

M　この現在において、事物の本性の究極的認識として定義される超越性が、知覚されるか、あるいは実現することは可能だと思いませんか?

J・F　思わないね。

M　どうしてですか？

J・F　超越性というのは、その定義上、生には限りがあり、人が肉体的死、生物学的死のあとも、生きつづけることを意味しているからだよ。

M　たとえば、精神の本性の認識は、究極の認識です。なぜなら、現在から未来にわたり可能なあらゆる生の状態のなかで、現象界を体験するのは精神だからです。

J・F　科学によって幸福が得られるという話にもどってしまうよ！

M　もしその科学が存在の認識に焦点を合わせるなら、科学だっていいのですよ。精神の究極の本性を知ることは、ある種の内在性だとは思いませんか？

J・F　思わない……。その解答は、それぞれの人間の態度や、個人的な選択しだいだと思うよ。それがかならずみなにあてはまる解答とは、私には思えない。いつだって、人生は自分の死後も続く連続性の一段階だという考えの人もいれば、死んだら、自分はもういなくなると考える人もいる。マルローが言ったといわれているが、私には少しばかげていると思われることばがある――「二十一世紀は宗教的になるか、さもなくば、なくなるだろう！」。とにかく、二十一世紀はあるよ。

M　「宗教的」ではなく、「精神的」と言わなかったですか？

J・F　精神的と言ったほうが、やや見当はずれの度は少ないけど、すこし漠然としすぎている。超越性を含まない精神性の探究は、一貫性のある方法とは言えないよ。やりようがないだろう！　もう一度言えば、知恵には二つのタイプがある。一方は、現在の生がそのひとつの段階にすぎない大きな流れのなかに属しているという確信の上に成り立ち、もう一方は、諦念の知恵と呼びたいものだが、かならずしも悲しみの知恵ではなく、むしろその反対のもので、この有限の生は一回だけのものであるという意識の上に成り立っている。いわば受容の知恵であって、この生のなかで、非理性、不正、背徳からもっとも遠い方法を使って、しかもそれがかりそめのエピソードであることを知りながらも、自己を打ち建てるのが目的だ。

Ｍ　現象は、その本質上、過渡的なものですが、その本性の認識は不変です。人は認識、つまり精神的完成とも呼べるもののなかから、知恵や、完全な充足、心の静寂を得ることができると思います。ひとたび精神の究極の本性を発見すれば、その発見は時間を超えるものだと思うのです。偉大な高僧たちの伝記を読んでしばしば驚くのは、彼らがみな、死によっては何も変わらない、と言っていることです。死は誕生と同じように、精神的完成にはなんの変化も与えません。仏教はもちろん、あいつぐ生の状態の連続性という観念に同意しますが、本当の精神的完成は生と死を超越しています。本当の精神的完成とは、人が自分自身の内部で実現する不変の真理であり、もはや生成に左右されない完全な充足なのです。

Ｊ・Ｆ　よろしい！　君の仮説は私のよりも楽観的だから、読者の喜びのために、君のこのことばで終わりにしよう……。

第20章　哲学者の結論

私はこの対話からどんな教訓を引きだしただろうか？　この対話は何をもたらしてくれただろうか？　知恵としての仏教にたいする賛嘆の念がますます強まるとともに、形而上学としての仏教にはますます大きな懐疑を抱くようになった。また、この教義にたいする現在の西欧が寄せる関心の原因についても、だいぶ明らかにしてもらった。それはまず、西洋哲学が生き方と道徳の領域から逃亡したことによってできた空白を、仏教が埋めているという点にある。

紀元前六世紀から十六世紀の終わりまで、西洋の哲学は二本の大枝でできていた。人間の生活行動と自然の認識である。十七世紀の中頃、哲学は第一の枝への関心を失い、これを宗教に委ねることになったが、一方の第二の枝は科学が引き受けてしまった。哲学にはその後、自然を超えるものについての、せいぜいよく言っても不確実な研究、形而上学しか残らなかった。

ギリシャ哲学の初期には、理論はたいして重要な地位を占めてはいなかった。ヘラクレイトスの断片Ｂ四〇と一二九によれば、賢者になるには、学者であるだけでは充分でないことがわかる。この時代、哲学するとは、何よりも立派な人物になること、立派な生活をして救済と幸福を手に入れ、かつ、それを望む者には模範と教育の両方で知恵の道を示してやることだった。ギリシャ人が知恵を求めたのは、その実践的価値のためだった。知恵は、良い、正しいものであると同時に方策に富むものである。こうした巧みさをそなえた洞察力は、「ソフィスト〔雄弁を教える師・詭弁家〕」が得意とするところだが、このことばは最初、軽蔑的な色合いはまったくなかった。当時、哲学は、たくさんあるなかのひとつの科目ではなく、まして他のすべてを支配する最高の科目でさえなかった。それは、生き方が完全に姿を変えたものだった。ところがこの領域は、西洋哲学によって、相続人不在のまま打ち捨てられた。現在、仏教がその場所を占めているのだが、競合する相手がいないだけに、これは楽々とできた。

たぶん、ソクラテス、プラトン、アリストテレスからあとの紀元前五世紀、六世紀に、知恵の欠かせない支えとして、また知的正当化として、理論が優勢になっていく。しかし、認識と知恵は一体となったけれども、認識の正当性がみとめられたのは、依然として優位を保っていた知恵へと導いてくれるからだった。良き生活は存在するし、真理の認識は世界の理解と、場合によっては世界を超えて存在するものの理解を含んでいた。こうして、真なるものの知的瞑想と知恵による幸福の獲得とを正義のために結びつける作業は、ストア哲学とエピクロス哲学に継承され、十七世紀の末、スピノザの『エチカ』で完成する[1]。

それ以降、「いかに生きるべきか」というソクラテスの問いは打ち捨てられた。現代において、哲学はしだいに理論の訓練に還元されていくが、この分野では、当然ながら、哲学はどんなに衒学的な誇りを抱いても、科学には太刀打ちできない。一方、科学のほうはどうかと言えば、こちらは完全に独立して、しかし道徳も知恵も築くことなく発展していく。科学に道徳や知恵について何を語らせようとしても、それはみなおしゃべりにすぎず、学者というのは、倫理と政治にかんしては、一般人と同じくらい先が見えず、その厚かましさについては、だれもがみとめている。

十七世紀以降、まさしく政治が新しい中心的活動の対象になり、いまも私たちの考察はそちらを向いている。だが、政治はまた、哲学にあった体系と支配を好む傾向の格好の隠れ家となり、一方、哲学は良心の指導者という自分の役割を放棄するとともに、知の王国の王座からも追い払われた。それ以後、そのような哲学にわずかに残された正義と幸福と真理は、完全な社会を権威主義と全体主義によって建設することで手に入る、ということになった。「科学的」社会主義を見出したという十九世紀のばかげた主張は、えせ科学にもとづく集団的強制が、個人的・社会的自律性の獲得の代わりになったことをよく表している。アリストテレスの「政治的動物」は、もはや人間にはあてはまらない。人間は、逆らえば殺されるので、指導者の真似をする哀れな猿になった。すでにこの対話で何度も指摘したように、私が思うに、今世紀に私たちが悲惨な体験をした政治的大ユートピアの崩壊もまた、現代人が個人的知恵の探求へともどってきた原因のひとつになっている。

いわゆる科学的社会主義の困った点は、哲学が社会変革を試みたという点ではない。社会変革はむしろ、昔からの哲学の権利であり、義務でさえあった。困るのは、ユートピアである。ユートピアというのは、本質上、経験にもとづく条件をいっさい考慮しないで、その細部にいたるまで抽象的計画がまとめられ、すでに完成した厳密なモデルとして、人間の現実の前に提出される。したがって人間の現実は、このモデルに抵抗する役割、つまり最初から陰謀家とか裏切り者としての役割をすぐにユートピアから押しつけられる。だが、不寛容というのは、仏教が教えてくれるように、政治においても道徳においても、けっして「善」を運ぶ手段ではない。強制や折伏や宣伝でさえ、仏教の教義では排斥されている。私たちがいま通過しつつあるこのポスト全体主義の時代、西欧人が仏教に引かれる理由は、おそらくそこにあるのだろう。

古代人にとって政治は、哲学の一部をなし、道徳と知恵、そして正義と心の平安に依存するものであったことはまちがいない。これらはみな一体をなしていたが、カントになってはじめて、幸福と徳とを対比した。だから、ソクラテス以前の時代には、「思想家の満たそうとする欲求は、社会的欲求として感じられた」[2]。騒がしい公共のことがらにたいしては利己的に超然と無関心な態度をとるという古代の賢者のイメージは、根拠のない、型にはまったものである。また、仏教の構成要素のひとつは、まさしくその政治的投影にあり、私はこの対話で、その重要性をはじめて知った。どんな意味でか？　私の考えでは、理性的でありかつ道徳的な、普遍的掟を信じていたストア学派の考える意味に通じるものである。この普遍的掟は、賢者が内面化すべきものであると同時に、「世界に市民性」を築くものでもある。文字どおり世界主義と言ってもいい、こうした立場は、政治哲学に栄誉を与えるもので、けっして、賢者が自分の社会の日常の政治にたいして無関心や軽蔑を示してもいいというものではなかった。「クリュシッポスという賢者は、積極的に社会参加をおこなった人物である」[3]。エルネスト・ルナンは、『キリスト教起源史』のなかの感動的な一章で[4]、ローマ帝国のもっとも洗練された時代、アントニウス朝時代には、どのように知恵と力が一致していたかを生き生きと描いている。そこには、「市民社会を改善する哲学の努力」が詳しく述べられている。たしかに、ギリシャ人でも仏教徒でも、賢者というのは、現代において「政治屋的」という否定的な形容詞を付される策謀にたいして、いっさい妥協してはならない。だが、賢者は、どの程度介入すべきなのか？　これは古くからの論争である。「賢者は政治に口をはさむべきか」。エピクロス派は答える、「いや、緊急の事態に迫られないかぎりは」。ストア学派は言う、「そうだ、なんらかの、そうできない理由があるのでないかぎりは」[5]。

この問題領域から見れば、仏教の教えには、長いこと仏教を無為、なにやら植物的無気力状態というような意味でのニルヴァーナ〔涅槃〕の教義として紹介してきた皮相な解釈や明らかな誤解とは反対に、私たちが学ぶべき多くのことがある。仏教的静寂主義というのは、伝説である。これは、私にとってこの対話における思いがけない発見のひとつだった。つけ加えて言えば、私がじつに具体的な確証を得たのは、殉教の民の精神的・政治的指導者として、ダライ・ラマは悲劇的な状況を切り抜けるのに、道徳的理想を守り、謙虚で、かつ勇気ある実践的な知恵を発揮しており、多くの職業政治家の役立たずの専門知識をうらやむところなどどこにもない、という事実だった。

それにたいして、この対話で私の話相手がついに私を説得できなかったことは、仏教のうちの形而上学と呼ぶべき部分の有効性である。仏教には宗教的行動が含まれてはいるが、それは宗教ではない。あえて明確に言い切れば、仏教的知恵の理論的背景は、私にはいぜんとして証明されておらず、また証明不可能であると思われる。この知恵そのものは高く評価され、こうした伝統をなくしてしまった西洋には折よく紹介されたと思うが、私自身としては、エピクロス哲学やストア哲学と同様、実践的な形態として受け入れる以上の気持ちはない。

状況は次のように要約されると思う。西洋は科学において勝利したが、受け入れられるような知恵も、道徳ももっていない。東洋は私たちにその道徳と生きる指針を与えてくれるが、それらには理論的根拠が欠けている。心理学の面ではあるかもしれないが、社会学と同様、これは本来の科学ではない。知恵が無上の喜びと道徳性の合体を意味するならば、もし形而上学的背景の助けを借りず、単に経験の限界内に閉じこもるときには、この知恵を現実に活かすのはきわめて困難だろう。しかしそれでも、この限界を受け入れなければならない。知恵というのは、つねに推測にもとづいている。仏陀、ソクラテス以来、人はこのような知恵を科学に仕上げようと一心に努めたが、むなしかった。また、人は証明可能になった知から道徳と生き方を導きだそうと試みたが、これまたむなしかった。知恵はいかなる科学的確実性の基盤ももっていないし、科学的確実性はいかなる知恵をも導かない。それでも、両者は共に存在し、いつまでも不可欠であり、いつまでも別々のものであり、いつまでもたがいに補い合うものである。

第21章　僧侶の結論

仏教と西洋思想の主要な流れは、何世紀もたがいに無知のままに過ぎたが、この二十年のあいだ、真の対話がおこなわれるようになった。それによって仏教は、哲学と科学の歴史に正当な地位を占めることになった。しかし、仏教がその時代に、デモクリトスの原子説よりもさらに精緻で、一貫性のある理論を組み立てていたことは、じつに興味深く思われる事実だが、そういった認識論のいくつかの点だけに目を向けるべきではない。仏教は精神の科学、観想的科学をも提唱している。これは、幸せと苦しみにかんする、もっとも基本的なメカニズムを扱うのだから、これまでになく現代的な科学であり、これからもそうだろう。私たちは朝から晩まで、生活のどの時間でも自分の精神を相手にしているので、この精神をほんのすこしでも変えるなら、私たちの人生の流れも、私たちの世界観も、大きな影響を受ける。

仏教には物珍しい面がいろいろあるにしても、仏教の道の目的は、すべての精神的伝統と同じで、私たちがより良い人間になるのを助けることにある。科学には、こうした目標をめざす意図も、手段もない。科学の狙いは、まず目に見える現象の本質を解明し、次いで、みずからの発見にもとづいて現象に手を加えることである。したがって、科学は人間の生活条件を改善することができる。寒ければ暖めてくれるし、病気のときは治してくれる。しかし、科学がしてくれるのは、こうやって私たちをより「快適な」人間にすることだけだ。こうした観点からすれば、理想は、完璧な健康状態で何百年も生きる、ということになろう。しかし、三十年生きようと、百年生きようと、人生の質の問題は同じままである。質の高い人生を送る唯一の方法は、内面的に人生に意味を与えることだ。そして、内面的に人生に意味を与える唯一の方法は、私たちの精神を知り、変えることだ。

仏教が東洋と同じように西洋でも、とりわけ僧院や庵のなかで実践されることを期待するわけにはいかないが、仏教には、各人の内的平安に近づくために必要な手段があるように思われる。各人の欲望にさまざまな譲歩をし、水ましして「西洋的」仏教を創るのは見当違いである。大事なのは、仏教の真理を活かして、自分自身のなかにもっている潜在的な完成能力を実現することだ。

正直言えば、私は最初、仏教が今日の西欧で関心を呼んでいることに驚いた。だから、この対話の企画が示されたとき、父ほどの徹底した自由思想家の知識人が、たとえそれがたまたま自分の息子だとしても、仏教徒の僧侶との対話を望むなどとは、なかなか思えなかった。父は大喜びで承知し、対話の舞台としてネパールの静かな山奥を選んだ。こうして、真の対話を導くのに有利な状況がすべて整った。

私たちの会話において、私の願いは関心を共にし、説明することであり、父の願いは理解し、分析し、比較することだった。そういうわけで、哲学者のほうが僧侶に多く質問することになった。僧侶のほうもしかし、現代西欧の思想家から見た人生の意味について、哲学者にたずねることが自分の義務だと思った。だから、対話の最後で、立場が逆転することになった。

私は長い遍歴を重ねたが、父との心の絆は、そのあいだに弱まることはまったくなかった。しかしこれまで私たちは、チベットの悲劇についてはよく議論したが、それ以外、思想面で掘り下げた話をする機会は一度もなかった。だから、それぞれ自分の人生を導いてきた原理について、ゆっくり時間をかけて対話し、それらを突き合わせて考えるのは、たがいにうれしいことだった。とはいえ、どのような対話であれ、たとえそれがこのうえなく理解を深めるものであっても、真実をみずから理解するのに不可欠な、個人的経験の沈黙に代わることはできない。というのは、経験は道であるからだ。仏陀がしばしば語っているように、「道は自分で歩かねばならない」。そうすれば、いつの日か、ことづてを運ぶ者自身がことづてになる。

原注

はじめに

（1）とりわけ、『西洋哲学史——ターレスからカントまで』（ニル出版、一九九四年）と、『なぜ哲学者なのか？』（ラフォン、ブカン叢書、一九九七年）。
（2）『チベットの精神』（スイユ、一九九六年）。
（3）パリ、グラッセ。ヨーロッパの主な言語に訳された。英語では、*How Democracies perish*、ニューヨーク、一九八四年、ダブルデイ。
（4）『エル』六九六号、一九五九年四月二七日。

第1章

（1）アリゼ販売。
（2）『鳥の渡り』（ロベール・ラフォン、一九六八年）（アメリカ——*Animal Migration*、ヒル・アンド・ワング、ニューヨーク、一九七〇年。イギリス——同右、コンスターブル、ロンドン、一九七〇年）。
（3）『チベットの精神——キェンツェ・リンポチェの生涯と世界（写真・文　マチウ・リカール）』（スイユ、一九九六年）を参照。
（4）『空き家に入った泥棒』（プロン、一九九七年）。

第2章

（1）アルフレッド・フーシェ『仏陀の生涯』（メゾンヌーヴ、一九四九年）。W・シューマンの著作、『歴史的仏陀』（オイゲン・ディーデリッヒ・フェアラーク、一九八二年）も挙げるべきだろう。

第3章

（1）『仏陀』（フランス図書クラブ、一九六〇年、コンプレックス、一九九〇年）。

（2）『チベットの生と死の書』（ターブル・ロンド、一九九三年）。

第4章

（1）ダニエル・ゴールマン／ロバート・A・F・ターンマン編『精神科学――東西の対話。ハーヴァード精神科学シンポジウムにおけるダライ・ラマと参加者』（ウィズダム・パブリケーションズ、ボストン、一九九一年）。また、J・ヘイワード／F・ヴァレラ『懸け橋　ダライ・ラマ』（アルバン・ミシェル、一九九五年）、ジェントル・ブリジスによる翻訳『認知科学と仏教の伝統との対話』（シャンバラ・パブリッシャーズ、ボストン、一九九二年）、フランシスコ・ヴァレラの企画・編集『眠りと夢と死――ダライ・ラマ十四世との討論』（ウィズダム・パブリケーションズ、一九九七年。仏語訳、ニル出版、一九九七年）も参照のこと。

（2）フランシスコ・ヴァレラ、エヴァン・トンプソン、エレアノール・ロッシュ『精神の肉体への書き込み』（スイユ、「思想の色彩」叢書、一九九三年）。

（3）ポール・ギヨーム『形態の心理学』（一九三七年）。

（4）アラン・B・ウォーレス『現実を選択する』（スノウ・ライオン・パブリケーションズ、イサカ、一九九六年）（仏語訳、カルマン・レヴィ、一九九七年）。

第5章

（1）前掲書。

（2）シャーンティデーヴァ『《悟り》への歩み』（パドマカラ出版、一九九一年）。

第7章

（1）このセミナーは一冊の本にまとめられ、フランス語にも訳された。『ダライ・ラマ、イエスについて語る』（ブレポル出版、一九九六年）。

（2） トーマス・マートン『アジア日記』（クリテリオン、一九九〇年、八九ページ）。
（3） ラオガイは、ほとんど略式裁判のみで拘留された人間の収容所‐監獄である。ラオジョウは裁判を受けずに拘留された人間が、不定期間働かされる収容所。
（4） アンドレ・ミゴ『仏陀』前掲書。

第8章

（1） ジル・ヴァン・クラスドルフ、ラテス出版、一九九五年。

第11章

（1） 大チベットは中国が五つの地域に分割する以前のチベット領土全体を含む。いわゆる「チベット自治区」は大チベットの約三分の一を占めるにすぎない。他の地域は中国の各省に併合された。
（2） とくに、国際法律家委員会は、チベットの近代の歴史を調査し、一九六〇年ジュネーヴで、次のように明言した。「チベットは一九一三年から一九五〇年まで、国際法によって一般にみとめられている国家の存在に必要なあらゆる条件をそなえていた。一九五〇年において、ひとつの《民族》、《領土》、《政府》が存在していた。この政府はその領土を管轄し、内政をおこない、外部のいかなる権力からも独立していた。一九一三年から一九五〇年まで、チベットの外交関係は、もっぱらチベット政府と、公式文書に記載されている関係諸国とのあいだで維持されてきたから、チベットが事実上、《独立国家》として扱われていたことは明らかである」。
（3） 一九八七年九月二十一日、ダライ・ラマがアメリカ議会人権委員会に提示した、五項目の和平案。（一）チベット全域（カムのアムド地方を含む）の平和地帯への転換。（二）民族としてのチベット人の存在を脅かす中国人移住政策の放棄。（三）チベット人のための民主的自由と人権の尊重。（四）チベットの自然環境の復元と保護、およびチベットでの武器製造と核廃棄物貯蔵の中止。（五）チベットの将来の地位、チベット・中国関係にかんする真剣な交渉の開始。

第14章

（1） 前掲『チベットの生と死の書』を参照。
（2） ローレンス・フリードマン神父『ダライ・ラマ、イエスについて語る』前掲書。

第19章

（1） 前掲『ダライ・ラマ、イエスについて語る』。

第20章

（1） ここで言っているのは、知的瞑想であって、神秘的瞑想ではない。「理論《テオリー》」ということばの原義である。ギリシャ語のテオーリアは、プラトンによれば、真なるものの「直接知覚」を意味する。これはデカルトの「直観」も同じで、予知能力など含まず、ラテン語のイントゥエリ、見る、からきている。
（2） ミカエル・フレーデのことば。ジャック・ブランシュヴィック編『ギリシャの知恵』（ジョフロワ・ロイド、パリ、一九九六年）。
（3） マルコム・ショフィールド「クリュシッポスはストア学派の三代目の指導者だった。彼は紀元前二八〇年から二〇七年にかけて生きた」（『ギリシャの知恵』）。
（4） マルクス・アウレリウスの巻、第三章「哲学者の時代」。
（5） マルコム・ショフィールド、前掲書。

訳者あとがき

本書は、Jean-François Revel/ Matthieu Ricard, *Le moine et le philosophe—Le bouddhisme aujourd'hui* (Nil, 1997) の全訳である。

ルヴェルは日本ではあまり知られていないが、フランスのみならず、欧米諸国で著名な哲学者、政治評論家で、現代フランスを代表する知識人のひとりと言ってよい。一九九八年六月には、アカデミー・フランセーズの会員に推挙された。比較的最近の著書としては、*Le Voleur dans la maison vide* (Plon, 1997), *Pourquoi des Philosohes?* (Laffont, 1997), *Histoire de la philosophie occidentale* (Nil, 1994), *Le Regain démocratique* (Fayard, 1992), *La Connaissance inutile* (Grasset, 1988), *Comment les démocraties finissent* (Grasset, 1983) などがある。リカールはその息子で、ノーベル賞受賞者ジャコブ教授の指導のもとに国家博士号を取り、前途洋々の分子生物学者の道を進んでいたのに、突然、方向転換して、チベット仏教の修行に向かったという異色の経歴の持ち主。すでにチベット仏教研究者として、多くの文献をフランス語に翻訳出版している他、*L'Esprit du Tibet* (Seuil, 1996) という素晴らしい写真集の著書もある。ダライ・ラマが欧米を訪問旅行するときには、随行して、通訳を務めている。

本書では、徹底した不可知論の立場に立つ哲学者と、自然科学の素養をもつチベット仏教僧がたがいに相手の立場をよく理解しながら、現代における仏教の重要性をめぐって対話を進めていく。読んでいくと、自然に納得がいくが、いま仏教を語ることは、現代におけるあらゆる問題を語ることである。話題は、ギリシャ哲学、宇宙論、量子論、認識科学から精神分析まで、どこまで広がるかと心配になるほど、多岐にわたるが、問題の中心はただひとつ、現代において人生の意味をどこに求めるか、に他ならない。

フランスでは現在、一種の哲学ブームと言われる。その根底には、科学の発達によっては充たされない心の渇きがある。科学はどんなに生活を豊かに、便利にしてくれても、生きることの意味を与えてはくれない。人々は心の渇きをいやそうとして、哲学を求める。「生きる知恵」としての哲学。仏教はそういう哲学のひとつとして、人々の要求に応じられるか。フランスでこの本が爆発的な人気を呼んだ背景に、そういう状況があったようだ。

西欧の哲学や科学にも、また仏教にも生半可な知識しかもっていない、ごくふつうの読者としてこの本を読んで、私は、稀有の二つの知性が交わす白熱した議論に、深く引き込まれた。それと同時に、「人生の意味」という、定まった答えなどありようがない問題について、この上なく正確で、明晰で、しかも親しみやすい案内図を与えられたという満足感も味わった。フランスの読者も、おそらく同じ充実した思いを得られたのではないかと思う。

もうひとつ、本書で明らかにされるのは、仏教国チベットの悲惨な歴史と現状である。平和な小国が守りつづけてきた精神的伝統を、共産主義の大国、中国が無法にも破壊するのを、西側の大国は座視しつづけてきた。政府もマスメディアも。同じアジアに位置する日本もまた例外ではなかった。ダライ・ラマの主張がどんなに理にかない、現実的で、しかもつつましいものであるか、読者は心から納得できるはずだ。

この本がもつはかりしれない価値を日本の読者、とくに若い世代の読者に伝えたくて、翻訳を試みた。分担は第1章から第4章までを高橋、第5章から第11章までを高砂、日本語版への序文、はじめに、第12章以降を菊地が訳し、全体の訳語と文章の統一は菊地がおこなった。最終的責任は菊地にある。なお、㈱東機貿社長佐多保彦氏のご配慮で、仏教、仏教哲学、西洋哲学にかかわる種々の疑問点と専門用語について、氏のご友人である、立教大学教授 横山紘一氏と、浄福寺住職 廣澤隆之氏から貴重なご教示をいただいた。お二人とも、お忙しいなか、原稿と校正刷りの二度にわたって、目を通して、訳者の力量不足を補ってくださった。お二人のご協力がなかったら、著者たちの真意が正しく日本の読者に伝わらないおそれがあったかもしれない。ここに心からの感謝の念を捧げる。

一九九八年九月

菊地昌実

訳者紹介

菊地昌実（きくち・まさみ）
1938年生まれ。東京大学大学院（比較文学）修士課程修了、現在、北海道大学名誉教授。著訳書：『アルベール・カミュ』（白馬書房）、『漱石の孤独』（行人社）、A．メンミ『あるユダヤ人の肖像』（共訳、法政大学出版局）、E．モラン『祖国地球』（法政大学出版局）、R．ジャカール&M．テヴォス『安らかな死のための宣言』（新評論）、A．メンミ『人種差別』（共訳、法政大学出版局）他。

高砂伸邦（たかさご・のぶくに）
1938年生まれ。グルノーブル大学経済学部博士号（第三課程）。訳書：E．モラン『E．モラン自伝』（共訳、法政大学出版局）。

高橋百代（たかはし・ももよ）
1948年生まれ。慶応大学大学院（仏文）修士課程修了、現在、北星学園大学教授。訳書：J．チュイリエ『眠りの魔術師　メスマー』（共訳、工作舎）。

新装版　僧侶と哲学者――チベット仏教をめぐる対話　（検印廃止）

1998年10月4日　初版第1刷印刷
1998年10月20日　初版第1刷発行
1999年5月22日　初版第2刷発行
2008年7月10日　新装版第1刷発行

訳者　菊地昌実　高砂伸邦　高橋百代

発行者　武市一幸

発行所　株式会社　新評論

〒169-0051 東京都新宿区西早稲田3-16-28
TEL 03-3202-7391
FAX 03-3202-5832
振替 00160-1-113487

定価はカバーに表示してあります
落丁・乱丁本はお取り替えします

装幀　山田英春
印刷　新栄堂
製本　桂川製本

ISBN978-4-7948-0776-2 C0015

社会・文明

人文ネットワーク発行のニューズレター「**本と社会**」無料配布中。当ネットワークは，歴史・文化文明ジャンルの書物を読み解き，その成果の一部をニューズレターを通して紹介しながら，これと並行して，利便性・拙速性・広範性のみに腐心する我が国の人文書出版の現実を読者・著訳者・編集者，さらにできれば書店・印刷所の方々とともに考え，変革しようという会です。

M.バナール／片岡幸彦監訳
ブラック・アテナ
古代ギリシア文明のアフロ・アジア的ルーツ
A5 670頁 6825円
ISBN978-7948-0737-3 〔07〕
【I．古代ギリシアの捏造 1785-1985】白人優位説に基づく偽「正統世界史」を修正し、非西欧中心の混成文化文明が築き上げた古代ギリシアの実像に迫る。立花隆氏絶賛（週刊文春）。

B.スティグレール／G.メランベルジェ＋メランベルジェ眞紀訳
象徴の貧困
四六 256頁 2730円
ISBN4-7948-0691-4 〔06〕
【1.ハイパーインダストリアル時代】規格化された消費活動、大量に垂れ流されるメディア情報により、個としての特異性が失われていく現代人。深刻な社会問題の根源を読み解く。

B.スティグレール／G.メランベルジェ＋メランベルジェ眞紀訳
愛するということ
四六 180頁 2100円
ISBN978-4-7948-0743-4 〔07〕
【「自分」を、そして「われわれ」を】現代人が失いつつある生の実感＝象徴の力。その奪還のために表現される消費活動、非政治化、暴力、犯罪によって崩壊してしまうものとは。

B.スティグレール／G.メランベルジェ＋メランベルジェ眞紀訳
現勢化
四六 140頁 1890円
ISBN978-4-7948-0742-7 〔07〕
【哲学という使命】犯罪という「行為への移行」の後、服役中に哲学の現勢化（可能態から現実態への移行）を開始した著者が20年後の今、自らの哲学的起源を振り返る。

M.クレポン／白石嘉治編訳
付論 桑田禮彰・出口雅敏・クレポン
文明の衝突という欺瞞
四六 228頁 1995円
ISBN4-7948-0621-3 〔04〕
【暴力の連鎖を断ち切る永久平和論への回路】ハンチントンの「文明の衝突」論が前提する文化本質主義の陥穽を鮮やかに剔出。〈恐怖と敵意の政治学〉に抗う理論を構築する。

内橋克人／佐野 誠編
「失われた10年」を超えて――ラテン・アメリカの教訓①
ラテン・アメリカは警告する
四六 356頁 2730円
ISBN4-7948-0643-4 〔05〕
【「構造改革」日本の未来】「新自由主義（ネオリベラリズム）の仕組を見破れる政治知性が求められている」（内橋）。日本の知性 内橋克人と第一線の中南米研究者による待望の共同作業。

白石嘉治・大野英士編
増補
ネオリベ現代生活批判序説
四六 320頁 2520円
ISBN978-4-7948-0770-0 〔05,08〕
堅田香緒里「ベーシックインカムを語ることの喜び」、白石「学費０円」を増補。インタビュー＝入江公康、樫村愛子、矢部史郎、岡山茂。日本で最初の新自由主義日常批判の書。

ポール・ヴィリリオ／土屋進訳
情報エネルギー化社会
四六 236頁 2520円
ISBN4-7948-0545-4 〔02〕
【現実空間の解体と速度が作り出す空間】絶対速度が空間と時間を汚染している現代社会（ポスト工業化社会）。そこに立ち現れた仮想現実空間の実相から文明の新局面を開示。

ポール・ヴィリリオ／土屋進訳
瞬間の君臨
四六 220頁 2520円
ISBN4-7948-0598-5 〔03〕
【世界のスクリーン化と遠近法時空の解体】情報技術によって仮想空間が新たな知覚空間として実体化していく様相を，最新の物理学的根拠や権力の介入の面から全面読解！

価格税込